D1692138

Eugène Tremblay, der Trapper vom Ghostriver

JOHANNES K. HOGREBE

DER TRAPPER VOM GHOSTRIVER

*Ein Leben im kanadischen Paradies
der Jäger und Fischer*

*Mit 21 Abbildungen
auf Tafeln*

VERLAG PAUL PAREY
HAMBURG UND BERLIN

Photonachweis: Gegenüber Seite 49, 64, 96, 112, 128, 129 u. Umschlagbild, 144, 145: Ontario, Department of Lands and Forests. Gegenüber Seite 17 unten: Ed O'Donnell. Alle übrigen Photos stammen vom Verfasser.

1. Auflage August 1969
2. Auflage Februar 1970
3. Auflage Januar 1972
4. Auflage Juli 1975

CIP-Kurztitelaufnahme der Deutschen Bibliothek
Hogrebe, Johannes K.
Der Trapper vom Ghostriver: ein Leben im kanad. Paradies der Jäger u. Fischer.
ISBN 3-490-14411-2

ISBN 3-490-14411-2

Alle Rechte, insbesondere auch die der Übersetzung, des Nachdruckes, der Entnahme von Abbildungen, des Vortrages, der Dramatisierung, der Verfilmung und Radiosendung sowie jeder Art der photomechanischen Wiedergabe, auch auszugsweise, vorbehalten. © 1972 und © 1975 Verlag Paul Parey, Hamburg und Berlin: Printed in Germany by C. Beckers Buchdruckerei, Uelzen. Umschlag- und Einbandgestaltung: Hans Hermann Hagedorn, Hamburg.

*Anneliese, meiner getreuen Lebensgefährtin,
in Liebe und Dankbarkeit gewidmet*

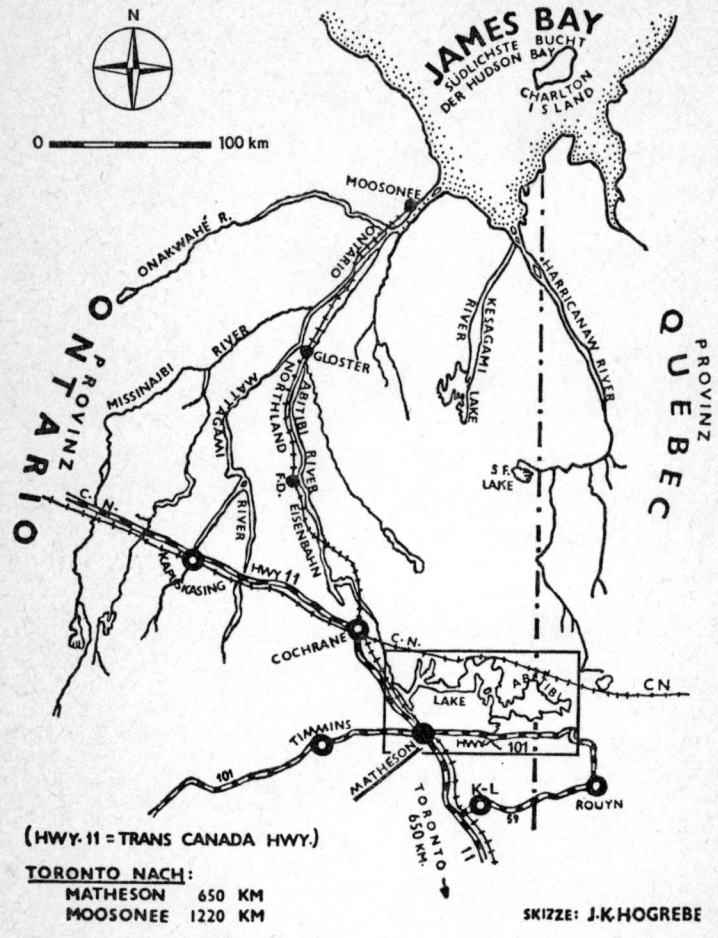

Die Kartenskizzen zeigen im größeren Zusammenhang und im Detail das Gebiet, in dem der Trapper vom Ghostriver lebt und jagt.

Kanada ist ein riesiges Land. Im Osten rollen die Wellen des Atlantischen, im Westen die des Pazifischen Ozeans an seine Küsten. Im Norden schichtet sich das Eis der Arktis, und im Süden teilt die Landesgrenze den St.-Lorenz-Strom und die großen amerikanischen Binnenseen.

Der Raum, in dem meine Erzählung abläuft, ist nicht größer als ein Stecknadelkopf auf der Karte des Landes. Er liegt im wilden Norden der Provinz Ontario.

Ich schrieb das Erlebte nieder, um die Herzen der Jäger schneller schlagen zu lassen, um Sportangler miterleben zu lassen, wovon sie träumen, um Naturfreunde in eine noch wenig berührte, herbe und romantische Landschaft zu führen, und um alt und jung etwas zu schenken, was schon selten wurde.

Dank allen Freunden und denen, die mir geholfen haben, das Buch zu gestalten, vor allem Gerd von Lettow-Vorbeck und Mister P. O. Rhynas, dem Chef des „Departments of Lands and Forests" der provinzialen Regierung Ontario!

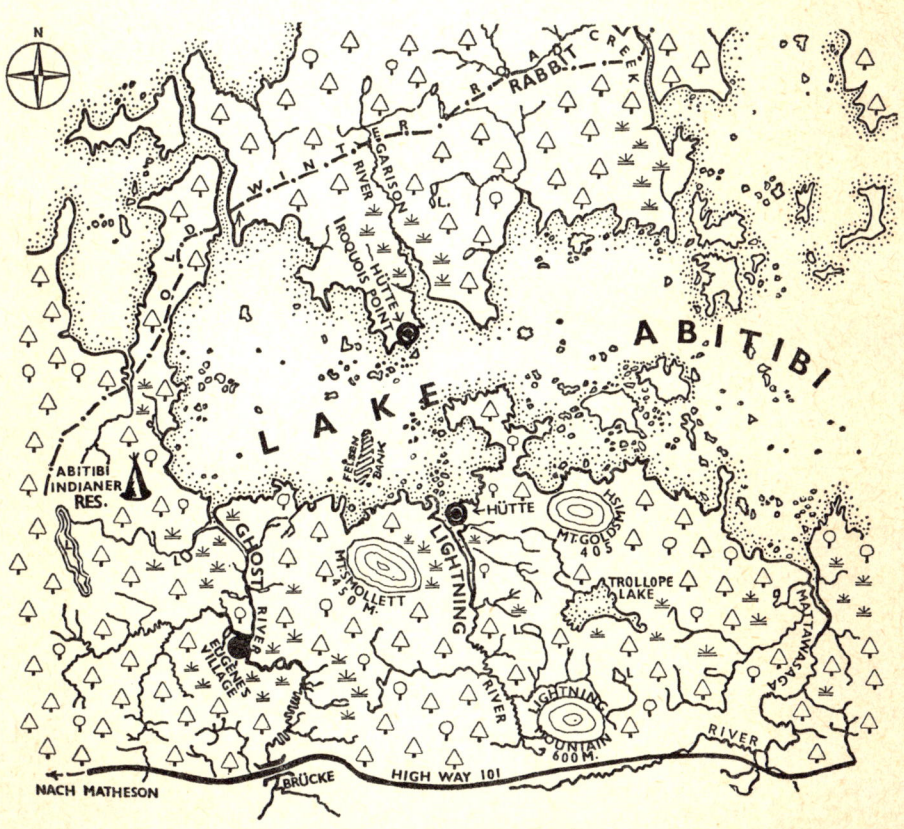

INHALT

Erstes Kapitel

MEIN FREUND AKASKAGOU

9

Zweites Kapitel

MIT RUTE UND BÜCHSE

28

Drittes Kapitel

WO DAS NORDLICHT WEBT

50

Viertes Kapitel

IN STURMESNOT

70

Fünftes Kapitel

ERFÜLLTE TRÄUME

87

Sechstes Kapitel

DER FRIEDHOF DER ELCHE

106

Siebtes Kapitel

DER ÜBERLISTETE HAUPTBÄR

120

Achtes Kapitel

EIN ERFÜLLTES LEBEN IN DER EINSAMKEIT

129

Neuntes Kapitel

DER ALTMEISTER DER TRAPPEREI

152

Zehntes Kapitel

WENN DIE WÖLFE HEULEN

167

Elftes Kapitel

MIT DEN WILDGÄNSEN KAM DER FRÜHLING

179

ERSTES KAPITEL

Mein Freund Akaskagou

An einem Herbstabend saßen mein langjähriger Jagdführer und ich am Lagerfeuer und beobachteten schweigend das Farbspiel eines endenden Tages. Die goldene Flut der hinter der Urwaldkulisse untertauchenden Sonne ließ das Blättermeer der Birken, Pappeln und aller anderen Laubbäume des kanadischen Nordlandes in solch üppiger Farbenpracht leuchten, daß keiner von uns die Schönheit des Augenblickes stören mochte. Der ständige Wechsel von Licht und Farben ließ das Wasser des Mattagami-River einen Strom aus Gold und Purpur sein, der sich in der Masse der farbenfrohen Laubbäume, dunklen Tannen und lichteren Kiefern verlor. Die Schatten der anbrechenden Nacht im Urwald, die Farbsymphonie am Himmelsdom und das Weben des wechselnden Lichtes auf den Felsen der Ufer steigerten den Kontrast zu einem dramatischen Finale.

Es war so still, daß wir das Fallen der Blätter des sich langsam entkleidenden Herbstwaldes hörten. Steil schwebte der Rauch des Lagerfeuers in die klare Luft.

Als der Glanz langsam verlöschte und das Mondlicht die Herrschaft übernahm, bewegten sich die Lippen meines Indianerführers. Lautlos sprach er zu seinem Gott, dem Schöpfer dieser köstlichen Stunde, wie er es vom Vater übernommen hatte. Scharf wie ein Scherenschnitt hob sich sein markantes Profil vom letzten Licht im Westen ab. Ein leichtes Beugen seines Oberkörpers deutete an, daß sein stilles Gebet beendet war.

Akaskagou, von seinen Stammesbrüdern und Freunden schlicht Aka genannt, war ein „Cree"-Indianer und erlernte im Umgang mit Weißen die englische Sprache gut. Wer nicht, wie er, im kanadischen Busch aufgewachsen ist, der hat viele Fragen zu stellen. Nie blieb mir der Indianer eine klare, den Kern der Frage erfassende Antwort schuldig. Doch stets folgte einer Frage zunächst Schweigen. Erst dann antwortete er, sparsam mit Worten. Seine Buscherfahrungen, das breite Wissen über alle Tiere und ihre Lebensweise, die vom Vater übernommenen und im Laufe seines

Lebens gesammelten Jagdkenntnisse sowie sein Instinkt, Entscheidungen richtig zu treffen, machten ihn zu einem hervorragenden Jagdführer.

Aka räumte das Eßgeschirr zusammen und ging die wenigen Schritte hinunter zum Fluß, um es zu reinigen. Ohne Hast tat er dies und verstaute dann jedes Stück an seinem Platz. Dann setzte er sich mir gegenüber wieder an das Lagerfeuer. Er schob die Enden der über dem Feuer liegenden drei Baumstämme dichter zusammen, und bald flackerte das Feuer lebhafter. Es begann die Stunde, in der sich die Zungen lösen. Das Erleben des Jagdtages ergab viel Stoff zu Gesprächen und Gedankenaustausch.

Es war nicht das erste Mal, daß ich mit diesem stillen und bescheidenen Indianer fischte oder jagte, und wir wußten beide, was wir voneinander zu halten hatten. Meine Zuneigung zu ihm wuchs mit den Jahren und steigerte sich zu Vertrauen und schließlich zu Freundschaft. Er empfand sie und erwiderte sie in schlichtem Stolz. Einem Lederbeutel entnahm Aka einen Abziehstein, mit dem er das Jagdmesser schärfte, das ich ihm einst geschenkt hatte. Es war ein Dankgeschenk an ihn gewesen, als er mich an einem Herbsttag sicher an Land gebracht hatte. Damals war unser Kanu im weißen Wasser beim Auflaufen auf einen Unterwasserfelsen gekentert. Ich war nie ein guter Schwimmer gewesen, und ohne Akas Beistand würde ich wohl schon mit seinem Vater in den ewigen Jagdgründen waidwerken. Seit diesem Unfall sind wir Freunde.

Aka erhob sich und zeigte hinunter zum Fluß, der nun wie ein Strom von reinem Silber glänzte. Seine an das Nachtlicht gewöhnten Augen beobachteten die Biber, die ihre emsige Nachtarbeit begannen. Erst mit Hilfe meines Jagdglases vermochte ich zu erkennen, was seine Augen längst wahrgenommen hatten. Lange beobachteten wir das rege Schaffen der Tiere.

Sie riegelten die Einmündung eines Seitenflüßchens ab. In einer Ausbuchtung hatten sie im Sommer eine neue Burg gebaut, die an der Landseite von einem steil aufragenden Felsen gut geschützt wurde. Um den harten Winter überleben zu können, mußten die Biber nun den Wasserspiegel heben, damit der Unterwasserschlupf in ihre Burg vor Vereisung sicher war. Die Nachtstille wurde nur unterbrochen von dem Geräusch und leisen Geplätscher ihrer Wasserarbeit oder von dem Brechen eines fallenden Baumes, den ihre Nagezähne abgeschnitten hatten. Sofort begannen die Biber, den gefällten Stamm in Knüppellängen zu zerlegen. Die großen, starken Tiere schleppten rudernd die Knüppel zum neuen Damm, wo sie tauchten und das Stück Rundholz kraftvoll in den Damm hineinrammten. Die Schwächeren trugen das leichte Astwerk zur Burg, um es dort unter Wasser für den langen Winter als Nahrung zu horten. Viel Zeit blieb ihnen nicht mehr, die Arbeit zu vollenden, denn der Winter konnte jetzt jeden Tag seine grimmige Hand auf das Land legen. Wäre dann ihre Vorsorge nicht getan, dann würden die Biber ums Leben kommen.

„Castor canadensis" ist der Architekt, Ingenieur und Baumeister der Landschaft Kanadas. Sein Wirken verändert das Landschaftsbild, Wetter und Klima. Er beeinflußt durch seine nimmermüde Arbeit die Lebensbedingungen in Fauna und Flora und sichert den Wasserstand von zahllosen Seen und Flüssen. So ist er unter der Tierwelt wohl der wichtigste Bewohner dieses großen Landes.

Einschließlich seiner Kelle wird der Biber bis 110 Zentimeter lang und erreicht ein Gewicht bis zu 30 Kilogramm. Sein wasserabstoßender Pelz hat dem Lande mehr Gewinne eingebracht als alles Gold seiner vielen Minen. Dies hatte zur Gefahr seiner Ausrottung geführt, doch in der Erkenntnis seiner für das Land lebenswichtigen Rolle schützen nun strenge Gesetze sein Leben. Er darf nur noch in beschränkter Anzahl und nur von Trappern gefangen werden. Die Jagd auf ihn ist verboten.

Die breite, bis zu 40 Zentimeter lange Kelle ist sein Ruder, das ihm aber auch als Sitzstütze beim Fällen von Bäumen dient. Außerdem verwendet er die Kelle, um Schlamm zum Dammbau zu befördern. Mit seinen breiten, langen Nagezähnen meißelt er große Holzspäne aus dem Baum, den er fällen will. Die Nagezähne wachsen beständig nach, solange er lebt. Tägliche Abnutzung halten sie haarscharf, und ein Biß ergibt tiefe und schmerzhafte Verletzungen.

Der Biber arbeitet Tag und Nacht, ist jedoch bei Licht selten zu sehen. Seine Nahrung besteht aus Zweigen, Knospen, Baumrinde und den Spänen, die seine Nagezähne ausmeißeln. Er bevorzugt Birken, Pappeln, Weiden und Balsamtannen. Jedoch äst er auch an Unterwasserpflanzen und -gräsern. Seine größten Feinde sind Vielfraß, Luchs und Wolf, die ihm beständig nachstellen. Aber mancher Jungbiber wird auch von Adlern und großen Eulen gegriffen. Der stets wachsame Hauptbiber einer Kolonie warnt durch Kellenschlag vor Gefahr. Wie ein Büchsenschuß knallt es, wenn er mit der breiten Kelle auf den Wasserspiegel schlägt. Dann rinnen alle Biber tief unter Wasser zur sicheren Burg.

Die aus Knüppeln und zähem Schlamm gebauten Dämme und Burgen sind architektonische Wunderwerke. Sie halten selbst bei Hochwasser den enormen Wasserdruck aus. Erfolgt jedoch ein Dammbruch, so wird der Schaden während der Nacht repariert. Straßenbauingenieure verloren ihren Kampf mit Bibern, und große, kostspielige Projekte mußten ihretwegen aufgegeben werden. Straßensperren bezeugen es. Lebenswichtige Fernstraßen konnten nur dadurch vor Überflutung gesichert werden, daß die an den Verkehrswegen lebenden Biber unter Aufsicht des „Departments of Lands and Forests" eingefangen und meilenweit entfernt wieder freigelassen wurden. Hätte nicht eine große Entfernung zwischen der alten und neuen Landschaft gelegen, dann wären die Tiere sehr bald wieder dort erschienen, wo man sie eingefangen hatte.

Zwei Jahre verbleiben die Jungbiber bei den Eltern. Dann suchen sie sich einen Lebenspartner und ein geeignetes Wohngebiet, wo sie Burg und Damm bauen. Wieder entsteht ein neuer Stausee, um den sich in wenigen Jahren üppige Vegetation bildet, und die Landschaft erhält ein völlig verändertes Gesicht. So findet hier dann eine Elchfamilie oft einen idealen Einstand mit besten Lebensbedingungen. Der Stausee füllt sich mit Fischen aller Art, und Otter, Mink, Fischer und andere Tiere siedeln sich an. Nach einigen Jahren haben die Biber die Baumbestände um ihren Stausee so stark ausgeholzt, daß sie abwandern müssen, um neue und bessere Standorte zu finden. Dann wird der nicht mehr gepflegte Damm langsam schadhaft und bricht eines Tages. Mehr und mehr senkt sich als Folge der Wasserspiegel, und auch Elch, Otter, Mink und Fischer müssen abwandern, da auch für sie gute Lebensverhältnisse nicht mehr bestehen. Schließlich verschilft der alte Stausee, und es entsteht ein Brutparadies für das Wasserflugwild. Doch Birken, Pappeln, Weiden und Balsamtannen samen sich wieder an, und damit beginnt nach gegebener Zeit der Kreislauf aufs neue.

Im dritten Lebensjahr paaren sich die Biber erstmalig und leben monogam, solange das Weibchen Junge wirft. Während der Monate März bis Mai werden zwei bis sechs Junge sehend geboren, die erstaunlich bald an Gräsern und Zweigen zu nagen beginnen. Es ist ein reizendes Bild, die verspielte Jugend im Wasser tollen zu sehen. Doch schon bald wird aus Spiel ernste Lebensarbeit, und es kommt der Tag, an dem die jungen Biber auswandern und neue Familien gründen. –

Aka ging zum Kanu, aus dem er die Paddel herausnahm und im Zelt verstaute. Auf meine Frage, warum er dies tue, es sei doch keine Menschenseele in meilenweitem Umkreis, sagte er lächelnd: „Es ist eine harte Arbeit, neue Paddel zu schnitzen. Die Biber können sie gut verwenden und würden sie vielleicht nachts holen!" Nun wußte ich, wer im Vorjahre die Paddel aus meinem Boot gestohlen hatte. Ich konnte es mir damals nicht erklären und hatte unschuldige Indianer im Verdacht. Meinen Jagdfreund und mich hatte es damals in große Verlegenheit gebracht und uns einen halben Tag gekostet, um neue Paddel herzustellen.

Ich fragte Aka, ob er auch auf Biber getrappt hätte. Ein Leuchten kam in seine dunklen Augen, als er antwortete: „Es war die schönste Zeit meines Lebens, als ich mit Vater Tekegou trappte. Wir fingen viel Haarwild, besonders Biber. Mein Vater war ein guter Trapper. Ich war noch jung, als er starb."

Akas Augen wanderten zu den Sternen. Ich störte ihn nicht in seiner Erinnerung. Als eine Sternschnuppe fiel, lächelte er. Für ihn war es ein sicheres Zeichen, daß sein Vater hörte, was er gesagt hatte.

„Sage mir, Aka, gibt es noch viele Trapper?"

„Nur sehr wenige", sagte er. Nach einer Weile richtete er sich auf, was er stets tat, wenn er länger sprechen wollte:

„Ein Trapper, der viele Sommer alt ist, lebt am großen See Abitibi. Mein Vater sprach oft von ihm und sagte, er sei der beste. Ich hörte, daß er immer noch seine Fallen stellt. Kein anderer Trapper hat so viel Pelzwerk verkauft wie er. Er muß sehr mutig sein, denn er soll einen Vielfraß mit der Hand erwürgt und einen großen Bären mit der Axt erschlagen haben!"

Lake Abitibi liegt – wie ich wußte – in einem sehr abgelegenen und als besonders wildreich bekannten Gebiet im Norden der Provinz Ontario an der Grenze der Provinz Quebec. Öfters hörte und las ich, daß dieser See als besonders gefahrenreich galt und daß manche Jäger und Sportfischer dort ihr Leben verloren hätten. Die Wassermassen des Sees fließen nach Norden in die James-Bay, der südlichsten Bucht der Hudson-Bay.

Sehr hatte mich interessiert, was Aka sagte, und ich beschloß, den alten Trapper einmal kennenzulernen. Schon lange suchte ich nach einer Gelegenheit, Einblick in die Lebensweise eines Trappers zu bekommen, der sein Brot nur durch Fallenstellen verdient. Diese Möglichkeit schien sich nun zu bieten.

Aka sah schweigend in die Glut des Feuers. Ich wartete darauf, daß er weitersprechen würde, doch er blieb schweigsam. Darum nahm ich den

Eimer, schöpfte ihn voll Wasser und löschte das Feuer, wie ich es jeden Abend tat. Es war für Aka das Zeichen, schlafen zu gehen. Wir krochen in unsere daunengefüllten, warmen Schlafsäcke und schliefen schnell ein. Aka weckte mich am nächsten Morgen, als sich das erste Licht im Osten zeigte. Unser Lagerfeuer flackerte schon wieder lustig. Als ich aus dem Zelt trat, um mein Morgenbad im Fluß zu nehmen, wurde ich von einem völlig veränderten Landschaftsbild überrascht. Es hatte während der Nacht stark gereift, und dicker Rauhreif lag auf Gräsern, Büschen und Bäumen. Das erste Sonnenlicht fing sich in Millionen von Diamanten und zauberte ein märchenhaft schönes Bild hervor. Aka war damit beschäftigt, Tee zu bereiten und Speck zu braten, als ich mich an das Feuer setzte. Sich aufrichtend sagte er:

„Heute wirst du ein seltenes Wunder erleben. Wenn die Sonne steigt, wird der Wald sein Kleid ausziehen. Niemehr wirst du es vergessen!"

Ich verstand nicht, was er meinte, und fragte ihn danach. Er aber antwortete mir nicht. Wir nahmen unser einfaches, kräftiges Frühstück ein, das bis zum Abend vorhalten mußte. Die Morgenkühle ließ uns dicht an das wärmende Feuer heranrücken. Meine Augen konnten sich nicht von dem wundervollen Anblick lösen, und ich genoß die Geburt des neuen Tages an diesem Herbstmorgen ganz besonders. Höher stieg der Feuerball über die Waldberge, und angenehm spürten wir die langsame Erwärmung der Luft.

Plötzlich erhob sich Aka und breitete weit seine Arme aus. „Nun wirst du das Wunder sehen", sagte er.

Seine Geste wirkte fast wie ein Befehl, denn im selben Moment verloren alle Laubbäume schlagartig ihre Blätter. Millionen goldgelber und rotfarbiger Blätter schwebten taumelnd zu Boden. In nur wenigen Minuten wurden die Laubbäume des Urwaldes winterlich kahl. Der Wald hatte tatsächlich sein Kleid abgelegt. Ich hatte ein seltenes, wundervolles Naturschauspiel miterlebt. Es war so überwältigend und dabei so dramatisch, daß ich den Atem anhielt.

Aka stand neben mir und hielt seine alte Fellmütze in den Händen. Wie stark das Erlebnis auch ihn ansprach, las ich deutlich in seinem Gesicht.

Nur wenigen war und ist es vergönnt, dieses seltene Schauspiel zu erleben, da es von bestimmten Witterungsumständen abhängt. Aka erklärte es mir:

„Starker Tau mit folgendem Frost lassen die an den Blattstielen hinunter gelaufenen Tautropfen in der Kehle des Stielansatzes gefrieren. Die Wärmeeinwirkung der Sonne sprengt die Bindung im Tauprozeß in nur wenigen Minuten."

Es wurde nun Zeit, uns auf den Weg zu machen, wenn wir den Tag nutzen wollten. An beiden vorausgegangenen Tagen hatte wir stromabwärts Umschau nach einem guten Elchschaufler gehalten. Vom frühen Morgen bis zum Abend hatten wir leise auf dem Mattagami-River gepaddelt und die Buchten nach Elchwild abgesucht. Diese Jagdart ermöglicht, große Strecken zurückzulegen und bietet mehr Erfolgsaussichten als die anstrengende und geräuschvollere Suche im Busch. Wir hatten auch zwei Schaufler gesehen, deren Stärke aber meinen Wünschen nicht entsprach. Wir hatten sie also geschont.

An diesem Tage wollten wir stromaufwärts Umschau halten. Nachdem das Geschirr gereinigt und das Lagerfeuer sorgfältig ausgelöscht war, zogen wir den Reißverschluß des Zelteinganges in der Hoffnung zu, daß während unserer Abwesenheit kein Besuch kommen würde. Der Duft von gebratenem Speck übt nämlich auf Meister Petz große Anziehungskraft aus, und es ist immer fraglich, ob man sein Wildnisheim unberührt wiederfindet. Wir hatten unweit des Lagerplatzes eine Bärin mit zwei Jährlingen gesehen, es würde gewiß ihr ein Vergnügen sein, ihre Sprößlinge beispielhaft zu unterrichten, wie man ein Zelt auf Freßbares untersucht und eine Kühltruhe aufknackt.

In gleichmäßigem Takt tauchten unsere Paddel in das klare Wasser des Stromes und trieben das Kanu stromaufwärts. Der beständige Wechsel der Landschaftsbilder ließ die Fahrt zu einem neuen Erlebnis werden. Jede Bucht suchten wir ab und hielten uns dabei möglichst dicht am Ufer. Doch zunächst fanden wir kein Elchwild. Die Stunden glitten mit dem Kanu dahin. Erst um die Mittagszeit stießen wir auf ein Elchtier mit Kalb, die an Wasserpflanzen ästen. Als wir uns näherten, warfen sie auf, blieben jedoch vertraut am Platz. Etwa dreißig Meter entfernt glitten wir an dem Paar vorbei. Frische Fährten an den Ufern, auch solche starker Hirsche, zeigten einen ausgeprägten Elchwechsel. Doch es schien so, daß Diana mir auch an diesem Tage nicht hold gesonnen sei. Wir sahen keinen Schaufler, der eine Kugel wert war. Müde und hungrig näherten wir uns wieder dem Zeltplatz. Aka schlug vor, einige Enten zu schießen, um eine Abwechslung auf der Speisekarte zu haben. Flinten führten wir mit im Kanu. Wir steuerten also das Boot in einen schmalen Nebenfluß nach Westen und folgten seinem gewundenen Lauf.

Der Karte nach mußte er der Abfluß eines etwa zwei Meilen entfernt liegenden kleinen Sees sein. Aus dem Uferschilf gingen Enten hoch, die eilig Wind unter die Schwingen brachten. Mühelos schossen wir jedoch zwei Stockerpel und zwei Schellenten. Bis zur Dämmerung blieben uns noch etwa zwei Stunden, und so entschlossen wir uns, dem Wasserlauf zu folgen, um den See zu erkunden. Hinter einer der vielen Krümmungen des Flusses stießen wir plötzlich auf einen angehenden Elchhirsch, der mitten im Wasser stand. Wir weideten uns an dem Anblick, der auf solch kurze Entfernung nur selten geboten wird. Nachdem ich den jungen Recken gefilmt hatte, schlug der Indianer mit seinem Paddel auf den Wasserspiegel. Der Elch schreckte und preschte dann in hohen Fluchten dem Ufer zu, wobei das Wasser schäumte und hochspritzte. Meine Kamera folgte ihm, bis er unseren Blicken entschwand.

Langsam glitten wir weiter und hatten fast den See erreicht, als Aka in seinen Bewegungen erstarrte. Langsam, sehr langsam hob er das Paddel und deutete gegen die Sonne. Nun sah auch ich den Elch – und seine stolzen, weitausgelegten Schaufeln! Er stand nicht weiter als etwa 50 Meter entfernt zwischen Weidenbüschen, die ihn teilweise verdeckten.

Aka nickte mit dem Kopf und zeigte immer noch mit seinem Paddel auf den kapitalen Hirsch, der uns noch nicht wahrgenommen hatte. Vertraut äste er an den Büschen. Nur der Träger war frei, auf diesen hielt ich und ließ fliegen. Das starke Kaliber 9,3 würde mich auch diesmal nicht im Stich lassen, so hoffte ich.

Aka und ich hörten harten Kugelschlag. Doch der Elch ging so schnell flüchtig ab, daß ich in meiner Überraschung den zweiten Schuß regelrecht vergaß. Ich sah das gewaltige Geweih im Busch verschwinden und war maßlos enttäuscht. Aka sagte lächelnd: „Es war nicht dein Elch. Woanders werden wir einen anderen guten finden!"

Es war nicht schwierig herauszufinden, warum ich gefehlt hatte. Die Kugel hatte einen Ast berührt und war abgelenkt worden. Der von uns gehörte Kugelschlag bedeutete vermutlich, daß das Geschoß eine der Schaufeln durchschlagen hatte. Zwar fanden wir dafür keinen Beweis, doch beide mußten wir zu dieser Ansicht kommen, weil wir keinen Schweiß fanden. Ich mußte ein sehr betrübtes Gesicht gemacht haben, denn Aka legte beide Hände auf meine Schultern und lachte so herzlich,

Der Verfasser auf der Entenjagd

Mein indianischer Freund Akaskagou

Ein guter Frühjahrs-Bär

daß ich mit einstimmen mußte. Wieder sah ich, welch' ein prächtiger Bursche er war! Da ich die Verwendung eines Zielfernrohres im Busch als unzweckmäßig ablehne, also über Kimme und Korn gegen das Sonnenlicht schoß, hatte ich den vor dem Träger liegenden Weidenast übersehen. Jeder Jäger kennt das leere Gefühl im Magen, wenn es „vorbei ging".

So verlief die Rückfahrt zum Lagerplatz schweigsam. Wir fanden alles unberührt, ich half Aka bei der Zubereitung des Nachtmahles, und als wir uns gesättigt fühlten, ging Aka zum Biberdamm und kam mit einem Eimer voll von zähem Schlamm zurück. Verwundert fragte ich, was er vorhätte. Mich schmunzelnd anblinzelnd sagte er: „Ich will Enten backen!"

Über mein erstauntes Gesicht schien er sich köstlich zu amüsieren, während er begann, den Schlamm kräftig zu kneten. Dann zog er die vier Enten mit einem kleinen Asthaken aus, wie ich es einst auf meiner ersten Entenjagd vom Vater erlernte. Jede Ente packte er mit dem Federkleid in den zähen Schlamm, formte daraus vier Kugeln und legte sie in die Glut des wieder entfachten Lagerfeuers. Vergnügt sagte er: „Morgen wirst du Enten essen, wie wir sie lieben. Sie werden auch dir gut schmecken!"

Nach etwa eineinhalb Stunden nahm er die heißen Lehmkugeln mit Hilfe von zwei Astgabeln aus der Glut und legte sie auf vorher zusammengetragene Steine. Hier sollten sie auskühlen. Die Nacht schien kalt und windig zu werden. Aka sah mit prüfendem Blick nach Nordwesten.

„Es kommt Schnee, sehr viel Schnee!" sagte er.

Wir krochen rechtschaffen müde in die Schlafsäcke. Doch ich lag noch lange wach in dieser Nacht, in der erstmalig die Wölfe heulten. Damit wußte ich, daß der Winter kam und es kalt werden würde. Wenn mich in früheren Jahren das Heulen erschreckt hatte, so hatte ich mich längst daran gewöhnt. Ja, heute liebte ich, es zu hören. In solch kalter Nacht wurde der Schall der Stimmen weiter und weiter getragen und ein vielstimmiger Chor ließ die Tierwelt wissen, „der Winter kommt". Ich fand erst Schlaf, als das letzte Echo verklang.

Noch lebten die Wölfe als Familien zusammen. Doch wenn Schnee und eisige Kälte kommen, dann rotten sie sich zu Rudeln zusammen, um gemeinsam zu jagen. Das ist die Zeit, in der Wölfe gefährlich werden können, da der Hunger die Scheu und Angst vor den Menschen überwindet. Solange sie noch satt werden, weichen sie ihren größten Feinden aus, hungrig aber und gestellt oder angeschossen sind sie gefährliche Gegner, die den Angriff der Verteidigung vorziehen.

Gegen vier Uhr morgens fingen die Wölfe abermals an zu heulen. Nicht sehr weit entfernt hallten dabei drei verschiedene Stimmlagen in die Nacht. Der kräftige Bariton des Altrüden dominierte, mehr klagend und gedehnter war das Heulen der Wölfin, und die helle Stimme des Jungwolfes überschlug sich im Stimmbruch. Von nah und fern kam Antwort. Dann brach das Konzert plötzlich ab und es wurde still in der Natur. Nur der Wind harfte durch den Busch. Mit meinen Gedanken bei dem alten Trapper am Lake Abitibi schlief ich wieder ein.

Am nächsten Morgen war der Himmel grau. Ein kalter Nordwest trieb eilig Schneewolken vor sich her. Aka musterte sie und sagte: „Laß uns abbrechen und eilen. Es kommt ein Schneesturm. Viel Schnee wird fallen!"

In vergangenen Jahren hatte ich erfahren, wie genau Akas Wettervoraussagen waren. Er schien einen sechsten Sinn zu haben, Wetterumschläge zu spüren. Darum nahm ich seine Warnung so ernst, wie er sie meinte. Wir beschlossen, sofort nach dem Frühstück abzubrechen und zu packen und nach dem See zurückzukehren, auf dem uns der Pilot des Wasserflugzeuges abgesetzt hatte. Er würde früher kommen, wenn schlechtes Wetter eintrat. Das war so vereinbart worden.

Zelt und Lager waren schnell abgebaut und alles sorgsam im Kanu verpackt und festgezurrt. Bald waren wir unterwegs und holten mit den Paddeln kräftig aus. Eilig trieben wir das Kanu gegen den Strom nach Süden. Etwa sieben Stunden Fahrt lagen vor uns. Da der Wind von achtern drückte, glitten wir schnell vorwärts. Wir mochten etwa zwei Stunden unterwegs gewesen sein, als wir hinter uns ein Brausen vernahmen, das lauter und lauter wurde. Dann packte uns der Sturm und mit ihm hielt der Winter seinen Einzug.

Der Schnee fiel so dicht, daß wir nur etwa 10 Meter Sicht hatten. Um die Orientierung nicht zu verlieren, hielten wir uns dicht am Ufer. Trotz der Kälte wurde uns recht warm in den Parkas. Sturm und Kälte nahmen beständig zu. Das Brausen der Sturmorgel begleitete uns.

In weiser Voraussicht hatte Aka an einem Baum neben der Mündung des Flusses, der den Ausgangssee mit dem Mattagami-River verbindet, eine deutlich sichtbare Markierung angebracht, die uns nun den rechten Weg wies. Ohne diese hätten wir sicherlich Schwierigkeiten gehabt, unseren Weg zu finden. Der Schneesturm wurde wilder und sein Heulen so laut, daß eine Verständigung im Boot nur noch durch Zeichen möglich war. Der Hauch unseres Atems hatte sich als Eis auf dem Pelzwerk der

Kapuzen niedergeschlagen. Ich fühlte, wie Aka kraftvoll schneller vorantrieb, und auch ich holte mit dem Paddel weiter aus.

Nach sechs Stunden ohne eine Pause erreichten wie die kleine bewaldete Insel, vor der uns der Pilot abgesetzt hatte. Wir hatten sehr schnelle Fahrt gemacht. Trotz aller Müdigkeit hieß es nun aber auch ebenso schnell handeln, wenn wir vor Einbruch der Nacht eingerichtet sein wollten. Aka suchte auf der windstillen Seite der Insel einen guten Platz für das Zelt aus. Unter einem hohen Felsen, der völlige Windstille bot, sofern der Wind nicht umschlug, legten wir den Platz dick mit Tannenzweigen aus und stellten das Zelt darüber auf. Hinter ihm verstauten wir unter dem mit dem Kiel nach oben gestellten Kanu Geräte und allen Proviant, die wir nicht unmittelbar im Zelt brauchten. Aka hatte bald ein Feuer brennen und bereitete auf ihm ein außergewöhnlich delikates Mahl: Er brach die harten Lehmkugeln mit den Enten entzwei. Haut und Federn blieben in dem hart gebrannten Lehm haften. Das Wildbret fiel förmlich vom Knochengerüst und brutzelte bald in meiner alten gußeisernen Pfanne, in der schon so manches gute Gericht bereitet worden war. Butter, Pfeffer, Salz und Knoblauchpuder gestalteten unser Mahl zur Gaumenfreude. Seitdem bereitete ich auf meinen Jagdfahrten Wildenten stets, wie Aka es mich damals gelehrt hatte.

Es schneite mehrere Tage und Nächte ununterbrochen. Das Zelt war bis zu seiner Spitze unter dem Schnee verschwunden, und es wurde mollig warm in ihm. In diesen Tagen lernte ich mehr über die Lebensgewohnheiten des kanadischen Wildes als in allen vorausgegangenen Jahren. Das vielseitige Wissen meines Jagdführers ließ ihn jede Frage beantworten.

Da der Sturm kräftig blies, verloren wir zunächst die Sorge, vom Eis eingeschlossen zu werden. Wohl hatte sich im Windschatten der Insel bereits Eis gebildet, doch verhinderte der kräftige Wellengang eine solide Eisdecke. Wir wußten, daß der Pilot den rechten Zeitpunkt wählen würde, uns abzuholen. Verpaßte er ihn, dann konnte es Tage, ja Wochen dauern, bis er sein Flugzeug sicher wassern oder landen konnte. Während des Schneesturmes war ein Flug unmöglich, bildete sich aber Eis, konnten die empfindlichen Pontons beschädigt werden. Dann müßten wir warten, bis das Eis stark genug war, um eine Landung auf Skiern zu erlauben.

Erst in der vierten Nacht ließ der Sturm nach. Die Ruhe, die das Heulen und Brausen ablöste, weckte uns merkwürdigerweise. Als wir uns in der Dämmerung ausbuddelten, sahen wir einen sternenklaren Himmel.

Bald brannte das Lagerfeuer wieder. Seine Rauchsäule würde sicher gut von dem Piloten auszumachen sein, zumal wir grüne Tannenzweige auflegten, um eine gute Rauchentwicklung zu erzielen.

Doch – der Pilot kam nicht!

Ich schlug vor, auf Seeforellen zu fischen, denn ich sah zwei schlanke Fische über einer Sandbank im glasklaren Wasser stehen. Ich setzte für Aka und mich je eine Spinnrute zusammen. Beide hatten wir einen Biß schon beim ersten Einwurf und landeten zwei gute Fische von fast gleicher Größe und etwa 4 Pfund schwer. Es überraschte uns nicht, denn die von der Insel in tieferes Wasser auslaufende Sandbank war ein idealer Standort für Seeforellen. Fast bei jedem Wurf bekamen wir Kontakt, und wir erfreuten uns eine gute Stunde an dem schönen Sport. Einige Forellen hingen wir an den Bäumen auf, die Mehrzahl setzten wir in ihr Element zurück.

Diesmal war ich der Koch, und Aka delektierte sich zum erstenmal in seinem Leben an „Forelle blau" mit brauner Butter.

Die Quecksilbersäule des Thermometers sank von Stunde zu Stunde. Es wurde bitterkalt, so daß wir Wärme in den Schlafsäcken suchen mußten. Als es dunkelte, wußten wir, daß wir noch viele Tage und Nächte auf der Insel zubringen würden. Proviant hatten wir reichlich. Auch konnten wir jederzeit weitere Forellen fangen, selbst wenn der See zufrieren sollte. Meine einzige Sorge galt meiner Familie. Doch meine Frau würde sicher den Piloten telephonisch anrufen, da ich ihr vor Abreise seine Nummer gegeben hatte. Dies und Akas Gleichmut beruhigten mich. Am folgenden Morgen sahen wir auf blankes Eis. Der See war über Nacht zugefroren.

An die Tage und Nächte der folgenden Wartezeit denke ich gern zurück. Sie gaben mir einen tiefen Einblick in das Wesen eines prächtigen Menschen, den die Erhabenheit und Schönheit der Wildnis und das einsame Leben geformt hatten. Ich habe jene zwei Wochen der unfreiwilligen Haft auf der Insel nie als eine verlorene Zeit betrachtet. Ich wurde reicher in ihnen!

An einem dieser Wartetage ließ ich Aka seine eigene Stimme hören, die ich mit einem batteriegespeisten Tonbandgerät aufgenommen hatte. Ruckartig setzte er sich auf, musterte erst das Gerät, dann mich mit fragendem Blick. „Warum fängst du meine Stimme?"

Ich erklärte ihm, daß ich anderen Menschen in Zeitschriften und

Büchern erzähle, was ich in der Natur erlebte. Früher hätte ich mir alles aufschreiben müssen, was ich nicht vergessen wollte. Nun würde es das Gerät tun. Er bat mich, das Band noch einmal laufen zu lassen, hörte aufmerksam zu, nickte, offenbar befriedigt, und legte sich wieder hin, die Hände unter dem Kopf verschränkt. Ich wartete darauf, daß er sprechen würde, doch vergeblich. So legte ich ein anderes Tonband auf, auf dem ich Musik festgehalten hatte, die ich besonders liebe.

Aka rührte sich nicht, nur ein feines Lächeln spielte in seinem Gesicht. Er schloß die Augen, dann wendete er, als die Musik verklungen war, den Kopf, und in maßlosem Staunen betrachteten seine dunklen Augen den kleinen Apparat.

Selten hat mich etwas mehr ergriffen als seine Worte:

„Die Geige klang wie ein Vogel im Frühling. Ich sah Vater Tekegou in seinem Tod, dann sah ich Wunder am Mattagami-River!" Er legte sich wieder hin, wendete sein Gesicht zur Zeltwand und sprach nichts mehr an diesem Abend. Ich war mir aber dessen gewiß, daß er noch lange wach lag.

Dieser im kanadischen Busch aufgewachsene schlichte Indianer hatte empfunden, was Menschen unseres Zeitalters nur noch selten empfinden, weil ihnen meist der Instinkt für Schönheit und Größe verlorengegangen ist.

Die Kälte nahm weiter zu, und das Thermometer zeigte bis 20 Grad unter Null Fahrenheit an. Aka prüfte das Eis und seine Stärke. Es war jetzt dick genug, um die Last eines Buschflugzeuges tragen zu können. Doch der Pilot kam nicht.

Ich fragte Aka, ob er schon am Lake Abitibi gewesen wäre. Er antwortete: „Nein, ich war nie dort. Doch mein Vater sagte, daß der See ein großes Wasser ist, viele Tagereisen mit dem Kanu lang. Vater Tekegou sagte, der Trapper wohne vor einem großen Berg. ‚Lightning mountain' genannt. Wenn du es wünschst, dann werden wir den Trapper suchen!"

An einem anderen Tag fragte ich Aka, wie alt er sei. Seine Antwort war diesmal prompt und kurz: „37 Sommer!" Anschließend fragte er mich, wo ich geboren sei, und ich erzählte ihm von dem lieblichen Land meiner Väter, von dem großen Kriege mit seinen Schrecken und von der Hoffnungslosigkeit nach dem Kriege, von dem neuen Wiederaufbau, auch dem meines eigenen Lebens, und er verstand, warum ich in dieses Land gekommen war. Still und aufmerksam hörte er zu, mich niemals unterbrechend. Plötzlich reichte er mir seine Rechte und sagte: „Ich bin glücklich, daß du hier bist!" Seine Augen sahen mich in aufrichtiger Zuneigung an. So vertiefte sich unsere Freundschaft in den stillen Stunden auf der kleinen Insel im hohen Norden.

Ich stellte in jenen Tagen und Nächten so viele Fragen an Aka, daß mein Notizbuch bis zur letzten Seite eng beschrieben wurde. So fragte ich ihn auch, ob es im Busch ein Tier gäbe, vor dem er sich fürchte. Lange schwieg er, meine Frage sorgfältig abwägend, dann sagte er: „Angst kenne ich nicht. Jedoch, der Wolverine ist ein Teufel, ein böser Geist. Jeder fürchtet ihn, doch ich habe keine Angst!"

In unserer Sprache wird der Wolverine Vielfraß genannt. Er lebt in den dunklen Koniferenwäldern des hohen Nordens bis in die Tundra, von Labrador über ganz Nordkanada bis Alaska. Als der größte Vertreter der Marderfamilie wird er bis einen Meter lang, ohne Rute gemessen, und erreicht ein Gewicht bis 30 Kilogramm. Mehr einem kleinen Bären gleichend, ist sein Fell dunkelbraun, beiderseits des Körpers von Schulter bis Hinterhand mit einem gelblichen Farbband versehen, das auch über den Kopf verläuft. Diese Markierung gibt dem Raubtier ein typisches Gepräge. „Gulo luscus", der Vielfraß, frißt solange er etwas zu fressen hat. Magenwände und Körperhaut dehnen sich je nach Masse der aufgenommenen Futtermenge. Sei es sein ungeheuer kraftvolles Gebiß oder der Übelkeit erregende Gestank seines Urins, ihm weichen selbst Puma, Wolf und Grislybär aus und vermeiden eine Auseinandersetzung mit ihm. Sie überlassen dem Vielfraß den Riß. Tag und Nacht zu allen Jahreszeiten auf Futtersuche greift er an, was ihm in den Weg kommt. Er haßt alles Leben. Selbst der urige Elch ist nicht sicher vor ihm. Was ihm nicht ausweichen kann, erschöpft er im pausenlosen Angriff bis zum Erliegen. Niemals gibt er auf. Trifft er auf eine menschliche Behausung, dann dringt er ein, indem er Dach, Tür oder Fenster zertrümmert. Er zerstört die Einrichtung, und was er mit seinem kraftvollen Gebiß nicht bewältigen kann, verunreinigt er mit seinem stinkenden Urin, Lebensmittel grundsätzlich. Für Jäger oder Trapper kann solch Besuch zur Katastrophe werden. Nichts bleibt verschont. Leder, seien es Stiefel, Sattelzeug oder die Riemen der Schneeschuhe, frißt er auf. Sein Teufelsmagen scheint alles verdauen zu können.

In der Zeit von Mai bis Juli werden fünf Junge geworfen. Jeder Platz, der einigermaßen wettergeschützt ist, genügt als Unterschlupf. Bereits im

Herbst verlassen die halbwüchsigen Jungen die Mutter und werden selbständig.

Aka erzählte mir: „Ich habe erlebt, wie ein Wolverine die schwere Hinterkeule eines Elches wegschleppte. Mit der Last zwischen seinen Vorderläufen lief er so schnell, daß ich ihm auf Schneeschuhen nicht folgen konnte. Er kam wieder und wollte die nächste Keule holen. Ich tötete ihn. Darauf kam die Familie, die nach ihm suchte, kletterte auf den Baum, auf dem die Viertel des Elches hingen, und bespritzten alles mit Urin. Ich schoß alle drei, hatte nun Ruhe, aber auch nichts mehr zu essen!"

Aka schüttelte sich in der Erinnerung und setzte seine Erzählung fort: „Im hohen Norden hatte ich einmal für zwei Jahre eine Trapprute, die ein gutes Einkommen abwarf. Im dritten Jahr hatten sich Wolverine angesiedelt, und Tag für Tag räumten sie die Köder aus den Fallen, ohne daß sich jemals ein Wolverine gefangen hätte. Ich setzte mich bei den Fallen hoch auf Bäumen an und schoß einen starken Wolverine. Als ich zu meiner Hütte zurückkam, war alles, was in ihr war, völlig zerstört und ruiniert. Nicht ein Gegenstand war noch verwendbar. Ich war gezwungen, ein Stück Wild zu erlegen, um etwas zu essen zu haben. Die Wolverine zwangen mich, diese Trapprute aufzugeben. Nie mehr hätte ich Ruhe vor ihnen gehabt. Wenn man ein Wolverine tötet, kommt große Gefahr, denn die Familie versucht, den Tod zu rächen!"

Kein Tier ist mehr gefürchtet. Von Generation zu Generation überlieferte dramatische Erlebnisse, übertrieben oder nicht, werden glaubwürdig, wenn man die verbürgten Berichte von Prospektoren und Forstbeamten aus dem Yukon oder den Northwest Territories liest, wo Wolverine häufig sind. Ein im Yukon notgelandeter Buschpilot beantwortete die Frage eines Reporters, was für ihn das schlimmste gewesen sei, mit den Worten: „Wolverine, die mich umbringen wollten!"

Ich habe später am Nordufer des Lake Abitibi zwei Wolverine selbst beobachten können und von einer Bejagung abgesehen, da der mich führende Indianer in diesem Falle nicht zu bewegen gewesen wäre, mir weiter zu folgen.

Wieder war eine Winternacht vergangen, und unsere Augen wanderten immer wieder nach Süden in der Hoffnung, endlich das Flugzeug kommen zu sehen. Es kam nicht! Daß es nicht kommen konnte, weil es beim Ausfliegen einer anderen Jagdgruppe Bruch gemacht hatte, sollten wir erst Tage später erfahren. Das Eis war inzwischen dick geworden. Tagsüber unterhielten wir das Buschfeuer. Das hierfür nötige Holz unter dem hohen Schnee herauszuwühlen, war schwere Arbeit. Der See gab nichts mehr her, denn alles Driftholz war fest eingefroren. Langeweile empfanden wir nicht. Wir fischten zu Eis mit besten Erfolgen, indem wir einen an einer Schnur befestigten Blinker durch ein Loch im Eis mit kurzem Ruck bewegten, und landeten Fisch auf Fisch. Die schwerste Seeforelle, die Aka zog, mochte etwa 15 Pfund gewogen haben. Auch gab es viel Interessantes, worüber wir uns unterhalten konnten.

Aka lehrte mich die Stimmen der Enten und Gänse in ihren verschiedenen Lauten und ihre Bedeutung. Ich lernte von ihm die vielfältigen Laute des „Chipmunk", eines Zwerghörnchens, deuten, und er gab nicht eher auf, bis ich den Ruf des Elchrivalen und des suchenden Tieres getreu nachahmen konnte. In anderen Stunden erzählte er mir über sein Leben, und ich empfand seine tief verankerte Liebe zu dem Lande seiner Väter. Ich fragte ihn, welches Tier er am meisten liebe. Spontan sagte er: „Den schwarzen Bär!" Ohne eine weitere Aufforderung erzählte er mir über dessen Leben, und wie sich der alte Buschläufer listig und pfiffig durchschlägt.

„Ursus americanus" ist der kleinste der vier Bärenarten des amerikanischen Kontinents. Seine Intelligenz steht der seiner Artgenossen, des gigantischen Alaska-Braunbären, des angriffslustigen Grislybären und des Königs der Arktis, des Eisbären, in nichts nach. Gegenüber diesem mächtigen Raubwild ist er ein harmloser Geselle, der dem homo sapiens meist ausweicht, was man von seinen Vettern nicht sagen kann. Nicht ohne Grund bekam der Grislybär den lateinischen Namen „ursus horribilis". Jedoch, es heißt auch dem Schwarzbären gegenüber auf der Hut zu sein! Vor allem einer führenden Bärin weicht man besser aus, denn sie kann unangenehm schlecht gelaunt sein. Wie alle Bären, ist auch der Schwarzbär unberechenbar. In seinen kleinen Sehern ist eine Gemütsbewegung nicht erkennbar. Wie gefährlich auch er werden kann, zeigt ein Drama in der Wildnis:

Ein Trapper mit Namen Rudy Gair wurde in seiner Hütte von einem überraschend eindringenden Schwarzbären angegriffen. Offenbar hatte der Trapper noch Gelegenheit, seine Büchse zu laden und zwei Schüsse abzufeuern, denn man fand im Kadaver des vor der Hüttentür verendeten Bären zwei Geschosse, die aus Gairs Waffe stammten. Als des Trappers Freund, Max Shellabarger, Rudy besuchen wollte, fand er diesen tot und furchtbar zugerichtet in der Hütte. Dieser Fall beweist, daß man jederzeit auf solchen Besuch vorbereitet sein muß. Im Verlauf meiner kanadischen Jagdjahre haben Schwarzbären zweimal mein Zelt und seinen Inhalt zerstört. Jedoch handelte es sich hier ohne Zweifel mehr um Neugier oder Hunger. Wie sich die Besucher jedoch verhalten hätten, wenn mein Jagdfreund und ich im Zelt gewesen wären, kann nicht beantwortet werden. Ich habe erlebt, wie sich ein Schwarzbär von mir gefangene Fische, die ich hinter mir abgelegt hatte, einverleibte, ohne mich eines Blickes zu würdigen. Dieser Bär nahm mir auch nicht übel, daß ich ihm einen anderen Fisch zuwarf. Mein Freund hatte sich bereits aus dem Staube gemacht, wofür ich volles Verständnis aufbrachte. Es ist ein sehr bedrückendes Gefühl, wenn man, lediglich mit einer Spinnrute bewaffnet, einem etwa 300 Pfund schweren Bären auf nur vier Meter gegenübersteht. Solche Begegnung ist durchaus nicht selten. Erst, als ich wieder im sicheren Boot saß, fühlte ich mich unbeschwerter.

„Blacky", wie er im Volksmunde genannt wird, wird etwa 200 kg schwer, selten 250 kg und darüber. Seine Länge mißt bis zu zwei Metern, seine Schulterhöhe bis einen Meter. Die Farbe seines Pelzes variiert vom seidigen Schwarz in den Ostprovinzen zu Blond und Blau in Mittel- und Westkanada und im höheren Norden aller Provinzen und bis zu fast Weiß auf dem „Gribble Island" in British Columbia. Man kann also getrost von einem blonden, blauen oder silberweißen Schwarzbären sprechen. Stets hat er ein weißes Lätzchen auf der Brust, das zur Zeit der Heidelbeerernte marineblau leuchtet.

Seine gefährliche Waffe ist nicht der Fang, sondern sind die kräftigen Vorderpranken mit ihren langen Krallen. Ich hatte Gelegenheit zu beobachten, wie ein Schwarzbär eine Baumleiche auf Maden untersuchte und auseinander pflückte. Es veranschaulichte drastisch seine große Kraft.

„Blacky" verschläft den Winter unter einem gefallenen Baum, in einer Höhle, Felsspalte oder auch einmal in der Hütte derer, die ihm nachstellen. Einen idealen Platz bietet das tiefe Wurzelbett eines gefallenen Urwaldbaumes, wo er sich mollig einschneien läßt. Während des Winterschlafes wirft die Bärin alle zwei Jahre ein oder mehrere Junge. Im Frühjahr ist der Pelz wohlgepflegt, wundervoll seidig und dicht. Darum bevorzugt man die Jagd auf ihn auch im Frühjahr. Außerdem ist er zu dieser Zeit wegen seines „Bärenhungers" leichter zu überlisten. Mit Zunahme seines Gewichtes wird er heimlicher. Auch erschwert die dichte

Vegetation im Sommer und frühen Herbst seine Bejagung. Im Spätherbst ist sein Pelz oft so sehr zerschunden, daß sich eine Kugel nicht lohnt. Auf seine Wanderlust im Frühjahr werden Jagdplan und Taktik aufgebaut. Hungrig legt er dann täglich große Strecken zurück, und man kann ihm im letzten Schnee tagelang folgen, ohne ihn jemals einzuholen, es sei denn, man führte eine Meute abgerichteter Hunde. Mit diesen läßt sich „Blacky" ungern ein. Er sucht dann sein Heil auf einem Baum, wo ihn die Kugel des Jägers leicht erreichen kann.

Zu Beginn des Frühjahrs besteht seine Nahrung aus Löwenzahn, Schößlingen aller Art, Knospen, Käfern, Fröschen und Fischen. Er weiß genau, wo Hecht, Zander und andere Fischarten zur Laiche ziehen, und ist ein Experte im Fischen. In seichtem und schmalem Durchfluß eines Wildwassers plantscht er eifrig umher und schlägt die Fische an Land im Gegensatz zu seinen Vettern, dem Grisly- und Braunbären, die die Fische mit ihrem Fang im Wasser greifen. Mit dem Wechsel der Jahreszeiten wird er ein Feinschmecker. Rund und satt sucht er nun nach Wildhonig, Ameisenlarven, Gelegen und Junghasen, Pilzen und Beeren. Der Tisch ist überreich für ihn gedeckt. Er wird dann faul und schont seine Sohlen. Sein Einstand bleibt begrenzter, und „Blacky" wird unfreundlich zu dem, der an seinem Fraß teilhaben will. Es ist ein Fest für ihn, wenn er ein Hirschkalb schlagen konnte. Doch meist tun dies Luchs oder Wolf für ihn. Warum soll er selbst so hart arbeiten? Nachts nimmt er gern die vielseitigen Delikatessen wie wohlschmeckende Tauwürmer, saftige Schnecken, krustige Kleintiere und pikante Gewürzpflanzen am Flußufer. Dorthin muß er täglich sowieso, denn ohne Wasser verdaut es sich schlecht, und ein tägliches Bad gehört auch zu diesem eleganten Herrn im schwarzen Frack. Ja, für ihn ist es dann wahrlich eine Lust zu leben!

Wer viel frißt, der schläft auch gerne; beides sind daher seine Lieblingsbeschäftigungen. Ein windstilles, sonniges Plätzchen, von dem aus man alles gut übersehen und sich heimlich davonmachen kann, läßt sich überall finden. Nur muß es schwer zugänglich sein, je wilder und torniger, desto besser. Wird „Blacky" alt, dann macht er Dummheiten und bricht gerne in die Hütten der Jäger und Trapper ein, wo sich stets Leckerbissen finden lassen. Das führt meist zu seinem schmerzlosen Ende. Oder der alte Buschläufer schafft es noch bis zum nächsten Winterschlaf, aus dem er nicht mehr erwacht. –

Gerade wollte Aka mir erzählen, wie und wo er seinen größten

Schwarzbären erlegte, als wir an einem Vormittag Motorengeräusch hörten. Während wir aus dem Zelt traten, sahen wir den großen Vogel schon auf unsere Insel zufliegen, und bald erkannten wir eine Maschine des „Departments of Lands and Forests". Sicher landete der Pilot sie auf dem Eis. Wir schüttelten uns die Hände. Er hätte erst Material und Mechaniker einfliegen müssen, bevor er an uns denken konnte. Schnell brachen wir das Lager ab, luden alles ein und befestigten das Kanu zwischen den Skiern des Flugzeuges. Das uns lieb gewordene kleine „Island" verschwand schnell hinter uns den Blicken. Nach 12 Tagen kamen Aka und ich zurück in die Zivilisation. Wir verabredeten, im nächsten Frühjahr eine Suchexpedition, verbunden mit Bärenjagd, zum Lake Abitibi zu machen, um den alten Trapper zu finden, und verabschiedeten uns mit einem kräftigen Handschlag.

ZWEITES KAPITEL

MIT RUTE UND BÜCHSE

Während der Wintermonate suchte ich weitere Informationen über den alten Trapper zu erhalten. Ich schrieb an viele Poststellen von Ortschaften, die südlich des großen Sees liegen, beschaffte mir die Anschriften der „trading posts" der Hudson Bay Compony und fragte dort an. Ich führte viele Ferngespräche mit den Leitern anderer Unternehmen in jener Gegend und befragte jede Person, die einmal in der Nähe des von Aka beschriebenen Sees gewesen war. Viele hatten von dem alten Trapper und schwer glaubwürdigen Geschichten über ihn gehört, doch merkwürdigerweise bekam ich nirgends einen Hinweis, wo ich ihn finden könnte.

Wie in jedem Jahr, besuchte ich in Toronto die „Sportsmen show". Hier wurde mir von einem Forstbeamten, der im Raume des Lake Abitibi einige Jahre gearbeitet hatte, ein erster Hinweis gegeben. Er sagte mir, daß ein Trapper seit Jahren am Mattawasaga-River lebe. Dieser Fluß mündet dicht an der Grenze zwischen den Provinzen Ontario und Quebec in den großen See. Ich fragte nach dem Namen des Trappers, den er mir aber nicht nennen konnte. So forschte ich weiter. Seinem Hinweis nachgehend, wurde mir von einem Kaufmann des Ortes Duparquet in Quebec brieflich geantwortet, daß ein Trapper mit Namen Francois Wawagosic einige Jahre eine „trap-line" am Mattawasaga-River unterhalten hätte. Häufiges Hochwasser hätte ihn aber gezwungen, dieses Gebiet zu verlassen, und er hätte eine neue trap-line auf einer Halbinsel eingerichtet, die eine lang vorgeschobene Landmark zwischen Lightning-River und Mattawasaga-River bildete. Auf jeder guten Karte sei sie erkennbar. Seine Wohnhütte läge auf dem am weitesten ostwärts gelegenen Zipfel der Halbinsel auf einer Anhöhe neben einem kleinen Wasserfall, sie sei jedoch vom See aus nicht einzusehen. Es gäbe zwei Möglichkeiten, die Hütte zu erreichen, entweder auf einem Buschpfad, besser aber auf dem Mattawasaga-River. Dieser sei sehr verwachsen, doch mit Hilfe von Säge und Axt beschiffbar.

Da mir der Kaufmann den Namen des Trappers nennen konnte, wendete ich mich an alle Stellen, wo er möglicherweise seine Felle verkaufte, und hatte schließlich auch Erfolg. Der angegebene Name stimmte. Ich erhielt genaue Angaben, wo die Hütte läge, und welcher Weg geeignet wäre, sie zu erreichen. Das Alter des Mannes wurde mir mit etwa fünfzig Jahren angegeben. Das machte mich sofort stutzig, und mir kamen Zweifel, ob es sich um den alten Trapper handelte, von dem Aka gesprochen hatte. So forschte ich weiter, jedoch zunächst ohne Erfolg.

Mit diesen Nachforschungen war der Winter fast zu Ende gegangen. Ich besorgte mir alle Karten der Gegend, die ich bekommen konnte, und studierte sie sorgfältig. Diese Expedition würde eine Fahrt in noch unbekanntes Gebiet werden. Da mir die Wildheit des großen Sees bereits bekannt war, entschloß ich mich, diesmal mein fünf Meter langes, sicheres Aluboot mit stärkerem Motor zu verwenden, um Risiken und Gefahren zu vermindern und um größere Lasten bewegen zu können. Ich ließ Aka durch einen Mittelsmann wissen, an welchem Tage ich ihn in der letzten Maiwoche abholen würde.

An einem Freitagabend verabschiedete ich mich von meiner Familie und fuhr, den Anhänger mit dem Boot im Schlepp, während der Nacht auf dem „Trans Canada Highway" nach Norden, bis ich den idyllisch gelegenen Ort Timagami am gleichnamigen See erreichte. Dort traf ich am frühen Nachmittag ein. Aka wartete schon auf mich vor dem Hotel. Herzlich begrüßte ich den Freund, der mir so fest die Hand drückte, daß ich einen Schmerzenslaut nicht unterdrücken konnte.

„Ich bin so froh, weil ich dich wiedersehe!", sagte er. Selbst hungrig geworden, lud ich ihn zum Frühstück ein. Danach überreichte ich ihm ein Päckchen, dessen Inhalt als freundschaftliches Angebinde für ihn gedacht war. Ich hatte mir für ihn aus Deutschland eine schöne Jagdtasche schicken lassen, da er die, die ich trug, wiederholt bewundert hatte. Seine rotbraune Haut wurde noch dunkler, als er die Tasche in den Händen hielt, und die Freude über dieses Geschenk verriet sein strahlendes Gesicht. Sofort hing er sie sich um, und seitdem habe ich Aka nie mehr ohne diese Jagdtasche gesehen.

Nach einigen Stunden hart verdienten Schlafes saßen Aka und ich bis in die Abendstunden zusammen, um die Karten zu studieren und das Vorhaben zu besprechen. Ich gab alle erhaltenen Informationen an ihn weiter. Als ich ihm das Alter des Trappers nannte, schüttelte er energisch

den Kopf und sagte: „Er ist nicht der Trapper, den wir suchen wollen!"
Dabei blieb er. Dennoch hielt ich an dem Entschluß fest, François Wawagosic aufzusuchen.

Wir verließen Timagami am nächsten Morgen bei Sonnenaufgang und folgten dem Trans Canada Highway weiter nach Norden, bis wir den Ort Matheson erreicht hatten. Vor einem halben Jahrhundert war hier der größte Teil der Bevölkerung bei einem verheerenden Waldbrand ums Leben gekommen. Die Menge der verkohlten Baumstämme in den umliegenden Wäldern erinnerte noch an diese Katastrophe.

Wir ließen die Benzintanks füllen, da hier die letzte Möglichkeit dazu gegeben war. Mit 120 Litern hofften wir auszukommen. Nachdem die Tanks im Boot verstaut waren, setzten wir unsere Fahrt nunmehr nach Osten fort, indem wir die am weitesten nördlich gelegene Autostraße benutzten, die ostwärts in die Provinz Quebec führte. Sie ist die Grenze der Zivilisation. Nördlich von ihr gibt es bis zur Arktis nur noch Wildnis.

Da es mir bisher nicht vergönnt war, einen kapitalen Schwarzbären zu strecken, hoffte ich, auf dieser Expedition Erfolg zu haben, und war recht optimistisch, da in dieser Gegend Bären besonders zahlreich waren und außerdem gewöhnlich starke Exemplare hier geschossen wurden.

Am frühen Nachmittag erreichten wir die über den Mattawasaga-River führende Brücke und waren damit am ersten Ziel angekommen. Das Boot und alle Lasten wurden am Fluß abgestellt, und das Auto mit dem Anhänger für das Boot wurde seitlich der Fahrbahn geparkt. Bei Rückkehr würden wir alles unberührt wiederfinden. Die Luft im Norden ist zu rein und zu sauber für schmutzige Charaktere!

Mit Hilfe eines Flaschenzuges brachten wir das Boot zu Wasser, wobei uns Rundhölzer, die wir schnitten, halfen. Trotz des ausgewaschenen und steilen Ufers war die Arbeit schnell und ohne Anstrengungen erledigt.

Das schwer beladene Boot lag tief im Wasser. Es hieß also, langsam und vorsichtig navigieren. Um den richtigen Weg zu finden, brauchten wir nur auf die Strömung zu achten. Nach wenigen Fahrtminuten liefen wir jedoch schon auf das erste Hindernis auf. Unsere Anstrengungen, das Boot frei zu bekommen, scheiterten zunächst. Die Astgabel eines starken, unter Wasser liegenden Baumes und der Wasserdruck hielten es wie angeschraubt fest. Es blieb uns keine andere Wahl, als „auszusteigen". Wir entledigten uns der Bekleidung und gingen mit Axt und Säge an die Arbeit. Das Wasser war noch so kalt, daß man sich nur einige Minuten in ihm aufhalten konnte. So wechselten Aka und ich uns in der Arbeit ab, die uns eine Stunde aufhielt. Ein kräftiger Schluck aus der Rumflasche war nötig, um das Blut aufzuwärmen. Leider saßen wir wenige Minuten später wieder fest. So geschah es noch viele Male, bis wir in breiteres und tieferes Wasser gelangten.

Der Busch an den Ufern war so dicht und wild, daß uns ein Eindringen schier unmöglich erschien. Hinter einer Flußbiegung versperrte eine gefallene große Kiefer erneut unseren Weg. Eine Durchfahrt auszusägen, würde lange Zeit in Anspruch nehmen. Darum beschlossen wir, zunächst einen Lagerplatz auszuholzen und das Zelt aufzustellen. Nach einer guten Stunde war es getan, und nun gingen wir sofort dem dicken Stamm zu Leibe. Fast war es dunkel geworden, als die Schwerarbeit hinter uns lag.

Zu müde und ausgepumpt, um noch ein warmes Mahl zu bereiten, gaben wir uns mit heißem Tee, Brot und Wurst zufrieden. Ruhend genossen wir noch eine Pfeife Tabak, und bald fielen wir in tiefen und festen Schlaf.

So hatten wir nichts von dem Besuch gemerkt, der uns in dieser Nacht beehrt hatte. Neben dem Boot sahen wir morgens im Ufersand die mächtigen Sohlenabdrücke eines Schwarzbären. Nie zuvor und auch später sah ich größere.

Aka lud seine Büchse und sagte: „Sehr großer Bär war hier und hat unser Zelt beobachtet. Sieh, es sind nur elf Schritte bis zum Zelt! Er kann auch bei Tag zurückkommen, deshalb müssen wir aufpassen. Es ist ein mächtiger Bär!"

Ein wolkenloser Himmel kündete einen sonnigen Frühlingstag an, doch der Morgen war recht kühl. Wir beeilten uns, ein Feuer zu machen, das wir aus Sicherheitsgründen dicht am Ufer anlegten, denn ein Buschfeuer würde sich rasend schnell ausbreiten. Ich war in vielen Wildnisgebieten Kanadas gewesen, aber nirgends hatte ich solch undurchdringlichen Unterwuchs gesehen.

Aka schlug Speck und Eier in die Pfanne. Während des Frühstückens bekamen wir neuen Besuch. Ein grauer „Jay", dem die Ornithologen den lateinischen Namen „perisoreus canadensis" gaben, setzte sich ungeniert auf meinen Kopf. Wohl erschreckt durch meine hastige Bewegung, hüpfte der Vogel auf meine linke Hand und brach sich ohne jede Scheu ein Stück aus der Brotschnitte. Als seien wir alte Bekannte, flog er hinüber auf Akas Hand, um an dessen Brotschnitte zu picken. Als er aber ungeniert auch auf seinen Teller hüpfte, protestiert Aka. Erstaunt über diesen Mangel an kanadischer Gastfreundschaft ließ der Besucher einen dicken Klecks auf das noch unberührte Spiegelei fallen, hüpfte hinunter auf den Erdboden, griff sich die Verschraubung der Teedose und verschwand mit ihr zwischen den hohen Kiefern und Tannen des Urwaldes.

„Whiskyjack", wie er hier im Volksmund genannt wird, ist ohne Scheu. Vertraut besucht er Jäger, Holzfäller und Trapper. Nichts ist vor ihm sicher, er stiehlt, was er stehlen kann. Etwa 30 Zentimeter groß, ist er der eleganteste gentleman der Koniferenwälder des kanadischen Nordens. Sein Frack ist geschmackvoll mittelgrau, wozu er eine lichtere Weste gleicher Farbe trägt. Ein weißer Kragen und ebensolche Krawatte unterstreichen die Eleganz. Über einer hellfarbigen Stirn trägt er eine schwarze Priesterkappe, und ein schwarzer Streifen, der über Augen und Schnabelsattel läuft, wirkt wie eine Gelehrtenbrille, die den seriösen Eindruck noch verstärkt. So wird er treffend auch „Professor" genannt.

„Frau Professor Jack" baut mit seiner galanten Hilfe aus kleinen Zweigen und Moos das Heim hoch in den Koniferen dicht am Stamm und schenkt ihm vier braun getupfte graue Eier, sobald der letzte Schnee schmilzt.

Freund Aka kam an diesem Vormittag um ein Spiegelei zu kurz. Daß Whiskyjack es sich noch einverleiben würde, dessen waren wir sicher. –

Wir waren wieder unterwegs. Der sich durch den Urwald windende Fluß wurde breiter, und es zeigten sich die ersten Schilfgürtel in seitlichen Buchten. Wir überraschten ein rinnendes Elchtier nur wenige Meter vor dem Boot. In uriger Kraft stemmten sich die Schalen und Läufe des Tieres in das steil ansteigende Ufer, hinter dem es dann im Urwald wie ein Schemen untertauchte. Die Menge der Fährten im Ufersand ließen erkennen, wie zahlreich hier das Elchwild war. An einer anderen Stelle fanden wir einen frisch gerissenen Schneehasen. Ein Luchs hatte hier Waidmannsheil gehabt.

Der Fluß wurde breiter, seitlich lichtete sich der Busch. Die Koniferen wurden von Erlen und Weiden verdrängt und schließlich abgelöst. In einer weiteren Ausbuchtung am linksseitigen Ufer balgten sich übermütig zwei Fischotter. Ihre eleganten, schlanken Körper glitten und rollten über den Wasserspiegel, und näherten sich unserem Boot. Neugierig betrachteten sie uns und tauchten dicht neben dem Boot, mal steuerbord, mal backbord, auf.

VOM FISCHOTTER

Der „River-Otter" ist in diesem Raum noch zahlreich. Sein lateinischer Name ist „lutra canadensis".

Es ist ein ergötzlicher Anblick, den Süßwasserclown zu beobachten. Darum stellte ich den Motor ab, während wir das lebenslustige Spiel der Tiere beobachteten.

Leider wurde auch dem Otter wegen seines hochwertigen Balges in vergangenen Jahren zu sehr nachgestellt, so daß sein Anblick seltener wurde. Nur noch in der wenig berührten Wildnis sieht man ihn oft. Er ist in allen kanadischen Provinzen und auch in Alaska vertreten, man findet ihn bis zur Tundra, soweit gute Lebensbedingungen gegeben sind. Der kostbare Balg mit seinem dichten öligen Unterhaar und langen Grannenhaaren schillert in den Farben von Mittelbraun bis zu fast Schwarz, an seiner Unterseite in lichtem Grau bis Silbergrau. Er ist eines der schönsten Tiere, die der Herrgott schuf. Schlank und torpedoartig gebaut, ist er ein Akrobat im Schwimmen, wobei ihm die Schwimmhäute zwischen den hinteren Zehen und eine kräftige Rute als Ruder helfen. Ich hatte Gelegenheit festzustellen, wie lange der Flußotter unter Wasser rinnen kann, bis er neuen Sauerstoff schöpfen muß. Der Sekundenzeiger zeigte im Durchschnitt $3^{1}/_{2}$ Minuten an. Wenn er taucht, schließt er die Ohrmuscheln und Nasenflügel dicht ab. Er rinnt unter Wasser bis zu 300 Meter, ohne aufzutauchen. Über Wasser erreicht er eine Geschwindigkeit bis zu 9 Kilometern in der Stunde. Teils rinnt er wie ein Delphin, teils so flach unter der Wasseroberfläche, daß sein Kopf noch gerade herausragt und er äugen kann. Blitzschnell kann er sich seitlich überrollen und auf der Stelle wenden. Immer zu Spiel und Balgerei aufgelegt, liebt er es besonders, eine Stromschnelle hinunterzutollen, wobei er sich in unübersehbarer Lebensfreude wieder und wieder überschlägt. Ganze Otterfamilien beobachtete ich bei solchem Spiel, das die große Kraft der Tiere veranschaulicht.

Der männliche Otter ist größer als die Fähe und wird bis zu 110 Zentimeter lang, einschließlich der Rute. Sein Gewicht erreicht bis zu 25 Kilogramm. Gehör und Sehvermögen sind scharf ausgeprägt, noch mehr der Geruchssinn. Vorwiegend jagt er auf Fische, aber er verschmäht auch Frösche, Krebse, Salamander, Schildkröten und Schlangen, Larven und Würmer nicht, ja, er scheut sich auch nicht, eine Wildente zu greifen.

Jung gefangen wird er völlig vertraut und ein harmloser Spielgefährte der Kinder. Einst sah ich, wie ein zahmer Flußotter neben einem kleinen Jungen rann und diesen aus tiefem Wasser in den flachen Teil des

Schwimmteiches drückte. Dasselbe hatte ich beobachtet, als eine Ottermutter ihre jungen Sprößlinge im Schwimmen unterrichtete. Ich gewann den Eindruck, daß junge Ottern das Schwimmen erst erlernen müssen, da sie sich merkbar wasserscheu und ungelenk verhielten.

Die Stimmlaute des Otters sind vielseitig. Er schnauft, prustet, gurgelt, grunzt, schreit, pfeift und hält den Atem an, um durch komprimierten Druck eine Wasserfontäne zu erzeugen. Seine Liebe für Rutschpartien ist groß. Er und die Familie erfreuen sich stundenlang an solchem Spiel. Im Winter sausen sie die vereisten Uferböschungen hinunter und hinaus auf das Eis des Flusses oder Sees. Behende erklettern sie erneut die Böschung, und das Spiel beginnt aufs neue. Erstaunlich ist auch seine schnelle Bewegung über Land.

Mitten im kalten Winter paaren sich die Otter. Die Würfe bestehen aus zwei bis vier Jungen. Sie öffnen erst nach 35 Tagen die Seher. Erst nach der langen Zeit von etwa 12 Wochen verlassen die jungen Otter mit der Mutter den Unterschlupf, zu dem Ober- und Unterwasserröhren führen. Letztere werden ausschließlich im Winter verwendet. –

Nachdem Aka und ich uns genug an dem fröhlichen Spiel erfreut hatten, setzten wir unsere Fahrt fort. Auch die Weiden blieben zurück, als wir die dem Lake Abitibi vorgelagerte „marsch", eine kilometerbreite Schilflandschaft, erreichten. Durch sie schlängelte sich der Fluß in tief eingeschnittenen Windungen. Jetzt gelangten wir in ein Entenparadies! Leuchtender Sonnenglanz lag auf der schier unendlich scheinenden Fläche. Als der Fluß breiter wurde, konnten wir die volle Motorkraft ausnutzen. So gelangten wir bald an seine Mündung in den Lake Abitibi. In seinem lichten Wasser spiegelten sich die Schönwetterwolken und die Menge der üppig bewaldeten Inseln. Nie vorher und auch später nicht sah ich einen landschaftlich schöneren See! Vor uns aufkommende Felsen dicht unter dem Wasser warnten uns rechtzeitig, die Geschwindigkeit zu vermindern. Sehr vorsichtig und langsam fuhren wir auf die am Horizont sichtbare Halbinsel zu und erreichten sie um die Mittagszeit.

Während der Fahrt hatten wir viele, etwa 30 Zentimeter lange Fische gesehen, die ich nicht ansprechen konnte. Auch Aka kannte sie nicht. Darum machten wir die Spinnruten fertig und versuchten unser Petriheil. Mit kleinen Blinkern hatten wir bald Erfolg. Als wir den ersten Gabelbissen der in Butter gebräunten Fische kosteten, lernten wir eine der feinsten Delikatessen aus kanadischen Gewässern kennen. Ihr Name ist „Goldeye".

AM LAKE ABITIBI

Wie ich später erfuhr, ist der Lake Abitibi in Ostkanada der einzige See, in dem diese Art vorkommt.

Nach dem schmackhaften Fischgericht machte sich Aka auf den Weg, um die Hütte des Trappers François Wawagosic zu erkunden, die irgendwo auf der langen Halbinsel liegen sollte, an deren Ostseite wir geankert hatten. Ich fischte weiter mit dem Spinner, um noch einige der delikaten Goldeye zu fangen. Fast jeder Wurf brachte mir einen Fisch.

Meine Blicke wanderten über die Weite des Sees, der wie eine riesige Silberplatte vor mir lag. Die meist steinigen Ufer der bewaldeten Inseln waren vollbesetzt von Möwen. Hunderte und aberhunderte segelten und schwebten über dem See oder stürzten plötzlich in die Tiefe, um Fische zu greifen. Futterneidisch zankten sie sich um die Beute, und nur ihr kreischendes Geschrei unterbrach die Stille dieser romantischen Landschaft.

Meist waren es Mantel-, Herings- und Schwalbenmöwen, zu meiner Überraschung sah ich aber auch zum erstenmal in Kanada Zwergmöwen, Einwanderer aus Europa. Fluß-, Trauer- und Rauchseeschwalben tummelten sich mit hastigem Flügelschlag zwischen ihnen und suchten immer hungrig nach Beute. Wasser- und Strandläufer trippelten am sandigen Ufer auf und ab und sammelten die angeschwemmten kleinen Kerbtiere. Nicht weit von mir entfernt fischte ein Aristrokrat der Vogelwelt, der blaue Fischreiher. Oftmals seinen Schritt verhaltend, spähte er nach einer Beute, bis sein langer Dolchschnabel zielsicher zupackte. Ein Königsfischer schoß wie ein Pfeil ins Wasser und baumte mit einem für seinen kleinen Körper erstaunlich großen Fisch wieder auf. Er fehlt an keinem See oder Fluß von Labrador bis in die Provinz Manitoba.

Das melodische Jodeln und fröhliche Lachen des „Loon", des größten Tauchers Kanadas, hallte über die Weite des Sees. Er gilt als Nationalvogel und steht unter Naturschutz. Niemals wird ein Indianer auf einem See fischen, auf dem der Loon fehlt, ja, scheu meidet er solch ein Wasser. Ich habe die Ursache zu ergründen versucht, doch jeder Indianer wich meinen Fragen aus, auch Aka tat es.

Die Größe des Loons ist mit der des Prachttauchers vergleichbar. Auch ähnelt er ihm in der Form. Im Sommer ist sein dunkelgraues Oberkleid mit weißen Flecken betupft, während die Unterseite weiß ist. Im Winter fehlt die Sprenkelung. Er ist einer der interessantesten Vögel des Landes. Die spitz zulaufenden schmalen Schwingen schlagen im Fluge tief nach unten durch, man kann dadurch den Loon sofort von anderem Wasserflugwild unterscheiden. Groß ist seine Fähigkeit zu tauchen. Langsam verschwindet er im nassen Element, wenn man sich ihm nähert, und drei oder vier Minuten später taucht er viele hundert Meter entfernt wieder auf. Seine Nahrung besteht ausschließlich aus Fischen. Er überwintert auf Salzwasser. Stets neugierig, ist er leicht anzulocken, ein flatterndes, hellfarbiges Tuch erregt seine Wißbegier, und er beeilt sich, festzustellen, was die fremde Erscheinung bedeutet.

Einen seltenen und interessanten Anblick bietet der Tanz der Loon. Es ist nicht geklärt, warum und wozu sich mehrere Paare zusammenfinden, um Wasser tretend zu tanzen, da sie dies zu allen Jahreszeiten vom Frühjahr bis zum Herbst tun. Die Indianer sagen, es sei ein sicheres Zeichen dafür, daß ein Unwetter aufkomme. Daran ist offenbar etwas Wahres, denn ich hatte das seltene Glück, zweimal einen Loontanz zu beobachten; in beiden Fällen kam am Folgetag ein schweres Wetter.

Verlassen die Loon einen See mit langgezogenem, klagendem Ruf, dann ist es ein sicheres Zeichen für ein aufkommendes Gewitter. Der Ruf und das Lachen des Loon ähneln denen der menschlichen Stimmen. Darum vermute ich, daß die Indianer in diesen Stimmlauten die ihrer Verstorbenen zu hören glauben. Es ist dies aber meine rein persönliche, durch nichts bewiesene Annahme. Mir fiel auf, daß jeder Indianer Kopf und Blick zu einem rufenden oder lachenden Loon wendet, so oft sich der Vogel hören läßt. Auch Aka überhörte niemals die Laute. Als ich ihn gelegentlich fragte, ob er einmal einen Loon geschossen hätte, sah er mich entsetzt an, ohne zu antworten. Aus diesen Beobachtungen leitete ich meine Vermutung ab.

Es ging bereits auf den Abend zu, als Aka zurückkehrte. Er sagte mir, daß er die Hütte gefunden hätte, die etwa drei Meilen weiter südlich stände. Zunächst wäre der Busch fast undurchdringlich gewesen, dann aber wäre er auf einen Pfad gestoßen und diesem gefolgt. Schließlich hätte ihm das Heulen von Huskyhunden leicht den Weg gewiesen. Da vier Stück bei der Hütte angekettet waren, nähme er an, daß sie gegenwärtig bewohnt wäre. Darum hätte er ein Zeichen an der Hüttentür befestigt; der Trapper wüßte nun, daß wir ihn suchten. Wir beschlossen, den Trapper am nächsten Vormittag aufzusuchen.

So stellten wir schnell das Zelt auf und richteten uns für die Nacht ein. Wieder schmeckten uns die Goldeye köstlich. Nach dem Abendessen zeigte Aka hinunter zum Wasser: „Siehst du den starken Hecht neben dem kantigen großen Stein im Wasser?" Aufmerksam gemacht, entdeckte auch ich den lauernden Räuber. Schnell befestigte ich an der Spinnschnur ein Stahlvorfach und daran einen Maussspinner. Ich warf ihn auf den Felsen und zog ihn von dort langsam hinunter ins Wasser und in die Nähe des Hechtes. Dort ließ ich den Köder längere Zeit bewegungslos liegen. Sobald ich die Schnur anzog und damit Leben in die künstliche Maus brachte, schoß der starke Hecht aus dem Wasser heran und schluckte sie. Energisch hieb ich an, und der Hecht zog in langer Flucht in tieferes Wasser. Wieder wurde der sportliche Drill eines schweren Fisches an leichter Spinnschnur für mich zu einem begeisternden Erlebnis. Als ich danach den fast einen Meter langen Hecht in sein Element zurücksetzen wollte, fiel mir Aka in den Arm: „Wir wollen ihn behalten! Der Hecht ist ein guter Köder für den Bär!" Er trug den Fisch zum Boot und verstaute ihn dort. Es war inzwischen fast dunkel geworden, so krochen wir in die Schlafsäcke.

Das Jodeln der Loon weckte uns, als die Sonne schon voll im Osten stand. Ein kühles Bad ließ uns schnell hellwach sein. Bereits eine Stunde später fuhren wir am Ufer der Halbinsel entlang nach Süden, bis wir vor uns einen kleinen Landesteg sahen, an dem ein großes Frachtkanu angetäut war, offenbar das Boot von François Wawagosic.

Wir waren noch damit beschäftigt, unser Boot anzulegen, als ein großer stattlicher Indianer aus dem Busch trat. Er musterte uns aufmerksam und wortlos. Aka redete ihn in der Sprache der Cree-Indianer an, der kühle Gesichtsausdruck des Trappers änderte sich daraufhin sofort. Ich hörte Aka meinen Namen nennen, und nun kam der Indianer auf mich zu und bot mir seine Rechte als Willkommensgruß. Nachdem ich meine Hand aus seinem „Schraubstock" befreit hatte, schwor ich mir, künftig den Siegelring zu Hause zu lassen. Aka grinste bis über beide Ohren. François sprach in Padua-Französisch zu mir, so daß ich ihn nicht verstehen konnte. Auf meine in englischer Sprache gegebene Erwiderung hin zuckte er bedauernd mit den Schultern. So vereinbarten wir, daß die beiden Indianer sich in ihrer Muttersprache unterhalten sollten und daß Aka dann den Inhalt Englisch wiedergeben würde. So klappte es großartig.

Vom Bootssteg aus folgten wir einem gut ausgetretenen Pfad zur Hütte, die etwa 300 Meter vom See entfernt auf einem Hügel stand. Die vier Huskys machten einen wüsten Lärm und zeigten unmißverständlich ihre Zähne. Diese Schlittenhunde mit Wolfsblut sind jedem Fremden gegenüber äußerst ablehnend. François gab einen kurzen, scharfen Befehl, und damit wurde es stiller. Bis wir in die Hütte eintraten, hörte ich jedoch ihr böses Knurren.

Das Innere der Hütte überraschte mich durch peinliche Sauberkeit. Felle aller Art bedeckten die rohen Wände und schufen eine gemütliche Atmosphäre.

Die Wände waren aus dicken Kiefernstämmen erbaut, die der Trapper offenbar hierher geflößt hatte. In der landesüblichen Art waren die Ritzen zwischen den Stämmen mit einem Gemisch von Lehm und Moos ausgestopft und mit Kalk überstrichen, innen wie außen in gleicher Weise. Ein mächtiger, offener Natursteinkamin, der fast die Breite der etwa 6 Meter weiten Nordwand einnahm, war der schönste Kamin, den ich je in einer Hütte gesehen habe. Jeder Stein schien ausgesucht worden zu sein, ein Geologe hätte hier Studien betreiben können. Sauber waren die Zwischenräume ausgefugt. Über dem Holzfeuer hing ein uralter Gußeisentopf an einem noch älteren, handgeschmiedeten Haken, der von einer dicken, in das Gestein eingelassenen Eisenkette getragen wurde.

An der Südseite des Raumes befand sich François' Liegestatt, die an der Wand hochgeklappt und mit breitem Riemen aus Elchhaut befestigt war. Aus dem gleichen Material waren die breiten Lederstreifen geschnitten, die als Liegegurte dienten.

Als Tisch in der Mitte des Wohnraumes dienten zwei sauber in der Mitte getrennte Baumhälften. Die „Platte" war mit Sand sauber abgescheuert. Auch die Stühle waren in gleicher Art aus Kiefernholz hergestellt, hatten vier Rundhölzer als Rückenlehne, und die Sitzflächen waren mit Stücken aus Wolfsfellen überzogen. An der Westseite des Raumes liefen Regale entlang. Auch sie bestanden aus der Länge nach aufgeschnittenen Stammhälften, die von angenagelten Astgabeln getragen wurden. Aufgereiht waren hier Geschirr und Gebrauchsgegenstände aller Art. Das einzige Fenster der Hütte gab den Blick auf den tiefer liegenden See und die Bootsstelle frei. Also mußte die Hütte auch vom See aus sichtbar sein. François öffnete die Tür zum Nebenraum. Wände, Fußboden und Unterseite des Daches waren weiß mit Kalk gestrichen. Unter dem First hingen rostfrei eingefettete Fallen und an den Wänden Rollen von feinem Stahldraht, aus dem der Trapper seine Wolfsschlingen fertigte. Wie Aka mir erklärte, diente in diesem Lagerraum für die Bälge der Kalkanstrich zur Desinfektion und Beseitigung des strengen Fellgeruches. So sauber wie im Wohnraum war es auch hier. Diese Akuratesse vermittelte einen vorzüglichen Eindruck von diesem Menschen, der hier einsam viele Monate des Jahres lebte.

Ich fragte Aka, wo François die Lebensmittel verwahrte. Der Trapper führte uns vor die Hütte, wälzte einen schweren Stein von einem stabilen Rundholzbelag, und wir sahen in eine Grube, die etwa zwei Meter im Quadrat und anderthalb Meter tief war. In einem modernen Kühlschrank konnte es nicht kälter sein. Aufgereiht standen dort derbe Holzkisten, und als François eine öffnete, sah ich, daß sie mit Weißblech ausgeschlagen war. Wildbret vom Elch war in offenen Gläsern eingekocht; eine harte Fettschicht dichtete jedes Glas gegen die Luft ab. Wir erhielten ein Glas als Geschenk, sein Inhalt hat uns später ausgezeichnet geschmeckt.

Südlich des Hügels sprudelte in einer Talsenke eine starke Quelle, aus der François einen Eimer voll eiskalten Wassers schöpfte. Es war ein köstlicher Trunk. François erklärte, daß die Quelle im heißen Sommer versiege und er sich dann Wasser vom See holen müsse. Doch meist wäre er im Sommer nicht in der Hütte, sondern nähme Arbeit an, wo er sie fände.

François lud uns zum Essen ein. Er bereitete einen aromatischen Tee aus getrockneten Blumen. Dann legte er uns geräucherte Goldeye auf die Teller. Wenn für mich frisch geräucherter Lachs das feinste Fischgericht ist, so wurde es von dieser Delikatesse überboten! Ein würziges Stück Buchweizenbrot steigerte noch den Geschmack. So lobte ich das leckere Mahl, was François stolz quittierte. Wahrscheinlich angeregt durch meine Anerkennung, verließ er die Hütte, ging den Pfad zum See hinunter und kam mit einem Eimer halb voll von Muscheln zurück, die er in das kochende Wasser eines Gußeisentopfes schüttete. Wenige Minuten später schöpfte er die Muscheln heraus und legte jedem von uns eine gute Portion auf den Teller. Die, die sich nicht geöffnet hatten, suchte er heraus, um sie in die Glut der Asche zu werfen. Er stellte Pfeffer und Salz auf den Tisch und wünschte uns eine weitere gute Mahlzeit.

Oft hatte ich diese Muschelart auf dem Grunde der Seen bemerkt aber unbeachtet gelassen. Später habe ich dann so manches wohlschmeckende Muschelgericht genossen. Vor allem wurde mir auch hierbei wieder klar, daß man in der Wildnis nicht zu verhungern braucht, wenn man ihre Gaben zu nutzen versteht.

Um François zu zeigen, wie sehr wir seine Gastfreundschaft und Bewirtung würdigten, ging ich hinunter zum Boot und holte einige Büchsen Bier. Damit konnte ich ihm einen wohl lange entbehrten Genuß verschaffen. Bald qualmten unsere Pfeifen und Aka eröffnete die Unterhaltung, deretwegen wir zu François gefahren waren.

Aufmerksam hörte unser neuer Freund zu, die beiden Indianer unterhielten sich lange angeregt, bis Aka sich an mich wandte, um den Inhalt der Unterhaltung zu übersetzen: „Es ist gut, daß wir François besuchen, denn er kennt den alten Trapper. Sein Name ist Eugène Tremblay. Mit seiner Frau lebt er seit Jahrzehnten am Ghostriver. Vor wenigen Jahren haben sie zwei Indianerkinder adoptiert. Eugène ist nun sehr alt, aber immer noch rüstig. Er ist „French"-Kanadier mit Cree-Indianerblut in den Adern und spricht fließend Cree, Englisch und Französisch. Er ist immer noch der beste Trapper dieser Gegend. Ihn von hier aus zu besuchen, wäre möglich, jedoch nicht ratsam. François ist besorgt, daß wir nicht genug Benzin für diesen langen Weg hätten und in Unkenntnis des Gewässers auf einen Felsen auflaufen könnten. Um den großen Felsenbetten im See auszuweichen, müßten wir einen weiten Umweg machen. François würde uns gern führen, doch er hat für den Sommer einen Arbeitsvertrag in einem Sägewerk angenommen und wird die Hütte morgen verlassen. Er gibt uns den Rat, den Ghostriver als Anmarschweg zu benutzen, nicht aber jetzt im Frühjahr, weil der Wasserstand zu hoch und der Fluß zu reißend ist. Auch führt er bei Hochwasser viel Treibholz. Schließlich sagte er, es wäre besser, wenn zwei Boote mit je zwei Männern diese Tour gemeinsam unternehmen, damit gegenseitige Hilfe gegeben werden könnte. Er warnt, mit nur einem Boot zu fahren. Wenn du ihm Papier gibst, will er uns eine genaue Skizze machen und die größten Gefahrenstellen einzeichnen!"

Ich gab dem Trapper mein Notizbuch. Es in der Mitte aufschlagend, begann er sehr bedächtig zu zeichnen. Fast eine Stunde verging, bis er mir die Skizze vorlegte. Sie machte auf mich einen vertrauenerweckenden Eindruck. Auch beschrieb er die Einzelheiten Aka, der sie mir übersetzte. Ich machte meine Vermerke. Den Verlauf des Ghostrivers mit seinen zahlreichen Windungen hatte François durch kräftige Linien, die Seitenflüsse zarter und jede mögliche Unfallstelle mit einem Kreuz markiert. Dieser Skizze nach mußte Eugène Tremblays Anwesen etwa drei Meilen vor der Mündung des Flusses in den Lake Abitibi liegen. Das würde etwa 18 bis 20 Meilen Fahrt auf dem Fluß bedeuten, wenn die Skizze stimmte. Ich verglich sie mit den mitgeführten Karten und gewann den Eindruck, daß der Trapper sehr gewissenhaft die Route angab. Auch wenn unsere jetzige

INDIANISCHE GASTFREUNDSCHAFT

Expedition ohne Jagderfolg bleiben würde, hatte sie sich bereits durch die Informationen gelohnt, die uns François gegeben hatte. Hocherfreut bedankte ich mich, doch der Trapper wollte noch mehr für uns tun, wie mir Aka weiter übermittelte:

„François bietet uns an, in seiner Hütte zu wohnen. Er hat einen starken Schwarzbären mehrere Male an der Mündung des Mattawasaga-River gesehen. Ich vermute, daß es der große Bär ist, dessen Sohlenabdrücke wir sahen. Wir sollten seine Einladung annehmen, denn Bären sind jetzt sehr hungrig und laufen weite Strecken, um etwas Freßbares zu finden. Er sagt, wir müßten uns Fische fangen und sie an einem Baum bei der Mündung des Flusses so hoch aufhängen, daß nur ein starker Bär sie mit den Tatzen erreichen kann. Je mehr die Fische stinken, um so besser ist das. Jeden Tag sollten wir beobachten, ob der Bär die Fische annehme und verzehrte. War dies der Fall, sollten wir am gleichen Baum neue Fische aufhängen. Kommt der Bär nun wieder, dann würden wir Erfolg haben. Denn beim drittenmal sollten wir die Fische einen Fuß höher aufhängen, damit der Bär sie nicht erreichen kann. Das gäbe dir dann genug Zeit zu einem guten Schuß. François sagt, wir sollten uns einen Hochsitz bauen, da der Wind im Frühjahr häufig umschlägt. Das Boot müssen wir verstecken, damit der Bär es nicht wittert, also möglichst weit entfernt. François schätzt das Gewicht des Bären auf über 200 Pfund. Das ist jetzt im Frühjahr ein sehr großes Gewicht. Es muß also ein besonders starker Bär sein!"

Wer würde solch ein Angebot nicht angenommen haben? Begeistert sagte ich zu und überreichte François eine Dollarnote, die er sicherlich gut verwenden konnte.

Er sagte Aka, daß wir an der Mündung eines kleineren Flusses, nur wenige hundert Meter südlich, leicht Hechte fangen könnten. In kurzer Zeit würden wir mehr als genug haben.

An den stillen Abend, den wir mit François in seiner Hütte verlebten, denke ich sehr gerne zurück. Mit einem guten Jamaika-Rum verfeinerte ich das Aroma seines Blütentees. Wir schliefen traumlos bis zum Sonnenaufgang.

Dann halfen wir dem Trapper beim Beladen seines Frachtkanus und verabschiedeten uns herzlich. Als er die Huskyhunde zum Boot führte, hielten wir uns wohlweislich hinter der geschlossenen Tür. Zwischen ihnen und uns bestand noch keine Sympathie. Erst als das Boot hinaus auf den See glitt, gingen wir zum Steg hinunter und winkten François einen letzten Gruß zu. Wir sahen ihm nach, bis er in Richtung des Mattawasaga-River unseren Blicken entschwand.

Aka und ich fuhren mit unseren Spinnruten zur Mündung des kleinen Flusses. In etwa zwei Stunden fingen wir 17 Hechte im Gewicht von 6 bis zu 21 Pfund. Aka wie auch ich verloren einige schwere Burschen, da die Schnüre mit 6 Pfund Reißfestigkeit zu schwach für diese großen Fische waren.

Dann fuhren wir zur Mündung des Mattawasaga-Rivers, um das Gelände zu erkunden. Eine bewaldete Anhöhe an der Westseite schien uns für das Vorhaben geeignet. Hier war der vorgelagerte Schilfgürtel nur schmal, so daß wir das Festland leicht erreichen konnten. Ausgetretene Wildwechsel führten hinauf zur Anhöhe, den großen Wildreichtum deutlich veranschaulichend. An feuchten Stellen standen die Fährten wie gestochen im Schlamm. Tief hatten sich die Schalen eines starken Elches eingedrückt. Nur wenige Minuten zuvor war er hier durchgewechselt. An anderer Stelle sahen wir die Sohlenabdrücke von einer Bärin und einem Jungbären, die einige Tage alt waren. Besonders häufig fanden wir Wolfsspuren.

Von einer Felsplatte aus, die durch einen steilen, nach vorne überragenden Felsen abgeschirmt war, sahen wir unter uns einen schwach bewachsenen Streifen Busch, den wir beiderseits gut einsehen konnten. Aka meinte, daß dies ein guter Platz für den Ansitz sei. Einen besseren gab es in der Tat kaum. Wir trugen Fallholz zusammen und stapelten es so auf, daß wir nach beiden Seiten gut gedeckt waren. Mit abgeschlagenen Büschen verdichteten wir die Seitenblenden. Recht zufrieden mit unserem Werk wählten wir unterhalb des Felsens in etwa 75 Meter Entfernung einen Platz aus, wo wir die Hechte aufzuhängen gedachten. Um freies Schußfeld zu schaffen, mußten wir einige Büsche kappen, deren Spitzen und Äste wir wieder in das Erdreich steckten. Am Flußufer schnitten wir Buschwerk und bauten eine Blende für mein Boot, etwa eine viertel Meile vom Ansitz entfernt. Es war Abend geworden, bis wir zur Hütte zurückkehrten.

Am nächsten Morgen verließen wir sie schon vor Sonnenaufgang. Im Umkreis der Bootblende sahen wir vier Stück Elchwild im Schilf äsen, darunter einen starken Hirsch mit bereits gut entwickeltem Bastgeweih. Wir pürschten am Seeufer entlang, bis wir an der Flußmündung den

Wildpfad erreichten, den wir am Vortage benutzt hatten. Aka hing die Hälfte der gefangenen Hechte an einer Zeder so auf, daß die Schwanzflossen etwa 50 Zentimeter über seinem Kopf schwebten. Ein sonniger und milder Morgen versprach einen warmen Frühlingstag. So verließen wir leise den Ort mit der Hoffnung, daß der strenge Geruch der Fische bald einem guten Bären zugetragen würde. Erst am nächsten Morgen wollten wir nachsehen, ob die Fische angenommen wurden.

Ein leichter Ostwind bewegte das Wasser des Sees, wie es ideal für das Sportfischen war. Im Windschatten einer Insel warfen wir unsere Blinker in die Flut. Aka bekam den ersten Biß und drillte einen guten Fisch. Die langen und tiefen Fluchten verrieten uns, daß es ein Zander war. Als er abgekämpft war, führte ihn Aka in das untergeschobene Netz. Der Fisch wog fast fünf Pfund. Aka hatte bereits vier Fische gefangen, bevor ich den ersten Kontakt bekam. Wir schienen hier auf eine „Schule" von Zandern gestoßen zu sein. Darum wechselte ich meinen silbernen Blinker gegen einen tief laufenden rot-weißen Spinner aus. Bereits nach dem ersten Wurf fühlte ich einen derben Schlag in der Rute, ich wußte sofort, daß ein schwerer Fisch zupackte. In weiter Flucht suchte er tiefes Wasser. Ständig die Schnur straff haltend, drillte ich ihn vorsichtig und ließ mir viel Zeit dabei. Erst nach etwa zehn Minuten brach der Zander den Wasserspiegel. Sein breiter Schwanzfächer warnte mich und bereitete mich auf eine tiefgehende Flucht vor, die auch prompt erfolgte. Es vergingen weitere Minuten, bis ich spüren konnte, daß die Kraft des Fisches nachließ. Erschöpft gab er den Widerstand auf. Die Zugwaage zeigte 12 Pfund an.

Ich lieh auch Aka einen solchen Spinner, und damit begann ein so aufregendes sportliches Erleben, daß wir jedes Gefühl für Zeit verloren. Bei fast jedem Wurf erfolgte ein Anbiß. Beide verloren wir einige schwere Burschen mitsamt den Spinnern, doch ich hatte im Kasten auch schwarzgelbe Löffelspinner, und wir versuchten es mit diesen. Akas leichte Rute schlug einmal so hart auf den Bootsrand, daß ich ihren Bruch befürchtete. Ein schwerer Fisch zog schnell und tief ab. Ich startete den Motor und folgte mit dem Boot. In uriger Kraft versuchte sich auch dieser Zander zu befreien. Konzentriert reagierte Aka auf jede seiner Bewegungen, ständig hielt er die Rutenspitze hoch, um den Fisch zu ermüden. Als ich den Zander nach einer halben Stunde Drill zum erstenmal sah, war es der größte, den ich je an einer Spinnschnur erlebte. Sein Gewicht betrug 17½ Pfund!

Ich gratulierte Aka zu diesem sportlichen Erfolg, denn er hatte den starken Fisch an einer Schnur mit nur 6 Pfund Reißfestigkeit gedrillt. Vorsichtig löste er den Drilling aus und gab dem Zander die Freiheit wieder. Als wir abbrachen, hatten wir etwa 80 Pfund Zander gefangen, doch nur zwei Fische behielten wir für unser Abendessen, alle anderen ließen wir wieder schwimmen.

Anschließend fuhren wir zur Mündung des kleinen Flusses, um noch einige Lockhechte für den erhofften Bären zu fangen. Diesmal verwendete ich meine starke Schleppangel mit einer Nylonschnur von 15 Pfund Reißfestigkeit und einem großen, tief laufenden künstlichen Köderfisch. In weiten Kreisen schleppend, ließ ich diesen tief über den Seeboden rinnen, während Aka diesmal das Ruder führte. Schon bald gab es einen derben Schlag in Rute und Arme, die Rute wurde mir fast aus den Händen gerissen. In kraftvollen Fluchten versuchte sich der schwere Raubfisch zu befreien, oder er stand minutenlang auf dem Seeboden und schüttelte seinen Kopf, um den Drilling los zu werden, typisch für einen großen Hecht. Schließlich brach er die Wasseroberfläche, wo er sich wild wälzte und mit dem breiten Schwanzfächer die Schnur zu zerschlagen versuchte. Als wir ihn endlich ermüdet hatten, erwies sich mein Kescher als viel zu schwach und klein für diesen Recken. Während des fast vierzig Minuten langen Drills hatte Aka eine Tauschlinge vorbereitet, die er nun dem Fisch über die Schleppe schob und ihn damit in das Boot hob. Es war die beste Methode, den schweren Fisch sicher einzuholen, zumal ihm auch seine Bewegungsmöglichkeit genommen war.

Es war der größte Hecht, den ich je gefangen hatte, er wog 17 Kilogramm und hatte eine Länge von 114 Zentimetern! Aka gratulierte mir begeistert, und wir feierten mein Petriheil sofort mit einem guten Schluck aus meiner Flasche. Vorsichtig häuteten wir den Fisch ab, da ich mir die Trophäe erhalten wollte. Obwohl wir Kopf und Haut gut an der Luft trockneten und später in François' „Kühlschrank" verwahrten, verdarben beide leider im warmen Wetter der kommenden Tage. Es blieb jedoch die Erinnerung an dieses seltene Erlebnis.

Bis die Sonne unterging, hatten wir elf Hechte im Boot und damit genug für die vorgesehene Verwendung. Ein wundervoller Tag mit außergewöhnlich gutem Sportfischen nahm so ein Ende.

Als wir uns an den goldbraunen Zanderfilets delektierten, verblaßte selbst der feine Geschmack der Goldeye. Wie köstlich die in dem klaren

Wasser des kanadischen Nordens gefangenen Fische munden, vermag nur der zu beurteilen, der sie gleich nach dem Fang genossen hat.

Im Nordwesten wetterleuchtete es. Das erste Frühlingsgewitter meldete sich an. Es kam schnell hoch. Die riesigen Erzfelder des Nordens lassen jedes Gewitter zu einem packenden und dramatischen Naturschauspiel werden. Wolken und Landschaft glühten im Inferno der ununterbrochenen elektrischen Entladungen. Drei Stunden grollte der Donnergott in unvermindertem Zorn. Aka und ich saßen an der offenen Hüttentür, um das gigantische Feuerwerk zu beobachten. Erst als sich die Glut im Osten auflöste, suchten wir unsere Lager auf.

Es röteten sich gerade die Wolken wieder, als wir das Boot in die Blende beim Mattawasaga-River schoben. Würzig und frisch duftete der Wald nach dem heftigen Gewitterregen der vergangenen Nacht. Die Büsche waren grün geworden, und die Gräser hatten einen deutlichen Schuß getan. Fährten und Spuren standen siegelfrisch auf dem feuchten Wildpfad. Vor Dämmerung hatten eine Wolfsrotte und zwei Elchtiere ihn benutzt, und auf halber Hanghöhe war ein Luchs hinübergewechselt.

Wir stiegen nur soweit bergan, bis wir die im Wind baumelnden Fische sehen konnten. Da sie unberührt waren, kehrten wir sofort zum Boot zurück und verließen für diesen Tag die Gegend.

François hatte Aka auch beschrieben, wo wir die beste Aussicht hätten, Stör zu fangen. Dieser Fisch ist im Lake Abitibi zahlreich und erreicht hier ein Gewicht bis zu 125 kg und eine Länge bis zu $2^{1/2}$ Metern. Nie hatte ich bisher Gelegenheit gehabt, auf diesen Giganten zu fischen. So hoffte ich, hier einen Lake-Stör an den Haken zu bekommen.

Aka führte wieder das Ruder und fuhr hinaus auf die Weite des Sees, wo er den Motor abstellte. Er sagte: „Hier fing François Störe. Sie stehen in einem tiefen Loch zwischen diesen beiden felsigen Inseln. Er sagte, wir sollten auf einen starken Haken Fischstücke aufziehen und den Köder über den Seeboden gleiten lassen, während wir driften. Eine starke Schnur sei notwendig, wenn wir große Fische einbringen wollten!"

Ich spulte für Aka auf einer starken Rolle eine Nylonschnur mit 35 Pfund Reißfestigkeit auf und befestigte sie an einer für die Meeresfischerei geeigneten Rute. Ich benutzte die Schleppangel, mit der ich den großen Hecht gefangen hatte. Zwei Meter über dem Haken befestigte ich eine Seidenschnur mit nur 15 Pfund Reißfestigkeit, an derem Ende ich die Bleisenker anknotete. Würde sich ein Senker irgendwo festsetzen, dann konnte man die leichte Senkerschnur mühelos abreißen und schnell erneuern. Bei diesem System schwebt der Köder etwa einen halben Meter über dem Seeboden.

Bis in den frühen Nachmittag blieben wir ohne einen Biß. Dann schlug der Wind um und kam nun aus Südosten. Bald spürte ich den ersten Anbiß. Mit der Drift des Bootes ließ ich Schnur ablaufen, um dem Fisch Gelegenheit zu geben, den Köder zu schlucken. An die 30 Meter waren abgelaufen, bis ich den Haken mit einem derben Anschlag setzte. Zu meiner Überraschung reagierte der Fisch zunächst überhaupt nicht. Er setzte sich erst in Bewegung, als ich bei straff gehaltener Schnur heftig auf den Rutengriff schlug. Nun nahm er beständig Schnur, Aka mußte den Motor starten, um ihm zu folgen. In einem großen Bogen schwamm der Fisch zum tiefen Loch zurück. Hier stand er wiederum minutenlang bewegungslos, bis ich ihn abermals durch Schläge auf den Rutengriff in Bewegung brachte. Über eine halbe Stunde zog er kräftig weiter, hielt sich aber stets in der Nähe der Inseln. Erst dann legte er öfter Pausen ein, für mich ein sicheres Anzeichen, daß er ermüdete. Deshalb verstärkte ich meinen Zug beständig und zog den Fisch langsam aus seiner Tiefe. Nach zwei senkrecht in die Tiefe führenden Fluchten gab er auf, und Aka konnte die Tauschlinge leicht über die Schwanzflosse streifen. Mein erster, je gefangener Stör wog $21^{1}/_{2}$ Pfund. Wir behielten den Fisch als Bereicherung unseres Speisezettels.

Kaum hatte mein neuer Köder den Seeboden berührt, als ich bereits wieder einen Biß spürte. Dieser Fisch reagierte aber anders, als ich den Anhieb setzte. Er zog so schnell Schnur ab, daß die Rolle zu singen anfing. Sie abbremsend, fühlte ich groben Widerstand. Je mehr Gegenzug ich gab, desto kräftiger wurde der Zug des Fisches. Wieder folgte Aka mit dem Boot. Dieser Fisch schwamm weit hinaus in den See. Eine Stunde verging, ohne daß er Ermüdung zeigte, deshalb erhöhte ich den Zug der Schnur immer mehr. Dennoch dauerte es eine weitere halbe Stunde, bis sein Verhalten anzeigte, daß er sich verausgabt hatte. Sehr behutsam hob ich ihn vom Seeboden ab und brachte ihn nach oben. Aka hievte ihn an der Schlinge in das Boot.

Bei einer Länge von 142 Zentimetern schätzten wir sein Gewicht auf etwa 35 Kilogramm. Dieser Stör war der größte Fisch, den ich mit Rute und Haken je in Süßwasser fing. Nach einigen Metern Filmaufnahmen durchschnitt ich die Schnur und setzte den Stör in sein Reich zurück. In kurzer Zeit würde der Haken herausfallen oder einheilen, ohne das Leben des Fisches zu beeinträchtigen. Wir fischten noch bis zum Abend, jedoch erfolglos. Wieder endete ein wundervoller Tag mit neuem sportlichen Erleben in einer zauberhaften und romantischen Landschaft. Die in Butter gebratenen Störfilets schmeckten köstlich. Wir verstauten eine Menge Filets in dem Vorratsraum von François. Bei Sonnenuntergang machte sich ein warmer Wind auf, mit dem auch hier im Norden der Frühling endgültig seinen Einzug hielt.

Wieder stiegen wir bei erstem Sonnenlicht den Wildpfad hinauf. Es traf mich wie ein elektrischer Schlag, als ich nur noch einen Fisch an der Zeder hängen sah. Nein, er hing nicht, sondern er lag über einer Astgabel und war damit für den Besucher unerreichbar geworden. Aka lief sofort zurück zum Boot, um andere Hechte zu holen, und hing drei neue Fische an den Baum. Ohne uns lange aufzuhalten, verließen wir leise den Ort. Dabei entdeckte Aka im Uferschlamm an der Flußmündung die frischen Trittsiegel eines guten Schwarzbären. Ihre Breite betrug 14 Zentimeter. „Dies ist nicht der große Bär, dessen Fährte wir am Mattawasaga-River gesehen hatten. Dieser Bär ist nicht so groß", meinte der Indianer.

Mein Hoffnungsbarometer stieg. In bester Stimmung fuhren wir hinaus auf den See. „Ist es dir recht", fragte Aka, „wenn wir wieder auf Stör fischen? Ich habe auch noch keinen Stör mit einer Angel gefangen und möchte meiner Familie gern geräucherte Filets mitbringen!" Wie hätte ich dem Freunde diese Bitte abschlagen können?

Kaum hatten wir an diesem Morgen die Köder auf Grund gelassen, als wir schon fast gleichzeitig einen Anbiß bekamen. Ich erkannte bald, daß Aka den größeren Fisch am Haken hatte. So holte ich meine Schnur rücksichtslos ein, um sie zu kappen. Über eine Stunde folgte ich Akas Fisch mit dem Boot. Wie es auch mein großer Stör getan hatte, schwamm dieser unentwegt hinaus in den See. Plötzlich machte er eine scharfe Wendung und strebte einer aus dem Wasser ragenden Felspartie zu. Das bedeutete Gefahr für die Schnur. Nur wenige Meter entfernt vermochte Aka den Fisch vorbeizuführen, doch der harte Gegenzug hatte den Stör derart ermüdet, daß er nun langsamer wurde und Pausen einlegte, um neue Kraft zu schöpfen. Wieder waren fast zwei Stunden vergangen, bis Aka ihn vom Seeboden lösen und ihn, beständig Schnur aufnehmend, längsseits des Bootes führen konnte. Akas Stör hatte den meinen um eine Zentimeterlänge geschlagen!

Wir brachen den Sport ab und kehrten zur Hütte zurück. Den in Filets aufgeteilten Stör hing Aka mit Haken aus François' Wolfsdraht an der Kette des Kamins auf und brachte einen Arm voll Weidenholz heran. Während er sich mit dem Räuchern beschäftigte, machte ich auf meinem Lager in meinem Tagebuch Aufzeichnungen, wie ich es jeden Abend tat. Dabei schlief ich ein und wurde erst wach, als Aka mich im ersten Dämmerlicht des neuen Morgens weckte. Sorgsam hatte er mich mit meinem Schlafsack warm eingedeckt.

Es fächelte uns ein warmer Südwind entgegen, während wir der Mündung des Mattawasaga-Rivers zustrebten. Als wir uns dem Zederbaum näherten, sah ich die Fische unberührt hängen. Meine Enttäuschung war groß, doch Aka nahm mich am Arm und sagte: „Schnell, laß uns auf die Felsplatte gehen. Es ist möglich, daß der Bär noch kommt!"

Hier legten wir uns nieder, auf eine lange Wartezeit gefaßt. Der Busch war grün und damit dichter geworden, und die ersten Frühlingsblumen steckten neugierig ihre Köpfe durch das Fallaub. Ich rollte meine derbe Jagdjacke, die mir an diesem Morgen zu warm wurde, als Auflage für meine Büchse zusammen. Der Wind strich günstig aus Süden.

Es waren etwa 40 Minuten vergangen, als Aka mich anstieß. Seinem Blick folgend, sah auch ich eine Bewegung in den Büschen unterhalb des Zederbaumes. Dann rührte sich nichts mehr. Erregt wagte ich kaum zu atmen.

Zu unserer beider Überraschung trat nach einer Weile ein Schwarzbär von rechts auf die kleine Lichtung und nahm unverkennbar Wind. Etwa 10 Meter vor der Zeder verharrte er bewegungslos einige Minuten. Nochmals hob er den Kopf, um Witterung zu nehmen. Dann bewegte er sich langsam auf den Baum zu, richtete sich auf und schlug mit beiden Pranken nach den Fischen. Da mir sein Rücken zugewendet war, hielt ich zwischen die Schultern. Im Knall fiel der Bär vornüber. Nach schwachem Zucken lag er still, so daß ein Nachschuß nicht mehr nötig war.

Trotzdem warteten wir noch einige Zeit, bis wir zu dem Gestreckten hinuntergingen. Als wir vor ihm standen, umarmte mich Aka in seiner Mitfreude. Welch wundervoller Anblick bot sich uns! Wie schwarze Seide leuchtete der Pelz im Licht dieses sonnigen Frühlingsmorgens! Wohl eine volle Stunde lang saßen wir neben dem Gestreckten, und ich genoß einen der schönsten Augenblicke in meinem Jägerleben.

Meine alte Büchse Kaliber 9,3 hatte mich wieder nicht im Stich gelas-

Dennis und Mia, die Adoptivkinder

Petri Heil auf Saiblinge und Seeforellen

Rinnender Elchschaufler mit Bastgeweih

sen. Die Kugel saß dort, wo ich abgekommen war, und hatte das Rückgrat zerschmettert. Nach einer Filmbandaufnahme ging Aka zum Boot, um den Flaschenzug zu holen. Er ließ es sich nicht nehmen, den Bären aus der Decke zu schlagen. Sicher und geübt tat er dies in erstaunlich kurzer Zeit.

Da man im Busch Wild nicht verwiegen kann, vermag ich nur Daten anzugeben, aus denen die Stärke dieses männlichen Schwarzbären erkenntlich ist: Der Schädel maß in der Länge 33 Zentimeter, in der Breite 19 Zentimeter. Die Keulen wogen im Durchschnitt 14 Kilogramm. Die Länge vom Fang bis zum Waidloch betrug 214 Zentimeter. Danach schätzten wir das Gewicht unaufgebrochen auf etwa 150 Kilogramm. Für mich blieb es der stärkste Bär meiner hiesigen Jagdjahre. Jedoch wurden in diesem Raum stärkere Schwarzbären erlegt.

Das Räuchern von Akas Störfilets und das Schaben der Bärendecke hielt uns noch zwei Tage auf. Dann nahmen wir Abschied von dem Paradies am Lake Abitibi und traten die Rückfahrt an. Im Herbst wollten wir wiederkommen, um den Trapper am Ghostriver zu besuchen.

DRITTES KAPITEL

Wo das Nordlicht webt

Im Sommer erreichte mich eine betrübliche Nachricht. Akaskagou war verunglückt. Ich besuchte ihn im Hospital, wo er sich einer Operation unterziehen mußte, um einen komplizierten Oberschenkelbruch auszuheilen. Seine Beteiligung an der geplanten Herbstexpedition zum Ghostriver war nicht möglich.

Im Jagdklub besprach ich mein Vorhaben mit Freunden und fand so reges Interesse und Begeisterung, daß ich eine geeignete Auswahl unter den Teilnehmern treffen konnte. Solche war notwendig, da es sich um unwegsames, noch unbekanntes Gebiet handelte. Nach dem, was ich im Frühjahr am Lake Abitibi beobachtet hatte, konnte ich den Freunden beste Jagd auf Wasserflugwild und Elche versprechen. Meine Wahl fiel auf fünf Deutsch-Kanadier, die bis auf einen alle buscherfahrene und gute Jäger waren. Der einzige Jungjäger bat mich so eindringlich, ihn mitzunehmen, daß ich es nicht abschlagen konnte.

Wieder war es Herbst geworden, als wir mit drei Autos mit je einem Boot im Schlepp nach Norden fuhren. Nun muß ich meine Freunde vorstellen:

John, in der Prärieprovinz Sachkatchewan geboren, hatte vierzig Jahre Jagd- und Buscherfahrung hinter sich. Da er in meinem Alter war, wählte ich ihn als meinen Bootpartner aus.

„Bucky" wurde in der Lüneburger Heide geboren. Als Jäger der alten Schule fand er hier in Kanada die Erfüllung seiner jagdlichen Träume. Er war wohl der erfolgreichste Jäger unserer Gruppe.

Werner, der wie auch ich aus dem Westfalenland stammte, entdeckte erst hier seine Liebe und Passion zu Jagd und Fischwaid. Sein Mut und seine schnelle Reaktion zu handeln hatten mich einst vor dem Ertrinken bewahrt, als ich aus dem Kanu in eiskaltes Wasser gefallen war.

Arnold, ein mit köstlichem Humor gesegneter Rheinländer, wurde als außergewöhnlich sicherer Büchsenschütze bekannt. So manche Krähe schoß er im Fluge mit der Kugel und fehlte selten.

Der aus Bayern stammende Dieter war der Jungjäger. Er fuhr mit uns zum erstenmal in die Wildnis des kanadischen Nordens. Selbstbeherrschung und Kaltblütigkeit sollten ihn eine fast hoffnungslose Situation überleben lassen.

Nach elf Fahrtstunden hatten wir 860 Kilometer hinter uns gebracht und erreichten bei Sonnenaufgang das erste Ziel, die über den Ghostriver führende Steinbrücke der nördlichsten Autostraße, die von Westen nach Osten verläuft. Die drei Boote waren hier leicht zu Wasser zu bringen, so waren wir schon nach Ablauf von zwei Stunden fertig zur Abfahrt. Nochmals prägten wir uns François' Skizze ein und verglichen sie mit den Karten. Dann verließen wir die Zivilisation für zwei Wochen und tasteten uns langsam auf dem Ghostriver nach Norden.

Wie auch am Mattawasaga-River erschien der Wald seitlich der Ufer undurchdringlich. Das dichte Buschwerk wuchs bis in den Fluß hinein und erschwerte das Navigieren. Kiefern und Tannen schienen hier noch höher als anderswo hinaufzuragen. Trotz eines wolkenlosen Himmels war es hier dämmerig, denn die Wipfel der hohen Bäume schlossen sich über uns wie gotische Bogen in einem Dom und ließen das Sonnenlicht nur spärlich einfallen. Je tiefer wir in den dichten und dunklen Urwald eindrangen, desto geisterhafter wurde die Stimmung. Diesem Fluß hatte man den richtigen Namen gegeben: „Geisterfluß". Die Stille um uns wirkte fast unheimlich, denn der dichte Unterwuchs verschluckte alle Laute. Die Büsche und wenigen Laubbäume hier glühten nicht in den üppigen Farben des Herbstes, da die Strahlen der Sonne sie nicht erreichen konnten. In ständigen Windungen hatte sich der Fluß sein Bett gegraben. Leise gurgelnd strömte er durch diese düstere Einsamkeit. In seinem rötlich schimmernden Wasser schossen Schwärme von Jungfischen auseinander. Eine starke Strömung wies uns den Weg. Ausgetretene Wildpfade mündeten in den Fluß, und die Menge der Fährten ließ den Erfahrenen wie in einem aufgeschlagenen Bilderbuch lesen. Erstmalig sah ich hier die Spur vom „Fischer".

Dieser ist auch in Kanada schon selten geworden und nur noch in der unberührten Wildnis und in den geheimnisvoll dunklen Koniferenwäldern des Nordens zu finden. Er ähnelt einem Marder, ist aber wesentlich größer. Einschließlich der Rute wird er bis einen Meter lang. Charakteristisch sind seine kurzen runden Lauscher und seine lange buschige Rute. Der Rüde erreicht die doppelte Größe der Fähe. Die Haarfarben der

„Fischer" variieren von Grau zu Dunkelbraun und fast Schwarz. Die silberweißen Spitzen der Grannenhaare über dem seidigen Unterhaar machen seinen Balg ganz besonders begehrenswert. Der wertvollere ist der der Fähe. Schemenhaft schnell sieht man ihn meist nur für Sekunden. Die einzige Möglichkeit, ihn längere Zeit beobachten zu können, ist, wenn er ein Wasser rinnend durchquert. Er ist ein hervorragender Schwimmer! Wie Aka mir über den „Blitz des Waldes" erzählte, lebt er als Einsiedler in einem großen Revier von vielen Quadratmeilen. Vorwiegend ernährt er sich vom Stachelschwein. Findet er ein solches auf einem Baum, dann beißt er in dessen Vorderpranken, bis sich sein Griff löst und es in die Tiefe stürzt. Oder er schiebt sich blitzschnell unter sein Opfer und wirft es auf seinen Rücken. So kann er den stets tödlichen Biß in die stachelfreie Kehle anbringen. Doch er verschmäht auch nicht das feine Wildbret des Waschbären oder Schneehasen. Auch Früchte und Beeren verachtet er nicht. Nur selten greift er sich einen Fisch. Er vergräbt seinen Riß oder verblendet ihn mit Ästen und Laub. Immer kommt er zu dem Kadaver zurück. Findet man solchen, dann ist es nur eine Frage der Zeit und Geduld, dem „Fischer" eine Kugel antragen zu können. Seine Schnelligkeit und Stärke, vor allem aber seine Angriffslust lassen ihn selbst vor größeren Gegnern nicht zurückschrecken. Aka beobachtete, wie ein Luchs nach wildem Kampf mit ihm die Flucht vorzog. Selbst angegriffen, nimmt der „Fischer" zunächst einen Baum an. Hier hängt er sich mit den Hinterpranken an den Stamm, mit dem Kopf nach unten, und trommelt mit den Vorderläufen auf das Holz. Plötzlich springt er blitzschnell von oben auf den Gegner, und wenn er sich an dessen Kehle festbeißen konnte, dann läßt er nicht mehr los. –

Die meisten Hindernisse, die eine Bootsfahrt behindert hätten, waren zu unserer Überraschung schon beseitigt. Wir sahen Dutzende aus- oder abgesägter Fallbäume. Es schien die Arbeit des alten Trappers zu sein, der seine „Straße" in die Zivilisation passierbar hielt. Auch hatten wir das Glück, daß der Wasserspiegel für diese Jahreszeit hoch war. Selten setzten die Kiele der Boote auf. Die vielen Windungen des Flusses erschwerten jedoch das Steuern, auch mußten wir die Geschwindigkeit erhöhen, um die schwer beladenen Boote besser bewegen zu können. Dadurch liefen wir zuweilen auf oder trieben quer, kamen aber dank gegenseitiger Hilfe gut voran.

Auf einer Strecke von etwa 10 Meilen sahen wir fünf Stück Elchwild.

Wir überraschten sie in den Flußbiegungen. Da die Elchjagd erst einige Tage später aufgehen würde, mußten wir uns mit dem Anblick bescheiden und unser Jagdfieber dämpfen. Ein noch junger Elchhirsch nahm die Störung übel und schien in der Stimmung zu sein, den Eindringlingen eine derbe Lektion erteilen zu wollen. Ungnädig zog er uns einige Schritte entgegen, doch unser Gebrüll ließ ihn kurz vor dem Spitzenboot seitlich in den dichten Busch abspringen. Ohne Zweifel hätte er die besseren Chancen gehabt, denn ein Ausweichen wäre nicht möglich gewesen. In der Brunftzeit kann solch Kämpe schon einmal unangenehm werden! Ein „Whiskyjack" begleitete uns, bis wir das Waldgebiet verließen.

Wir gelangten in die vor uns liegende „marsh", ein weites Schilfgelände, das die Sonne in goldenen Glanz tauchte. Gefesselt von dem wundervollen Anblick übersah Werner eine Sandbank und lief mit seinem Boot auf. Wieder frei geworden, stellte er fest, daß der Sicherheitssplint des Propellers gebrochen war. Da die Reparatur längere Zeit in Anspruch nehmen würde, fuhren John und ich voraus.

Der Fluß wurde nun breiter und sein Wasser tiefer. Beiderseits wogte das schier unendlich scheinende Schilfmeer im leichten Wind. Ständig gingen Enten hoch, Schof nach Schof brachte hastig Wind unter die Schwingen. Welch ein Anblick!

Plötzlich fiel vor uns ein Doppelschuß, und wir sahen über dem Schilf zwei Enten fallen. Um eine Flußbiegung kommend, sahen wir einen alten Mann im Boot, der einen großen, pechschwarzen Hund apportieren ließ. Dann wurde der Fremde auf uns aufmerksam, half seinem Hund in das Boot und setzte sich nieder, seine Flinte entladend. Aufmerksam musterte er uns. Der schön gewachsene „Labrador retriever" tat es ihm gleich.

Vorsichtig ging ich mit unserem Boot längsseits, und wir entboten dem Fremden unseren Gruß. Er nickte nur mit dem Kopf. Seine lichten, wasserblauen Augen schienen alles gleichzeitig erfassen zu wollen. Dann fragte er in französischer Sprache:

„Wer seid ihr, und woher kommt ihr?"

John nannte zuerst seinen Namen, dann stellte ich mich vor.

„Was wollt ihr hier, jagen?"

Ich bejahte es und fügte hinzu: „Wir suchen den Trapper Eugène Tremblay, der hier am Ghostriver leben soll."

„Was wollt ihr von ihm?"

„Ihn kennenlernen, denn ich suche nach ihm schon seit drei Jahren!"

„Warum?" fragte der Fremde.

„Ich habe über ihn viel Interessantes gehört, und ich komme, um ihn kennenzulernen!"

Wie ist dein Name? Sage ihn mir nochmal."

Langsam und deutlich sprechend wiederholte ich meinen Namen.

„Ein merkwürdiger Name, habe ihn noch nie gehört. Wo bist du geboren?"

„In Deutschland", sagte ich.

„Ich habe viel Schlechtes über die Deutschen gehört!"

Seine Antwort verblüffte mich so, daß ich zunächst schwieg. Doch ich zeigte ihm mein Erstaunen über sein Verhalten. Dann kam mir eine Eingebung, die ich sofort in die Tat umsetzte. Ich stimmte die französische Nationalhymne an. Diesmal war das Erstaunen auf seiner Seite. Dann erhob sich der Alte jugendfrisch vom Sitz und fiel mit seiner etwas eingerosteten Stimme lautstark mit ein. Die Situation war urkomisch!

Nach unserem Duett streckte er mir seine Hand hin und sagte:

„Deutscher oder nicht, du gefällst mir! Ich bin Eugène Tremblay, den du suchst!"

Er schüttelte auch John die Hand, und währenddessen wandelte sich sein mißtrauischer Gesichtsausdruck zu einem freundlichen Lächeln. Als unsere Freunde nun um die Biegung folgten, stellte ich auch sie Eugène vor. Grinsend sagte er: „Eine deutsche Invasion auf dem Ghostriver! Fellows, seid friedlich, ihr habt schon gewonnen!" Lustig stimmte er in das Gelächter mit ein. Nochmals musterte er jeden kurz, auch die Boote und Ladungen, dann schien er zufrieden zu sein.

„Ich nehme an, daß ihr zelten wollt?" fragte er.

Als ich es bejahte, schüttelte er den Kopf und meinte:

„Ich denke, ihr wollt mich besuchen. Dann braucht ihr nicht zu zelten, denn ich habe genug Platz für Gäste. Ihr könnt in meiner ‚village' wohnen!"

Da er Französisch und in dem landesüblichen Dialekt gesprochen hatte und noch dazu sehr schnell, verstand ich ihn nicht ganz und fragte ihn, ob er auch Englisch sprechen könnte. Darauf wiederholte er in fließendem Englisch, was er gesagt hatte, und fügte hinzu:

„Wenn ihr zelten wollt, solltet ihr es auf einer Insel im Lake Abitibi tun. Im Busch sind viele Bären, die euer Lager ausplündern werden. Sie sind in diesem Herbst sehr hungrig, weil es nur wenig Blaubeeren gibt.

Der Sommer war zu trocken. Die Bären sind jetzt viel unterwegs, um Fraß zu finden. Besser, ihr wohnt bei mir!"

Damit warf er seinen Motor an und fuhr mit seinem Boot weiter nach Norden voraus. Wir folgten.

Es erstaunte mich, daß der Trapper ein gutes Boot mit ebensolchem Außenbordmotor besaß. Wirtschaftlich mußte es ihm also gut gehen. Auch wußte ich nun, warum der Alte den Ghostriver so sauber ausgeholzt hatte. Offenbar benutzte er diesen Wasserweg oft, allein schon um sich mit Treibstoff zu versorgen.

Wo wir auch hinblickten, gab es Wasserflugwild. Keiner von uns hatte in der Provinz Ontario je solche Mengen von Enten und anderen Arten gesehen. Auch sahen wir Wildgänse über der „marsh" kreisen.

Wahrscheinlich wurde es im hohen Norden bereits kälter, und die ersten Wildgänse zogen deshalb schon weiter nach Süden. Das deutete einen frühzeitigen Winter an.

Je mehr wir uns dem Lake Abitibi näherten, desto breiter und ruhiger wurde der Fluß. Hinter uns in südostwärtiger Richtung ragte der „Lightning Mountain", der höchste Berg dieser Gegend als ebenmäßig bewaldete Höhe 600 Meter hoch. Vielleicht beobachtete uns die dort stationierte Brandwache durch ihr Fernrohr vom Feuerturm.

Die Schilfgürtel wurden schmaler und schließlich fast völlig von Busch und Wäldern verdrängt. Als wir eine langgezogene Windung durchfahren hatten, sahen wir vor uns am Westufer eine Häusergruppe, Eugènes „village". Seine Huskyhunde meldeten uns mit ihrem eigentümlich heiseren Bellen an, so erwartete uns Eugènes Familie schon an dem langen Bootssteg. Madame Tremblay, wesentlich jünger als Eugène, und zwei junge Indianer begrüßten uns. Es waren Adoptivkinder, von denen François Wawagosic gesprochen hatte, Mia und Dennis. Frau und Kinder gefielen uns auf den ersten Blick. Sie alle sprachen ein gutes Englisch. Ebenso machte das Anwesen einen sauberen und gepflegten Eindruck, die Blockhäuser waren trotz dieses rauhen Klimas sehr gut erhalten.

Ich nahm an, daß wir unsere Zelte auf der großen Wiese zwischen den Gebäuden aufstellen sollten, und fragte Eugène nach einem geeigneten Platz. Schmunzelnd schüttelte er den Kopf und forderte uns auf, ihm zu folgen. Er führte uns zu einem hohen Blockhaus, dicht am Waldrand gelegen, öffnete die Tür und ließ uns eintreten.

Verblüfft sahen wir in einen urgemütlichen Raum von etwa 6×6 Meter im Quadrat. Die Stämme der Wandungen waren sauber mit Lehm überzogen und mit Kalk gestrichen. Die aus breiten Bohlen gelegte Diele war in Ölfarbe so gut gestrichen, daß man sich darin spiegeln konnte. An der Südwand neben dem Eingang war ein Spülbecken angebracht, umgeben von Regalen mit Koch- und Eßgeschirren. Ein riesiger gußeiserner Herd nahm fast die Hälfte der Wand ein. An seiner Frontseite erkannte ich sofort an Schrift und Verzierung, daß es ein „oldtimer" war, was die Jahreszahl „1902" bestätigte. Es wäre ein Prunkstück für jedes Museum des Landes gewesen! Feuerholzkloben waren sauber in einer Ecke neben dem Herd aufgestapelt. Der Raum hatte zwei Fenster, eins nach Süden neben dem Eingang, ein zweites nach Osten, den Blick auf den Fluß freigebend. Ein mächtiger Tisch beherrschte das Innere, er war so schwer, daß zwei Männer ihn kaum anheben konnten. Aus Rundholz und Brettern gefertigte Bänke und Stühle vervollständigten die Einrichtung.

In der Nordostecke führte eine Treppe hinauf in ein zweites Stockwerk, wie ich es niemals zuvor in einer Blockhütte sah. Starke gegabelte Stämme dienten als Träger der schweren Balken, die den oberen Boden trugen. Dort traten wir in den Schlafraum, in dem acht Betten standen. Jedes, aus Rundholz gebaut und mit ausgezeichneter Stahlfedermatratze versehen, war mit grobem Linnen überzogen. Die Kopfkissen schienen mit Daunen gefüllt zu sein, und je drei dicke Wolldecken garantierten, daß wir nicht frieren würden. Neben jedem Bett stand ein Nachttisch mit Aschenbecher und Wachskerzen. Das große Ofenrohr des alten Herdes lief als Wärmespender durch den Raum. Auch hier waren die Wände mit Lehm überzogen und gekalkt, der Fußboden mit Ölfarbe gestrichen.

Solchen „Komfort" hatten wir in der Wildnis am Ghostriver wahrlich nicht erwartet, so machten wir Eugène und Mama aufrichtige Komplimente, die beide sichtlich stolz über sich ergehen ließen.

Wir richteten uns ein und beschlossen, bald zu Bett zu gehen, denn wir hatten 36 Stunden keinen Schlaf gehabt. Müde, aber sehr beglückt über diese gastliche Aufnahme schliefen wir schnell ein.

Als wir am nächsten Morgen aus der Hütte traten, um ein Bad zu nehmen, lag Rauhreif über der Landschaft und das erste Sonnenlicht verschönte sie mit millionenfachem Flimmern und Glitzern. Nebel wob über dem Fluß, und Enten strichen hinaus zum großen See.

Während wir badeten, erschien mitten zwischen uns ein Flußotter und schlug prustend und schnalzend Purzelbäume. Erstaunt über seinen Besuch erkannten wir, daß das Tier mit uns spielen wollte. Und so war es auch! Dennis trat aus der Tür des Wohnhauses und rief uns zu: „Das ist unser Freund Joky!"

Der Farbfilm, den ich an diesem Herbstmorgen drehte, ist mein lieblichster geworden. Völlig vertraut ließ sich das schöne Tier berühren, und wir tollten fortan jeden Tag mit ihm im nassen Element. Kamen wir zum Fluß, war es, daß wir Wasser holten, badeten oder in die Boote stiegen, „Joky" war immer da und bedankte sich stets höflich mit Geschnalze, wenn wir ihm Fische mitbrachten. Ich habe mich viel mit diesem reizenden Clown beschäftigt und lernte dabei so manches über die Wesensart der Otter. Es gibt im Lande kein Tier, das ich mehr liebe.

Eugène erzählte uns von ihm folgendes:

„Es ist etwa sieben Jahre her, als ‚Joky' in meine Falle ging, die ihm den Unterkiefer zerschlagen hatte. Ich schiente den Bruch, so gut ich es konnte, und ernährte das Tier mit Brei, den meine Frau kochte. Als es ausgeheilt war, gab ich ihm die Freiheit wieder. Doch der Otter blieb und verließ uns nur, wenn er auf Brautschau ging, kam aber stets wieder, sich vernehmbar anmeldend. Sein Vertrauen und seine Freundschaft zu uns übertrug er auch auf alle Menschen, die uns hier besuchten. Als ein Amerikaner einmal auf ihn schoß und ihn glücklicherweise fehlte, warf ich ihn kurzerhand vom Steg aus ins Wasser, so böse wurde ich. Na, der Mann entschuldigte sich. Er konnte ja nicht wissen, daß ‚Joky' zur Familie gehört. Ich habe mich auch entschuldigt!"

Bucky, der geborene Lüneburger, wurde unser Koch. Als solcher konnte er sich überall gutes Geld verdienen, wie er es auch einst getan hatte. Er gongte auf einer riesigen Bratpfanne, um uns zum Frühstück zu rufen. Ein Jägerfrühstück in Kanada ist die wichtigste Handlung des Tages, zu der man sich viel Zeit läßt. Wäre der Tisch nicht so stabil gewesen, so hätte er sich sicherlich unter Buckys Überraschungen gebogen: Hühnerbrühe mit geschlagenem Gelbei machte den Auftakt. Es folgten vier Zentimeter dicke Steaks, und dazu gab es helles Roggenbrot. Die mit Salzbutter bestrichenen und mit Knoblauchpuder bestreuten Schnitten hatte er in Aluminiumfolie gewickelt über kochendem Wasser gedünstet. Es schmeckte köstlich! Als Nachspeise gab es Pfirsiche aus Dosen und einen Bohnenkaffee, der selbst Mama Tremblay in die Nase stieg. Denn sie klopfte energisch an und nahm sichtbar Wittrung. Seit diesem Morgen erschien sie stets an unserem Frühstückstisch, aber erst zum Kaffee!

Abermals klopfte es an die Tür, diesmal war es Dennis, der fragte: „Wollt ihr mich als euren Führer haben?"

Erst 16 Jahre alt geworden, schien er doch recht selbstbewußt und sicher zu sein. John fragte ihn: „Worauf willst du uns führen, Dennis?"

Prompt antwortete er: „Auf Enten, Gänse, Waldhühner und auf Elche. Wenn ihr große Fische fangen wollt, werde ich euch die besten Stellen zeigen!" Gern engagierten wir den Jungen als unseren „guide".

Wieder klopfte es an, Eugène trat ein, und Bucky erfreute ihn mit einer Tasse Rum mit Kaffee. Nach dem ersten Schluck sagte er schmunzelnd: „In welchem Store kann man diesen Kaffee kaufen?"

Als letzte erschien die schwarzäugige und bezopfte Mia, nach dem Geschmack der Indianer zweifellos eine Blume der Wildnis. Speisen und Trunk lehnte sie ab, sie schien nur einen Blick für Werner zu haben. Von Stunde an blieb der schmucke westfälische Kanadier jedenfalls vom Enten- und Gänserupfen am Ghostriver dispensiert. Keiner von uns hatte je eine so hellfarbige Mädchenstimme gehört. Mia hatte einen Supersopran, der mehr einer Vogelstimme als menschlichen Lauten ähnelte. So tauften wir sie „the bird". Der kleine „Vogel" bot sich an, unser Geschirr zu spülen und unsere Betten zu machen, womit sie sich sogleich unser aller Liebe erwarb. Mama war sichtlich stolz über die Arbeitswilligkeit ihrer Adoptivtochter, jedoch konnte ich mich des Eindrucks nicht erwehren, daß deren Interesse nicht nur dem Spülwasser galt. Sicher war, daß es unserem Werner nicht leicht fiel, seinen Prinzipien treu zu bleiben, doch er blieb es!

Dennis fragte, ob er Blenden für den Ansitz auf Enten bauen sollte. Gern gaben wir ihm den Auftrag, beschlossen aber, erst am Nachmittag die Jagd zu eröffnen. Zunächst wollten wir uns in der näheren Umgebung nach guten Elcheinständen umsehen, denn dem urigen Wild galt unser Hauptinteresse.

Wir fuhren nach Norden, bis wir den Lake Abitibi erreichten. Völlige Windstille ließ ihn wie einen riesigen Spiegel vor uns erscheinen. Auch hier bereicherten viele dicht bewaldete Inseln das malerische Bild; im Norden war das bewaldete Ufer erkennbar, während im Osten Wasser und Himmel am flimmernden Horizont verschmolzen. Mengen von Enten lagen überall auf der Silberplatte, auch Kanadagänse konnten wir mit unseren Gläsern ausmachen. Möwen schrien überall, und das Jodeln und Lachen der Loon schallte uns fröhlich entgegen. Herrgott, wie schön war diese Welt!

Der scharfsichtige Arnold entdeckte auf den obersten Balken einer westlich der Flußmündung stehenden Blockhütte handgeschmiedete Nägel, nach deren Machart wir annähernd das Alter des Bauwerkes feststellen konnten. Es war mindestens 75 Jahre alt. Alle Wetter hatte sie überstanden, nur Fußboden und Dach waren jüngeren Datums. Später erfuhren wir, daß Eugène beides erneuert hatte, weil er diese Hütte als Außenposten brauchte.

Wir fuhren ein wenig zurück und bogen in einen von Westen kommenden Fluß ein. Er führte zu einem kleineren See, den wir in der Runde umfuhren. Dabei hatten wir das Gefühl, einen ausgezeichneten Elcheinstand gefunden zu haben, und beschlossen, uns auf dem Festland die Beine zu vertreten. Was wir erwartet hatten, bestätigte sich: Überall standen ältere und frische Fährten im Schlamm und Ufersand.

An der Westseite dieses Sees mündete wieder ein kleinerer Fluß ein, wir folgten ihm bis zu einer Indianersiedlung. Zweifellos war sie bewohnt, doch wir sahen keine Seele. Deshalb hielten wir uns nicht auf, sondern traten die Rückfahrt an. Wieder im kleinen See, sahen wir einen starken Elchhirsch im Schilf des Nordufers. Seine Schaufeln leuchteten weiß im Sonnenlicht. Langsam fuhren wir an ihm vorbei und konnten ihn durch unsere Gläser gut ansprechen. Es war ein Hirsch auf der Höhe seines Lebens, doch noch war keine Schußzeit. Kurz bevor wir zum Ghostriver zurückkehrten, rann ein zweiter junger Schaufler über den Fluß. Ohne Eile wich er uns aus. Wieder auf dem „Geisterfluß", fuhren wir langsam gegen die Strömung und auf die tief in den dunklen Wald einschneidenden Buchten zu. Sie lagen voller Enten. Auch hier fanden wir überall Fährten von Elchwild. Es war hier offensichtlich sehr zahlreich! Wir erkundeten noch zwei weitere Flüsse, die, aus dem Westen kommend, in den Ghostriver mündeten, doch wir sahen an diesem Tage nur noch ein Elchtier mit Kalb.

Es war Nachmittag geworden, bis wir in Eugènes „village" zurückkehrten. Dennis wartete schon auf uns, so griffen wir nach einem schnellen Imbiß nach Flinten und Patronen und fuhren ab. Der junge Indianer hatte die Blenden meisterlich gebaut. Vor ihnen setzten wir je zwei Lockenten aus, schoben unsere Boote vorsichtig in die Deckung und glaubten, bis zum Sonnenuntergang warten zu müssen. So verpaßten und fehlten wir die überraschend wenige Minuten später vor uns einfallenden Enten. Gerade nachgeladen, sahen wir die nächsten Enten heranstreichen, und wieder hielten wir vorbei. Damit wurden wir wach! Bei dem dritten Anflug stoben die Federn, und bald wurden wir warm, die Flinten heiß. Was der kanadische Norden an Entenarten zu bieten hat, kam uns bei diesem ersten Ansitz vor die Rohre. Niemals vorher hatte ich in meinen vielen Jagdjahren gleiches erlebt. Als die Sonne sich anschickte, hinter der Urwaldkulisse unterzutauchen, mußten wir bereits abbrechen, da jeder die erlaubte Tageshöchststrecke, fünf Enten, erreicht hatte. Unsere Beute bestand aus Stock-, Schwarz- und Schnatterenten, Spieß-, Krik- und Pfeifenten, Löffel-, Schell- und amerikanischen Waldenten. Der junge Indianer war der einzige von uns, der mit seiner alten einläufigen Hahnflinte fünf Enten mit nur sechs Schuß heruntergeholt hatte. Unser Munitionsverbrauch stand dagegen in keinem Verhältnis zu dem seinen. Dieser Auftakt unserer Herbstjagd versetzte uns in Hochstimmung.

Als wir uns daranmachten, die Enten zu rupfen, wollte sich Mia ausschütteln vor Lachen. Sie rief ihre Mama, und auch diese lachte hell auf, als sie uns bei unserem Tun betrachtete. Spöttisch fragte sie: „Wie lange wollt ihr denn hier auf dem Steg sitzen und Enten rupfen? Das wird ja Mitternacht, bis ihr fertig sein werdet. Ich werde euch zeigen, wie man das macht!" Damit lief sie davon und kam mit einer größeren Kugel zurück, die ich erst für eine Talgkugel hielt. „Hier", erklärte sie, „das ist Bienenwachs. Nun werde ich euch Wasser heiß machen und das Wachs hineinlegen. Wenn es gut gekocht hat, taucht ihr alle Enten kurz hinein und legt sie hier draußen auf den Steg. Nach zehn Minuten können wir die Enten dann rupfen, und in einer Stunde sind wir damit fertig geworden!"

So geschah es. Als sich das flüssige Wachs erhärtet hatte, ließen sich die Enten spielend leicht rupfen, es blieb nicht die kleinste Daunenfeder mehr haften. Die Enten waren so sauber wie ein Kinn nach dem Rasieren. Wir „alterfahrenen" Jäger mußten uns belehren lassen, daß wir noch rechte „greenhorns" waren.

Mia löste dann das Wachs mitsamt den Federn in heißem Wasser wieder auf, schöpfte die Federn ab und drehte aus dem sauberen Wachs wieder eine Kugel für weitere Verwendung. Jeder von uns schenkte „the bird" 25 Cent, die ihre kohlschwarzen Augen erstrahlen ließen.

Nach dem Abendessen luden wir Eugène zum Umtrunk ein. Schweigsam, doch aufmerksam, achtete er auf unsere Unterhaltung. Unsere Begeisterung steckte ihn aber bald an und lebhaft beantwortete er unsere

EINE ERFOLGREICHE ENTENJAGD

vielen Fragen. Sein Alter war schwer schätzbar. Daß er viele Jahre auf dem Rücken hatte, war sicher. Jedoch er war noch so elastisch und beweglich, daß es unmöglich war, sein Alter zu schätzen. So fragte ich ihn danach.

„Ich wurde im Sommer 78", erklärte er. Seine hellblauen Augen sahen in die Runde, und er weidete sich an unserem Erstaunen. Er war mittelgroß und sehnig, ohne ein Gramm Fett am Körper. Seine Bewegungen waren ebenso lebhaft wie seine Rede. Eine starke Adlernase, ein breites, vorstehendes Kinn und die ausdrucksvolle Sprechweise verrieten große Energie. Das ergraute Haar war noch dicht, und die Zähne schienen noch erstaunlich gesund zu sein. Die rötliche Farbe seiner Haut war das einzige Merkmal, daß auch Indianerblut in seinen Adern floß.

War Eugène an einem Gesprächsthema besonders interessiert, dann wurde seine Sprache so schnell, daß man konzentriert zuhören mußte, um ihn verstehen zu können. Ständig waren seine Augen in Bewegung, nichts entging ihnen, auch nicht draußen in der Natur, sie erfaßten jede Bewegung, ob nah oder fern. Was mich aber besonders überraschte, war seine Körperkraft. Drei Sprachen, Englisch, Französisch und Cree, bekundeten seine gute Bildung. Wo mochte er sie sich angeeignet haben? Doch noch mochte ich solch intime Fragen nicht an ihn stellen.

Es wurde kühl in der Hütte, wir heizten den großen Kochherd ein. Eugène zeigte uns, wie es gemacht werden mußte, und schnell wurde es mollig warm. „Erzähle uns, Eugène, wann hast du den großen Herd gekauft", fragte ich ihn. „Vor allem, wie hast du ihn überhaupt hierhin befördert?"

Seine Augen wurden schmaler, als sähen sie den langen Weg zurück, den er schon gewandert war. Nach längerer Pause begann er zu reden: „Es war im Sommer des Jahres 1912, als ich zum ersten Male mit einem Kanu den Ghostriver abwärts fuhr, um mir diese Gegend für eine ‚trapline' anzusehen. Damals gab es noch keinen ‚high way' von Matheson nach Osten. Ein Freund und ich schleppten das Kanu viele Meilen durch den Busch, bis wir, schon sehr erschöpft, den Ghostriver erreichten. Es hatte zwei Tage gedauert. Damals war der Fluß noch finsterer und geisterhafter und hatte so viel Fall- und Treibholz, daß man keine fünfzig Meter auf ihm fahren konnte, sondern das Kanu wieder und wieder um Hindernisse herumtragen mußte. Es dauerte vier Tage, bis wir die ‚marsh', die Schilfwälder, erreicht hatten. Ihr könnt euch kaum vorstellen, wie verwachsen und wild damals der Ghostriver war. Dann fanden wir diese Lichtung, auf der meine ‚village' heute steht. Der Platz begeisterte mich sofort. Was ich an Zeichen und Fährten gesehen hatte, bewies mir, daß ich in eine besonders wildreiche Gegend eingedrungen war. Eine ‚trapline' mußte sich hier rentieren. Jene Fahrt mit meinem Freund – er ist schon mehr als 20 Jahre tot – war die schwierigste meines Lebens.

Ich beschloß, mich hier anzusiedeln, meine Ansprüche geltend zu machen, und steckte den Raum für eine ‚homestead' ab. Heute gehören mir viele Hektar Land hier. Nur der Fluß gehört mir nicht, darum kann ich auch keinen hindern, ihn zu nutzen. Die einzigen Zweifel, die mich damals quälten, waren, ob meine erste Frau die Einsamkeit mit mir hier teilen würde, und ob ich sie ihr zumuten dürfte. Wir erwarteten damals unser erstes Kind." Er machte eine lange Pause.

Schließlich fuhr er fort: „Du fragtest, wie ich den schweren Herd hierher befördert hatte. Im Frühjahr 1913 holzte ich den Ghostriver aus. Bis ich damit fertig war, wurde es Sommer. Nie in meinem Leben habe ich härter gearbeitet. Doch darüber werde ich euch mal später erzählen. Damals bin ich fast ums Leben gekommen. Ich hatte mich schon aufgegeben.

Mein Freund half mir im Sommer, ein Haus zu bauen. Im Verhältnis zu dem, was hinter uns lag, war dies ein Kinderspiel. Dann brauchte ich einen guten Herd zum Kochen und der uns im kalten Winter auch das Haus warmhalten konnte. Viele Herde sah ich mir an, bis ich diesen schließlich auf einer ‚trading post' der Hudson Bay Company fand. Er hat mich viel wertvolles Pelzwerk gekostet! Da er zu schwer war, um ihn durch den Busch zu transportieren, zerlegte ich ihn in Einzelteile so gut es ging. Dann mußte ich auf Schnee warten, damit meine Hunde die Schlittenlasten zum Ghostriver ziehen konnten. Wie oft ich ab- und wieder aufladen mußte, weiß ich nicht mehr. Es war jedenfalls sehr oft. Dann schneite es tagelang sehr stark, die Hunde konnten den Schlitten nicht mehr ziehen, so daß ich die Lasten erleichtern mußte. Endlich hatte ich alle Teile am Fluß und baute ein starkes Floß, auf das ich ein Drittel des Herdes verlud und festband. Ich mußte also dreimal ein Floß bauen und stromabwärts driften, bis der Herd hier war. Als ich ihm zum ersten Male anheizte, waren draußen 40 Grad Kälte. Die Hunde waren so hungrig und erschöpft, daß ich zunächst viele Fische durch ein Loch im Eis fangen mußte, damit sie wieder zu Kräften kamen.

Dann schneite es wieder tagelang, und ich mußte hier überwintern. Gott sei Dank hatte ich einige Fallen mitgenommen, so daß ich mich vom Fleisch der Biber ernähren konnte, die ich zahlreich fing. Die Hunde hatten keine Not, denn der Ghostriver war und ist einer der fischreichsten Flüsse um den Lake Abitibi!

Der Herd steht nun 55 Jahre am Ghostriver, und er sieht noch genau so gut aus wie am Tage, als ich ihn erworben hatte. Heute werden solch stabile und gute Herde kaum noch zu finden sein.

Es waren einmal zwei reiche Amerikaner hier zur Elchjagd. Sie boten mir erst 100, dann 200 und immer mehr bis zu 500 Dollar für den Herd. Ich hätte so viel Geld gut gebrauchen können, aber ich habe geblutet und geschuftet für ihn, er hat mich bald mein Leben gekostet. Das kann mir keiner bezahlen. In dem Jahr, in dem man ihn baute, starb mein Vater, 1902!"

Eugène trank seinen Tee mit Rum aus, wünschte uns eine gute Nacht und verließ die Hütte. Doch er kam sofort zurück und forderte uns auf hinauszukommen.

Der Nordhimmel glühte fast taghell. Wie Strahlen der aufgehenden Sonne bündelten sich Lichtkegel und lösten sich wieder auf. Heller und heller wurde es, bis das Licht über uns zu weben schien. Hoch in den Himmelsdom reichende, in Farben wechselnde Lichtbänder hoben und senkten sich in einem grandiosen Schauspiel. Schließlich steigerte sich der Glanz des Nordlichtes so, daß es uns blendete, um plötzlich geheimnisvoll zu verwehen und anderswo um so leuchtender wieder zu erscheinen. Fast volle zwei Stunden erstrahlte der Nachthimmel über uns, bis das Lichtermeer der unzähligen Sterne die Herrschaft dieser Nacht wieder übernahm.

„Gott zeigte euch seine Allmächtigkeit!" sagte der Alte leise. Er hatte zwei Stunden fast bewegungslos gestanden, seine Mütze in den Händen. Er bekreuzigte sich und verließ uns. Dieses Erleben ergriff uns so stark, daß wir lange keinen Schlaf finden konnten.

Es war fast fünf Uhr morgens, als wir durch einen wüsten Lärm geweckt wurden. Noch bevor wir uns darüber klar wurden, warum die Hunde so wild heulten, fiel ein Schuß. Er ließ uns hellwach werden. Hastig kleideten wir uns an. Die Huskyhunde waren außer Rand und Band, als wir aus der Hütte traten. Sie ließen sich auch nicht von Eugène beruhigen. Dieser und Dennis hatten ihre Waffen in den Händen, der Alte seine Büchse, Kaliber 30/30, Dennis die alte einläufige Schrotflinte.

Zwar war es sternenklar, doch zu dunkel, um Einzelheiten erkennen zu können.

Eugène ging zu seinen Hunden von Hütte zu Hütte, beruhigend auf die Tiere einredend. Wir folgten ihm in gemessenem Abstand von den Tieren. An der Hütte, die dem Waldrand am nächsten lag, kniete der Trapper nieder. Er rief uns zu sich und deutete auf den toten Hund, dessen linke Flanke so aufgerissen war, daß die Rippen freilagen. Liebevoll legte Eugène seine Hände auf den schönen Kopf des Hundes und streichelte ihn. Leise und leidvoll murmelte er vor sich hin.

Eugène und auch wir holten Taschenlampen. Gebückt suchte er die nähere Umgebung Schritt für Schritt ab, bis er niederkniete, aufmerksam Grashalme untersuchte und vor sich hinsprach: „Ich habe ihn getroffen!"

„Wen hast du getroffen?" fragte Werner.

Sich aufrichtend antwortete Eugène: „Es war ein Bär hier und hat den Hund erschlagen! Ich kenne ihn schon viele Jahre. Es war dies das zweite Mal, daß er in die ‚village' kam. Im letzten Sommer tötete er zwei Hunde. Auch damals habe ich ihn getroffen!"

Sich bückend sprach er weiter: „Seht, hier und dort sind Schweißtropfen. Sie sind dunkelfarbig. Ich traf ihn nicht gut, er kommt mit dem Leben davon. Dieser Bär haßt mich, und ich hasse ihn! Er ist viele Jahre alt. Zum ersten Male begegneten wir uns vor elf Jahren, und schon damals war er stark. Ich schoß auf ihn, die Kugel brach die linke Vorderpranke. Sie ist schief angewachsen, genau so wie meine linke Hand. Darum weiß ich immer, wenn er wieder in dieser Gegend ist. Schon oft sah ich seine Fährte. Wir wollen beraten, wie wir ihn zur Strecke bringen können. Er ist sehr heimlich und klug wie ein Mensch. Meist wandert er nachts, nur wenn er sehr hungrig ist auch unter Tag. Er ist nun sehr alt und wird vielleicht unvorsichtig. Ich glaube, daß seine Zähne schon schlecht sind. Das quält ihn natürlich, wie es uns auch quälen würde. Sicherlich hat er Schwierigkeiten, sich zu ernähren, darum kommt er zur ‚village'. Er witterte die Fische, die ich den Hunden gab. Ich wäre sehr dankbar, wenn ihr die Augen aufhaltet, besonders am Wasser, wo er sich oft aufhält.

Die Hunde sind lebenswichtig für uns. Wir brauchen sie vor allem im späten Herbst und Winter, um die Trapproute mit dem Schlitten abzufahren. Sie ziehen die Lasten. Einen Schlittenhund zu erziehen, verlangt viel Zeit und Geduld, und dann ist es immer noch fraglich, ob die Alt-

„Fischer" oder Fischmarder

Eugènes Bootssteg auf dem Ghostriver

Die alte Hütte am Iroquois Point

hunde den Fremden annehmen. Oft ist alle Mühe umsonst, sie beißen ihn beim ersten Anspannen tot! Die Huskys haben ja viel Wolfsblut in den Adern!"

Auf meine Frage, warum er die Hunde nachts nicht frei laufen ließe, antwortete er: „Nein, das ist unmöglich. Ich versuchte es einmal, es kostete mich mehrere Hunde, die nie wieder zurückkamen. Freigelassen freunden sie sich mit den Timberwölfen an. Diese besuchen die Hunde und diese die Wölfe, und sie paaren sich untereinander. Die Nachkommen sind die gefährlichsten Bestien im Busch! Ein reinblütiger Timberwolf ist ihnen gegenüber ein harmloser Bursche. Nur wenn sie in Eifersucht geraten, töten sie sich gegenseitig in einem Kampf auf Leben und Tod. Huskys werden schnell wild, denn ihr Urinstinkt bricht wieder durch. Da sie im Umgang mit Menschen diese kennengelernt haben, fehlt ihnen die Scheu vor ihnen, die die Timberwölfe fliehen läßt. So kommt es oft vor, daß ein Husky ihr Führer wird, das sind dann die Rudel, die Menschen sehr gefährlich werden können, wie viele Vorkommnisse erwiesen haben. Angst vor Wölfen ist unbegründet, Angst vor einem verwilderten Husky nur zu berechtigt!"

Der getötete Hund sah furchtbar aus, und seine Wunden veranschaulichten die Wucht der Prankenschläge des Bären. Dennis brachte eine Schaufel und begrub den Freund. Der Junge war sehr still und bedrückt. Er hatte seinen „Iko" geliebt. Aufgeregt wie die Huskys waren auch wir. Wir luden Eugène und Dennis zum Frühstück ein. Es dämmerte bereits, während uns Eugène erzählte:

„Dieser alte Bär ist meist in dieser Gegend. Seit Jahren konnte ich kaum einmal Wildhonig bergen. Wenn ich einen Bienenschlupf fand, hatte er die Waben schon ausgeräumt. Er gönnt mir nichts! Er räubert auch die Nester der Vögel aus. Wären diese schlau genug, die Nester auf sehr dicken oder ganz dünnen Bäumen anzulegen, dann würden sie die Eier behalten. Ein Schwarzbär kann nur Stämme erklettern, die er umgreifen kann und die ihn tragen können. Überall folgt mir dieser Bursche, niemals aber dem Dennis. Ich weiß, daß er mich töten würde, wenn ich ihm dazu eine Chance gäbe. Ich muß auf meiner Hut sein, wie er auch, denn er weiß ebenfalls, daß ich ihm nach seinem Leben trachte. Zwischen uns ist großer Haß. Er folgt mir sogar, wenn ich im Boot fahre. Fische kann ich nirgends liegen lassen, er frißt sie. Er ist so schlau, daß er Sand und Steine auf meine gestellten Fallen schleudert, bis sie zuschlagen. Dann räumt er sie aus. Hänge ich Wild hoch in die Bäume, dann versucht er alles, es zu erreichen. Darum glaube ich, daß wir ihn zur Strecke bringen können, wenn ihr mir helfen wollt. Ist die Elchjagd erst auf, dann werden wir Luder aufhängen. Vielleicht macht er eine Dummheit!"

Nach diesem verwegenen Einbruch in das Dorf waren wir überzeugt, daß Eugène auf seiner Hut sein mußte. Wir glaubten seiner Erzählung. Dennis hatte während des Frühstückes kein Wort gesagt. Dieter fragte ihn: „Wie alt war dein Hund Iko?" Die dunklen Augen des Jungen füllten sich mit Tränen, und er verließ den Raum, ohne zu antworten. Wir alle hatten das Gefühl, daß wir einen Schnaps brauchten, und Bucky schenkte ein. „Es war der Liebling von Dennis!" sagte Eugène.

Bucky mit Werner und Dieter mit Arnold fuhren zur Flußmündung, um dort nach schweren Fischen Umschau zu halten, während John und ich zurückblieben. Wir setzten uns auf den Bootssteg und beschäftigten uns mit Spinnfischen. Ich vermutete, daß wir hier Goldeye fangen würden, und so war es auch. In einer guten Stunde hatten wir reichlich genug für Familie Tremblay und uns. Dann widmeten wir uns den Enten. John, ein ausgezeichneter Schrotschütze, schoß zweimal eine Doublette, und wir beide erfüllten leicht unser erlaubtes Tagessoll. Welch ein Jägerparadies hatten wir hier gefunden!

Meine Blicke wanderten über Eugènes Dorf, wie er sein Anwesen stets nannte. Mit Recht tat er dies, denn er hatte sich mit seiner Frau wirklich ein Dorf gebaut. Es bestand aus sieben Häusern. Dominierend war das große Wohnhaus, auf das der lange Bootssteg zulief. Über eine Veranda betrat man den Küchenraum, der in nichts von der Wohnküche eines Farmhauses abwich. Daneben lag die „gute Stube", mit Polstermöbeln geschmackvoll ausgestaltet. Ihr Stil verriet, daß sie einige Jahrzehnte alt waren, jedoch noch in einem Zustand, als wären sie erst gekauft worden. Der Fußboden war mit Schwarzbärdecken und Wolfsbälgen ausgelegt. Photographien an den Wänden bewiesen, daß schon seit vielen Jahren Jäger und Sportfischer dieses Paradies aufgesucht hatten, denn auf verschiedenen Bildern sah ich Eugène und seine Frau mit denselben Fremden, die inzwischen nur älter geworden waren.

Hinter der Wohnküche lag der große Feuerholzraum, bis unter das Dach vollgepackt. Daran grenzte der Vorratsraum, dessen Fenster mit schweren Eisenstäben vergittert war. Mit gutem Grund, denn man konnte auf dem Fenstersims die Krallenrisse von Bären deutlich erkennen. Dieser

Raum war mit Blechkisten, Trommeln und Behältern angefüllt, in denen Mehl, Salz und Hülsenfrüchte aufbewahrt wurden. Wie bei François, standen auch hier viele Gläser aufgereiht, deren dicke Fettschicht das eingekochte Wildbret vor Verderb schützte. Nach Süden lagen die Schlafräume, landesüblich klein gehalten.

Rund 50 Meter südlich des Bootssteges stand das Bootshaus, in dem Eugènes Alu-Boot, ein Ersatzmotor und mehrere Kanus untergebracht waren. In einem Anbau wurde Treibstoff aufbewahrt, und wir sahen zu unserem Erstaunen, daß einige hundert Liter Benzin vorrätig waren, ebenso reichlich Motorenöl. Hinter dem Bootshaus lag das Kühlhaus, in dem die im Winter geschnittenen Eisblöcke, unter Laub und Tannenzweigen gut verpackt, gelagert wurden. Wild konnte hier Jahr und Tag abgehängt werden, ohne daß es verdarb.

Nördlich des Wohnhauses stand eine Hütte mit vier Schlafstellen für Jäger und Sportfischer. Dies schien das älteste Bauwerk zu sein. Im Nordwesten folgten die von uns benutzte Jagdhütte und ihr gegenüber ein Gästehaus für die persönlichen Freunde der Familie Tremblay. Keiner von uns hat dieses Haus betreten, wir wurden auch nicht dazu aufgefordert. Den Abschluß bildete in der Südwestecke das Werkhaus mit Amboß, fußbetriebener Drehbank und Schraubstock. Der angrenzende sauber gekalkte Raum diente als Lagerplatz für die Bälge. Ein kleines Haus zur „stillen Andacht" lag im Westen dicht am Urwald. Dennis erzählte uns, daß so mancher Jäger dorthin nur mit geladener Waffe ging. Nach der Erfahrung der letzten Nacht erschien dies auch uns verständlich. Jedes Gebäude war aus Kiefernstämmen errichtet worden, die Dächer mit Teerpappe gedeckt. Ich erkannte, daß dies erst in späteren Jahren geschehen war, denn unter der Pappe sah man noch die alten Holzschindeln, mit denen die Dächer zuerst gedeckt worden waren.

Als wir von unserem Rundgang zum Steg zurückkamen, saß Eugène dort. Wir nahmen bei ihm Platz. Unsere Bewunderung alles dessen, was er geschaffen hatte, erfreute ihn sichtlich, und er sagte: „Ja, es hat viele Jahre schwerer Arbeit gekostet, bis stand, was ihr heute seht. Mein einziger Helfer war Mama. Wenn ihr mich so lobt, dann solltet ihr Mama nicht vergessen. Sie hat wie ein Mann geschafft und verdient die andere Hälfte des Lobes!"

Auf Johns Frage, welches der Häuser er als erstes gebaut hätte, fiel sein Blick auf die kleine Gasthütte, und ein feines Lächeln umspielte seinen Mund: „Mit ihr habe ich begonnen, und in ihr stand erst der große alte Herd, der euch nun Wärme gibt. Ich baute sie mit Hilfe des Freundes im Sommer 1913, und sie steht immer noch so, wie sie damals auch aussah. Nur erneuerte ich Dach und Fußboden. In ihr habe ich mit meiner ersten Frau gelebt, bis sie drei Jahre später an Lungenentzündung starb. Es wurde für meinen Sohn Jimy und mich sehr einsam. Jimy starb vor einigen Jahren. Er war ein guter Sohn und brachte es weit. Er war Kaufmann und starb wohlhabend. Er hinterließ acht Kinder. Ein Sohn wurde Zahnarzt und hat seine Praxis in Montreal. Ein anderer Sohn und eine Tochter wurden Schullehrer. Alle sind sie kluge Kinder! Jedes zweite Jahr ist hier großes Familienfest. Dann besuchen sie uns!" Eugène schwieg lange, und wir störten ihn nicht in seinen Gedanken. Dann setzte er seine Erzählung fort:

„Wie ich schon sagte, haben Mama und ich alle anderen Häuser zusammen gebaut. Habt ihr die Grube dicht bei dem Werkhaus gesehen? Dort hatten wir die ‚Sägebrücke‘. Ich stand in der Grube, Mama auf der Brücke, und so haben wir beide jedes Brett, jede Bohle und was es sonst noch aufzutrennen gab, geschnitten. Es war sehr schwere Arbeit, unsere Handflächen wurden hart wie Leder. Monate, ja Jahre haben wir dort gesägt, bis wir gebaut hatten, was heute steht. Seitdem geht es uns gut. Unsere Arbeit trug Zinsen. Aber es hat ein Leben gekostet!"

Hier unterbrach ich Eugène und fragte: „Ist ein Unglück passiert?"

„Nein, du hast mich falsch verstanden! Ich meine damit, daß wir ein Leben lang dafür schaffen mußten. Erst mußten wir die Kiefernstämme fällen und heranschleppen. Ich hatte damals ein Pferd."

Diesmal unterbrach John ihn und fragte: „Wie hast du denn das Pferd hierhin bringen können?"

Er schmunzelte vergnügt: „Natürlich könnt ihr nicht wissen, daß ein Pfad von der Autostraße hierher führt. Als die Autobahn noch ein rauher Waldweg war, suchte ich von ihm aus den kürzesten Weg hierhin, um nicht die vielen Windungen und Meilen mit dem Kanu auf dem Ghostriver zurücklegen zu müssen. Von hier aus kann man die Autostraße jetzt in zwei Stunden Fußmarsch erreichen. Mein Pfad ist gut und bequem, wir benutzen ihn oft. Auf ihm brachte ich damals ‚Browny‘ hierher, und er blieb, bis er an Altersschwäche starb. Futter hatte er genug von Frühjahr bis Herbst. Das Heu der Wiese brachte ihn durch den Winter, und wenn es einmal knapp wurde, dann taten es auch Weidenäste. ‚Browny‘ fraß alles, was er kauen konnte. Einmal hat er einen Timberwolf mit den Hufen erschlagen, als die Rotte ihm an die Gurgel wollte. Seitdem war er ängstlich geworden. Oft ließ er mich zu Fuß nach Hause laufen. Sowie ihm eine Wolfswitterung in die Nüstern schlug, tanzte er so lange, bis er sich vom Strick befreit hatte. Im Galopp ging's dann heim zu Mama. War diese mal nicht da, dann stellte er sich zwischen die Huskys. Er wußte, daß sie ihn beschützen würden.

In der Nacht als ‚Browny' starb, heulten die Wölfe so laut, wie ich es vorher und auch später nicht mehr gehört habe. Es mag Zufall gewesen sein, doch es gibt viele Geheimnisse, die wir nicht deuten können. ‚Browny' verstand, was man ihm sagte. So war es uns, als ob einer der Familie von uns ging. Wir haben sehr um ihn getrauert. Da er im Winter einging und nicht begraben werden konnte, habe ich den Kadaver in den Busch gebracht. An ihm habe ich sieben Timberwölfe geschossen. Dennoch blieb kein Knochen von ihm übrig!"

Ich bat Eugène, uns zu erzählen, wie sie die Häuser gebaut hätten. „Das war hauptsächlich ‚Brownys' Verdienst", erklärte er. „Mit einem Pferd kann man leicht und schnell ein Blockhaus bauen. Dazu hätte ich nicht einmal Mama gebraucht. Ich rollte die in fertige Längen geschnittenen und behauenen Stämme auf anderen Stämmen hinauf und verwendete dazu eine doppelte Seilschlinge. ‚Browny' verstand seine Arbeit und tat sie langsam, Schritt für Schritt. Mama und ich brauchten die Stammenden nur auszubalancieren. Die schwere Arbeit brachte das Dach, es aufzurichten, verlangte viel Muskelkraft. Aber Mama ist stark wie ein Mann, ich hätte keinen besseren Partner haben können!"

Jetzt sahen wir unsere Freunde zurückkommen. Ihre strahlenden Gesichter verrieten schon, daß sie besten Erfolg gehabt hatten. Jeder hatte das erlaubte Tagesquantum an Enten geschossen, und der Jungjäger Dieter hielt stolz eine Kanadagans hoch. Als Eugène, John und ich in die Boote sehen konnten, blieb uns fast die Sprache weg, so viele große Hechte und Zander waren in der kurzen Zeitspanne gefischt worden. Mordskerle waren dabei. Mama und Eugène waren sehr erfreut über die Bereicherung der Speisekarte, denn wir selber konnten die Menge der Enten und Fische unmöglich verwerten.

VIERTES KAPITEL

In Sturmesnot

Langsam machte sich auf dem Ghostriver die Beunruhigung bemerkbar. Zwar hatten wir auf Enten noch Erfolg, jedoch wir mußten unsere Boote sehr sorgfältig verblenden. Gänse sahen wir nur selten, und wenn, dann nur hoch über uns hinwegziehend. Eugène riet uns deshalb eines Abends: „Hier am Ghostriver werdet ihr Gänse erst später sehen, wenn es kälter wird. Ihr solltet mal zum Lightning-River fahren. Dort werdet ihr viele Gänse schießen können. Seitlich des Flusses liegen große verschilfte Buchten, wo die Gänse reichlich Nahrung finden. Ist das Wetter sonnig und windstill, dann fallen sie vor Sonnenuntergang ein. Bei stärkerem Wind liegen sie in den Buchten auch tagsüber.

„Ihr werdet grobe Munition brauchen, sonst werdet ihr viele Gänse krankschießen. Sie können viel vertragen. Es ist nicht falsch, wenn ihr vor den Blenden, die ihr euch bauen müßt, einige Lockenten aussetzt. Das macht auch die Gänse vertraut. Sitzt recht still, denn sie nehmen jede Bewegung auf große Entfernung wahr. Blinkende Teile im Boot sollten verdeckt sein, dazu müßt ihr genug Säcke mitnehmen. Ihr werdet sehen, daß die Gänse erst lange kreisen, bevor sie aufs Wasser gehen. Sie sind sehr vorsichtig.

Der Lightning-River liegt etwa 12 Meilen ostwärts von hier. Haltet euch eine halbe Meile vom Südufer des Sees entfernt und fahrt vor allem nicht schnell, damit ihr nicht auf Felsen auflauft. Viele liegen dicht unter der Wasseroberfläche, und ihr werdet sie erst im letzten Moment erkennen. Das ist sehr gefährlich. Auf dem Lake Abitibi dürft ihr nie schnell fahren. Ich brauchte viele Jahre, bis ich ihn gut kannte, und ich bin mir heute noch nicht sicher, ob ich alle Felsen kenne.

Nehmt reichlich Treibstoff mit und vergeßt nicht die Werkzeuge. Man weiß nie, was passieren wird. Dennis wird euch führen. Doch er kennt das große Wasser noch nicht so gut wie ich, und Jugend riskiert mehr. Aber er kennt den Lightning-River, dort könnt ihr euch auf ihn verlassen.

An der Mündung des Flusses steht eine Schutzhütte, die dem ‚Ontario Department of Lands and Forests' gehört. An sich ist es eine „ranger cabine", jedoch ihr könnt sie als Quartier benutzen. Nur müßt ihr das Holz, das ihr verfeuert, neu einschlagen, also ersetzen. Vergeßt das nicht!

Der Lightning-River ist trotz seiner Breite sehr verwachsen. Keiner holzte ihn aus, wie ich den Ghostriver. Er hat eine Menge Sandbänke und Untiefen und viele gesunkene Bäume im Wasser. Ihr müßt sehr vorsichtig sein und auf jeden Fall Äxte und Sägen mitnehmen. Sonst wird eure Exkursion bestimmt recht ungemütlich. Und vergeßt nicht Proviant für einige Tage, ihr mögt ihn nötig haben!

Die meisten und auch schwersten Elche am Lake Abitibi findet ihr dort, Hirsche mit riesigen Schaufeln. Auch die Timberwölfe sind dort zahlreicher als um den Ghostriver. Es ist eine sehr wilde Gegend, aber sie ist so schön, daß es euch den Atem verschlagen wird. Nur selten kommen Menschen dorthin, und wenn, dann nur im Frühjahr zum Fischen und im Herbst zum Jagen. Nochmals möchte ich euch warnen, nicht gleichgültig zu sein. Haltet die Augen gut offen, denn See und Fluß sind alles andere als harmlos!"

Auf meine Frage, welche Arten von Gänsen wir finden werden, fuhr er fort: „Ihr werdet Kanadagänse sehen. Für Schnee- oder Blaugänse ist es noch zu früh. Wenn es im Hohen Norden kälter wird, dann fallen auch diese hier ein, bis sie weiter südlich ziehen. Vielleicht mögt ihr einige zu sehen bekommen."

Wir beschlossen, am nächsten Tage zum Lightning-River zu fahren, und trafen unsere Vorbereitungen dafür. Abends luden wir Familie Tremblay zum Tee ein. Da es recht kühl geworden war, heizten wir den „oldtimer" ein. Behaglich knisterte das Feuer und erhöhte die Urgemütlichkeit in der Hütte. Wir hatten den schweren Tisch in die Mitte des Raumes gerückt, so daß alle genug Platz hatten. Buckys Tee bestand mehr aus Rum. Dennis und Mia durften sich deshalb nur am Duft der Mischung erfreuen, wodurch wir sichtbar Mamas Sympathien gewannen. Sie schien ein gestrenger „boss" zu sein. Zunächst blieb sie schweigend und abwartend.

Mag es das Unterhaltungsthema oder der „nordische Tee" gewesen sein oder beides, bald beteiligte auch sie sich lebhaft an der Unterhaltung. Sie sprach ein gutes Englisch und verriet dabei Selbstbewußtsein und Willenskraft. Das einsame und harte Leben hier schien sie eher jung erhalten zu haben, als sie altern zu lassen. Etwa 15 Jahre jünger als Eugène, war sie trotzdem der dominierende Teil der Familie. Die beiden Adoptivkinder wagten niemals, die Mutter zu unterbrechen, und Eugène tat es sehr höflich und vorsichtig. Der der Mutter und Ehefrau gezollte Respekt war unverkennbar. Ihr Humor, ihr ausgeglichenes Wesen und ihre positive Einstellung zu allen Dingen ließen uns erkennen, daß sie ein zufriedener und fröhlicher Mensch war.

Ich fragte Mama, woher sie stamme. Lachend antwortete sie: „Ich wußte, daß du danach fragen würdest. Eugène sagte, du hättest tausend Fragen. Meine Eltern waren französische Kanadier. Sie starben früh, ich kam als Waise in ein Kloster in der Provinz Quebec, wo ich erzogen wurde und lebte, bis ich mich selbst unterhalten konnte. Eine Nonne wollte ich nicht werden. Mir gefielen die „boys" zu gut. Mein Leben im Konvikt, wo ich eine höhere Schulbildung bekam, war angenehm. Dort erlernte ich auch die englische Sprache und wollte Lehrerin werden, aber dann lernte ich Eugène kennen. Er war ein Einzelgänger mit anderen Interessen als die meisten Männer. Ich mochte den Schweigsamen schon vom ersten Tage an. Was er mir aus seinem Leben erzählte, interessierte mich so sehr, daß ich daran teilhaben wollte, denn ich wurde im Norden Kanadas geboren und liebe ihn. In einer Stadt wäre ich wohl nie glücklich geworden. Der Natur und ihren Tieren fühlte ich mich schon seit Kindesjahren verbunden. Es sollte also wohl so sein, daß Eugène und ich einander begegneten, aber er war sehr scheu, es dauerte lange Zeit, bis er mich fragte, ob ich mit ihm einsam leben könne. Mit Freude sagte ich ja, und so heirateten wir vor 30 Jahren. Wir fingen damals sofort an, unsere ‚village' zu bauen."

Ich unterbrach Mama: „Eugène erzählte uns, daß du wie ein Mann gearbeitet hättest. Es ist wundervoll, was ihr euch aufgebaut habt!"

„Ja, es war harte Arbeit", bestätigte sie, „aber wir erlebten hier schon viele glückliche Jahre, von denen ich nicht ein einziges missen möchte!"

John fragte sie: „Wo gehen denn Dennis und Mia in die Schule?"

Mama lachte vergnügt, offenbar amüsiert über diese Frage. „Mein Freund", sagte sie, „die nächste Schule ist 50 Kilometer entfernt. Die Kinder jeden Tag mit dem Boot zur Autostraße zu fahren, wäre nicht möglich, denn wir müßten sie ja auch wieder abholen. Damit wäre der Tag vergangen, und alle Arbeit bliebe ungetan. Im Winter wäre es sowieso undurchführbar. Ich bin die Lehrerin und unterrichte beide in allen

Fächern nicht anders, als sie auch in einer Schule unterrichtet würden. Ich wollte ja einmal Lehrerin werden, und auch das wurde nun wahr. Das Pensum der einzelnen Klassen lasse ich mir schicken, denn in der offenen Jahreszeit holen wir sowieso jede Woche einmal die Post von Matheson ab. Dennis und Mia erhalten also eine solide Grundbildung für ihr Leben, beide sind klug und mit Interesse dabei.

Eigene Kinder hätten wir gerne gehabt, doch unser Herrgott wollte es anders, und deshalb adoptierten wir die beiden Waisenkinder. Eugène brauchte Hilfe und vor allem einen Nachfolger und Erben hier, ich eine Tochter, die mir zur Hand geht. Beide sind sehr glücklich hier!" Sie sah hinüber zu den beiden Indianerkindern, und ihr Blick wurde ebenso warm erwidert. Ihre Hand suchte die Eugènes, über dessen Gesicht ein frohes Lächeln ging. Glückliche und zufriedene Menschen!

Madame wendete sich zu John: "Nun möchte ich wissen, woher ihr alle stammt. Ich weiß nicht einmal eure Familiennamen. Erzählt mir auch, wo ihr wohnt, was ihr tut, es interessiert mich!"

"Ich heiße Friesen", stellte sich John vor. "Ich wurde in Kanada geboren und stamme aus einer deutschen Familie. Meine Frau und ich bauten schließlich in St. Catharines eine Wäscherei und Reinigungsfirma auf, deren Chef heute mein ältester Sohn ist. Ich habe mich schon zur Ruhe gesetzt!"

Madames Augen wanderten zu Bucky, der sogleich Auskunft gab: "Mein Name ist Ernst Burckhardt von Moeller. Geboren wurde ich in Deutschland, wo es besonders schön ist. Viele Lieder und Gedichte preisen die Lüneburger Heide. Mein Brot verdiene ich als Grundstücksmakler und Geschäftsmann. Meine Frau, unsere Kinder und ich wohnen nicht weit ab von den Niagara-Fällen!"

"Danke", sagte Madame und nickte Werner zu, der knapp und klar, wie es seine Art ist, meldete: "Griese, geboren in Deutschland unter dem Hermannsdenkmal, technischer Beruf, ohne Frau und aus St. Catharines!"

Damit kam Arnold unter Madames Blicke und nahm das Wort: "Wo in Deutschland der Rheinwein wächst, wurde unter anderen auch ein gewisser Arnold Krausen geboren und getauft. Da ich in Deutschland nirgends Gegenliebe fand, heiratete ich eine Kanadierin mit irischem Blut. Wir und unsere zwei Söhne wohnen in einem der ältesten Orte Kanadas, in Niagara-on-the-lake!"

Dieter machte keine Anstalten, auf Madames forschenden Blick zu reagieren. Darum sagte sie: „Wie kann ein Riese nur so schüchtern sein? Lasse dich hören, mein Junge!"

Wir amüsierten uns köstlich über Mama. Doch todernst und keine Miene verziehend, sagte Dieter: „Hempel aus Bayern, dem Bierfaß Deutschlands. Hübsche Frau, noch hübschere Töchter, unentbehrlich in der Autoindustrie und kleinster Sohn seines Vaters mit 1,84 Metern. Unser Haus steht in der Gartenstadt St. Catharines!"

Zu unserer aller Überraschung wiederholte nun Madame jeden Familiennamen. Sich an mich wendend, sagte sie: „Über dich weiß ich Bescheid durch Eugène!" Sie erhob sich und wünschte uns eine gute Nacht.

Als wir das Licht gelöscht hatten, heulte ein Wolf hinter der „village" und bekam Antwort vom anderen Flußufer. Der Mond spiegelte sich in Fluß und Fensterglas. Es war fast Mitternacht geworden.

Am nächsten Morgen bei Sonnenaufgang hatten wir bereits die Mündung des Ghostrivers erreicht. Dennis führte uns in Arnolds Boot. In einem weiten Bogen fuhr er hinaus auf das große Wasser, bis wir etwa eine halbe Meile Abstand vom Südufer hatten. In mäßiger Geschwindigkeit ging es dann nach Osten. Es war ein völlig windstiller und wolkenloser Tag, so daß der riesige See spiegelglatt vor uns lag, ein unbeschreiblich schönes Bild!

Vom Festland flogen Hunderte und aber Hunderte von Wildenten hinaus auf den See. Sie klingelten oft so dicht bei uns vorbei, daß wir bequem die Tageshöchstzahl hätten schießen können. Jedoch ein Gesetz verbietet, die Flinten in einem mit Motorkraft angetriebenen Boot zu laden, solange der Motor arbeitet. Erst, wenn dieser abgestellt wurde, darf aus dem Boot geschossen werden.

Da ich mich in zurückliegenden Jahren mehrmals auf Seen verirrt hatte, die ich genau zu kennen glaubte, machte ich in meinem Logbuch Aufzeichnungen. Jede sichtbar werdende Insel wurde auf einer Karte vermerkt und Charakteristiken wurden notiert. Vor allem aber prägte ich mir auffallende Einzelheiten am Südufer ein, wie Felsen, hohe Einzelbäume, Buchten und Landzungen. Jahrelange Erfahrungen hatten mich gelehrt, dies zu tun. Je nach Lichtverhältnissen, Wetter und Jahreszeiten verändert sich das Gesamtbild einer Landschaft sowieso derart, daß man es kaum wiedererkennen kann. Wer sich in der Wildnis, ob Busch oder auf dem Wasser, bewegt, muß seine Sinne wachhalten und sehr aufmerksam beobachten und sich einprägen, was er gesehen und wo er es gesehen hat. Wer dies unterläßt oder schlechtes Orientierungsvermögen hat, sollte nur dann in Kanadas Wildnis jagen und Sportfischerei betreiben, wenn er sich auf einen kundigen und buscherfahrenen Führer verlassen kann. Oder man wird ihn eines Tages als vermißt melden. Schon so mancher kam nie mehr zurück, und sein Schicksal blieb unaufgeklärt.

Selten verloren Sportfischer oder Jäger ihr Leben durch wilde Tiere, meist waren es eigenes Verschulden, Unfall und Kopflosigkeit. Wer besonnen handelt und nervlich stark genug ist, wird selten in wirkliche Gefahr geraten. Tritt sie einmal ein, dann heißt es klar denken, ohne Hast handeln und kühl bleiben. Panik ist in Kanadas riesigen Wildnisgebieten der schlimmste Feind für jeden, der sich hineinwagt. Wer nicht schwimmen kann, sollte es erst lernen, da er ohne diese Fähigkeit stets in Gefahr sein wird.

Vor uns tauchte rechter Hand eine lange Felsenkette im See auf. Etwa 200 Meter lang erhob sie sich nur flach über den Wasserspiegel. Ich nahm mir vor, Dennis näher darüber zu befragen, doch leider vergaß ich es. Sorgfältig zeichnete ich den Verlauf des gefährlichen Hindernisses in meiner Karte ein, so gut ich dies konnte. Ich erkannte nun auch, warum Dennis so weit nach Norden ausbog, denn ich sah viele Felsen dicht unter Wasser, nur wenige Meter südlich des Bootes. So drehte auch ich scharf nach Norden ab und hielt mich künftig genau in dem Kielwasser von Arnolds Boot.

Zwischen dem Festland und zwei dicht bewaldeten Inseln hindurchfahrend, sahen wir vor uns auf einer hügeligen Halbinsel ostwärts der Mündung des Lightning-Rivers die Schutzhütte, von der Eugène gesprochen hatte. Nach wenigen Minuten landeten wir dort, vertäuten die drei Boote an einem soliden, aus dicken Kiefernstämmen gebauten Steg und stiegen einen Pfad zur Hütte hinauf. Äußerlich in ausgezeichnetem Zustand, waren auch ihre drei Räume sauber. Einige Feldbettgestelle, ein großer Tisch und zwei lange Bänke bildeten die Einrichtung. Im größten Raum stand ein riesiger Ofen für Holzfeuerung, und Holzkloben waren seitlich von ihm aufgestapelt. Große Fenster gaben den Blick nach Nordwesten über die Weite des Sees frei. Die schöne Lage dieser Hütte inmitten herbstlich bunter Birkenbestände lud zum Verweilen ein.

Alle Räume waren mit dem Holz der „weißen Kiefer" getäfelt. Viele Inschriften an den Wänden berichteten über Erfolge derer, die hier Quartier genommen hatten. Drei dieser Notizen will ich wiedergeben:

„Ich schoß am 2. Oktober 1965 Rekord-‚Bull'-Elch, Auslage 78 Zoll (193 Zentimeter). George C. Mc. Kinnon, New York, N. Y., USA."

„Am 6. Juni 1964 fing ich hier unter der Hütte einen 36-Pfund-Hecht, Länge 49 Zoll (123 Zentimeter). Stuart Dare, Hamilton/Ontario."

„14. Oktober 1962: Statt des Elches schoß ich einen großen Timberwolf am Lightning-River. Alfred Hausinger, München, Deutschland. Den Elch schoß ich! Hans Peter Kessler, München, Deutschland."

Die beiden letzten Notizen waren in Deutsch geschrieben, wir fanden aber auch solche in französischer, holländischer, dänischer, polnischer und ungarischer Sprache. Jäger und Sportfischer vieler Nationen hatten also bereits den Weg in diese Einsamkeit gefunden.

Nach Dennis' Auskunft ist der Lake Abitibi etwa 65 Meilen lang und im Durchschnitt etwa 15 Meilen breit. Seine größte Tiefe mißt nur 38 Fuß, also 13 Meter. Darum ist er bei Sturm so wild und gefährlich. Er hat schon viele Menschenleben gefordert. Als sehr fischreich wird er auch von Berufsfischern aus der Provinz Quebec genutzt. Im vergangenen Jahr wurde von solchen ein riesiger Hecht mit einem Gewicht von 84 Pfund im Netz gefangen! Nachdem sie ihn gewogen und für die Presse photographiert hatten, hefteten die Fischer eine Plastikklammer mit Datum an seine Rückenflosse und ließen ihn wieder frei. Dieser Weltrekord schwimmt also noch hier im Lake Abitibi!

Zunächst fuhren wir den Lightning-River stromauf. Beiderseits des Flusses schnitten Buchten tief in den Urwald ein. Breite Schilfstreifen machten sie zu einem idealen Gelände für alles Wasserflugwild. Nirgends hatte ich so viel wilden Reis gesehen wie hier. Die Eindrücke, die wir auf dem Ghostriver gewonnen hatten, verblaßten gegenüber den Bildern, die wir nun sahen. Die Menge der Enten verschattete zuweilen die Sonne, wenn sie sich erhob! Mehrfach gingen auch Kanadagänse, laut honkend, hoch und strebten, sich formierend, dem See zu.

Wir versuchten, den Waldrand zu erreichen, um uns nach Fährten umzusehen. Jedoch es war unmöglich, die Boote durch die Schilffelder zu stoßen. So gaben wir die Versuche auf und fuhren langsam weiter stromaufwärts. Nach etwa zwei Meilen wurden die Schilfgürtel immer schmaler, und der dichte, finstere Busch trat nun bis an die Ufer heran. Was wir hier an älteren und frischen Fährten, vorwiegend von Elchwild, im Uferschlamm zu sehen bekamen, übertraf alle Erwartungen.

Mitten im dunklen Urwald stießen wir auf eine dicht verschilfte Lichtung, deren Durchmesser gute 400 Meter betrug. Hier sahen wir die frische Fährte eines so starken Elchhirsches, wie sie keiner von uns bisher gesehen hatte. Ungläubig starrten wir auf die gewaltigen Trittsiegel dieses urigen Recken. Nur noch vier Tage, dann würde die Schußzeit auf Elche aufgehen!

Sehr langsam und vorsichtig tasteten wir uns weiter in südlicher Richtung. Einer Biegung des Flusses folgend, sahen wir linksseitig den ersten Elch dicht am Busch im Schilf stehen. Erst, als wir auf etwa 40 Meter herangekommen waren, kam Bewegung in ihn. Nun erkannten wir die enorme Größe und Stärke seiner Schaufeln. Ich faßte ihn noch mit meinem Glas, bevor er im dichten Unterholz verschwand. Wir betrachteten seine Trittsiegel und waren überzeugt, daß wir den Riesen gesehen hatten, dessen Fährte wir kurz vorher bestaunt hatten. Wir beschlossen, uns hier am ersten Jagdtag anzusetzen. Darum ließen wir uns viel Zeit, das Gelände eingehend zu erkunden. An beiden Flußseiten wählten wir je sechs Stände aus, die uns besonders günstig erschienen. Diese wollten wir je nach Windrichtung besetzen. Darüber vergingen zwei Stunden.

Weiter stromauf fanden wir noch mehrere verschilfte offene Stellen wie diese, nur nicht so weitläufig. Auch dort fanden wir überall Zeichen, daß Elche hier zu äsen pflegten, doch wir sahen kein Stück Wild mehr. Schließlich versperrten kreuz und quer übereinanderliegende Bäume die Weiterfahrt, offenbar Folgen eines gewaltigen Windbruches.

Zufrieden und voller Zuversicht fuhren wir stromabwärts. Als wir die großen Schilffelder erreichten, vereinbarten wir, daß zwei Boote vorausfahren sollten, während das meine eine Stunde zu warten hätte, um dann stromabwärts zu treiben. Das Boot mit Arnold, Bucky und Dennis sollte am Ausgang der Schilffelder verblendet ankern, das Boot mit Werner und Dieter mitten in ihnen. Und so geschah es.

Wie während unserer Fahrt stromauf, so klingelten auch nun ununterbrochen Enten über uns und seitlich an uns vorbei. Wir hatten nach der verabredeten Frist das erste Boot noch nicht erreicht, als wir die erlaubte Anzahl der Enten bereits geschossen hatten. Lebhaftes „Flakfeuer" hörten wir auch voraus. Dann sahen wir eine Kette Kanadagänse vom See her anstreichen und vier Stück fallen, noch bevor wir die Schüsse vernahmen. Besser hätten sie den glücklichen Schützen nicht kommen können!

Wieder beisammen legten wir auf dem Bootssteg unter der Hütte die

Strecke: 32 Enten aller Arten und 4 Kanadagänse! Das mußte gleich gefeiert werden.

Hungrig geworden, bissen wir in unsere Wurstbrote und wärmten uns mit einem Schluck aus der Feldflasche, während wir noch für eine halbe Stunde das herrliche Landschaftsbild von der Hütte aus genossen. Es war windig geworden, und der See zeigte weiße Wellenköpfe. Wir beschlossen, während der Rückfahrt noch auf dem Ghostriver bis Sonnenuntergang zu fischen und fingen Zander bis 12 Pfund und Hechte bis 25 Pfund schwer. Welch ein Tag!

Dennis hatte während des Fischens den Leichtsinn begangen, Arnolds Boot über einem Schilfbett rückwärts laufenzulassen. Das hatte den Propeller gekostet. Unsere Suche nach ihm blieb ohne Erfolg. Das war ein schlimmer Verlust, da Arnold einen Ersatzpropeller zu Hause hatte liegen lassen. Wir schleppten sein Boot zur „village", wo sich Eugène sofort erbot, am nächsten Vormittag zur Autostraße zu fahren, um dann in dem Ort Matheson einen neuen Propeller zu kaufen.

Mia hatte, als sie uns kommen hörte, sofort Wasser mit Bienenwachs aufgesetzt, und zwei Stunden später wanderte die Mehrzahl der sauber gerupften Enten und die vier Kanadagänse in Eugènes großen „Kühlschrank", in sein Eishaus.

Wir luden Familie Tremblay zum Abendessen ein. Bucky hatte Zander in Butter gebraten, wozu er in seiner Eigenschaft als Kellermeister auch eine gute Flasche spendierte. Dafür wuschen Mama und Mia zum Dank das Geschirr. Unser Erleben an diesem sonnigen, leuchtenden Herbsttag klang noch lange in uns nach. Wir berichteten Eugène von dem kapitalen Elch. Er sagte: „Er ist bestimmt nicht der einzige Starke am Lightning. Dort stehen immer schwere Hirsche, ich sagte es euch ja. Nur wundert mich, daß ihr nicht mehr Elchwild gesehen habt. Es mag ein Wetterumschlag kommen!"

Dennis legte einen dreieckigen Stein, der an der breitesten Seite zwei Einschnürungen aufwies, auf den Tisch. „Seht hier", erklärte er, „ich fand die Pfeilspitze an der Ostseite der Hütte am Lightning-River. Sie hat vielleicht schon hundert Jahre dort gelegen. Schon öfters fand ich solche Pfeilspitzen und verkaufte sie an Läden, in denen die Touristen sich Andenken besorgen. Für jede bekomme ich 25 Cents!"

Der Junge gefiel uns gut. Aufgeweckt und voller Jagdpassion war der erst Sechzehnjährige ein ausgezeichneter Begleiter und Führer. Mit seiner alten einläufigen Hahnflinte, Kaliber 12, schoß er erstaunlich sicher. Besonders interessant war für uns, wie sicher er das Alter von Fährten ansprechen konnte. Er versuchte uns zu erklären, woran man es bestimmen kann, und so wurde der Junge unser Lehrmeister.

Artig bedankte er sich an diesem Abend, daß wir ihm erlaubt hatten, auch die Waffe zu führen. „Die meisten Gäste erlauben es mir nicht", beklagte er sich. „Sie wollen alles selbst schießen, wahrscheinlich, weil sie unsichere Schützen sind. Gute Jäger erlauben mir es meistens!" Wir schmunzelten über sein verstecktes Lob. Offenbar war es für ihn eine besondere Freude, Arnolds schönes Boot zu steuern. Für den Fehler, den er gemacht hatte, entschuldigte er sich treuherzig mit dem Vorschlag: „Ihr braucht mich für das Führen nicht zu bezahlen. Kauft von dem Geld den Propeller!"

Mit großer Liebe hing er an seiner kleinen Schwester. Zwar war er oftmals recht rauh zu ihr, doch dies schien Mia gerade recht zu sein. Oft balgten sie sich, und das kräftige Mädchen wußte sich seiner Haut gut zu wehren. Dennis brachte seiner Schwester oft kleine Muscheln mit, die sie geschickt für den Schmuck von Handtaschen, Gürteln und Messerscheiden verwendete. Auch aus Wildleder stellte sie geschmackvolle Artikel her, die sie an Geschäfte verkaufte, die von Touristen aufgesucht wurden. Besonders schöne Stücke besetzte sie auch mit Streifen aus Bisambälgen. Die Einnahmen der Familie Tremblay waren also vielseitig. Zweckmäßig und schlicht gekleidet, sahen beide Kinder stets adrett aus.

Eugène mahnte, zu Bett zu gehen; es war spät geworden, und er wollte mit Arnold vor Sonnenaufgang aufbrechen.

Als wir morgens aus der Hütte traten, um zu baden, empfing uns ein frischer kühler Wind. Da er kräftiger wurde, beschlossen John, Bucky, Dieter, Werner und ich, wieder zum Lightning-River zu fahren, da jetzt der große See unruhig sein würde und auch die Gänse sicherlich die windgeschützten Buchten bevorzugen würden. Dennis mußte für die Mutter Arbeiten verrichten und konnte uns nicht begleiten.

Auch diesmal Eugènes Warnungen beachtend, verluden wir reichlich Benzin, Notproviant für mehrere Tage, Schlafsäcke und was wir sonst noch brauchen könnten in den Booten. Wir zurrten alle leichteren Gegenstände fest, denn jeder von uns hatte bei Wellengang schon Verluste erlitten. In Erwartung einer nassen Fahrt schlüpften wir in wasserfeste Überkleidung und bedeckten alles, was trocken bleiben sollte, mit Segeltuch.

Werners Fahrzeug war ein fast 6 Meter langes, schweres Holzboot, das mit einem 25pferdigen Außenbordmotor ausgerüstet war. Das Rudersteuer wurde vom Frontsitz aus bedient. Die Boottiefe betrug 75 Zentimeter und die Motorschubleistung bei zwei Mann Besatzung 28 Stundenkilometer. Mein Fahrzeug war ein speziell für Jagd und Fischwaid gebautes Aluminiumboot mit doppelten Wandungen. Eingebaute Schwimmerkästen machten es unsinkbar. Seine Tiefe betrug 80 Zentimeter, und ich verwendete einen 10pferdigen Außenbordmotor mit direkter Handsteuerung vom Hintersitz. Mit zwei Mann Besatzung konnte ich 16 Kilometer pro Stunde erreichen. Arnolds Boot war ebenfalls aus Aluminium und 5 Meter lang, ähnlich dem meinen gebaut, jedoch mit einem 25pferdigen Außenbordmotor ausgerüstet, dessen Ruder vom Frontsitz bedient wurde. Dieses Boot erreichte eine Geschwindigkeit von 35 Kilometern pro Stunde. Ich erwähne diese Daten, um den späteren Ablauf eines dramatischen Geschehens besser verständlich werden zu lassen.

Arnolds Boot war das einzige, das mit Positionslichtern ausgerüstet war, durch eine 12-Volt-Batterie gespeist. Auch ich führte eine solche Batterie, die ich aber nur für eine engstrahlige Suchlampe, die auch als Scheinwerfer verwendet werden konnte, benutzte. Als Positionslampen führte ich zwei starke Taschenlampen mit. Werners Batterie war tot. Da eine Aufladung nicht möglich war, mußte er sich mit der Taschenlampe behelfen. Welche gefährlichen Nachteile solch mangelhafte Ausrüstung haben kann, sollten wir später erfahren.

Endlich waren wir zum Aufbruch bereit. In flotter Fahrt erreichten wir die Flußmündung in den Lake Abitibi. Wie bei der ersten Fahrt zum Lightning-River holten wir in großem Bogen nach Norden aus. Der See war rauh, jedoch fanden wir den Wellengang nicht beunruhigend. Bei aufmerksamer Beobachtung hätten wir aber erkennen müssen, daß Sturm aufkommen würde. Tausende von Enten und auch Gänse verließen den See und strebten dem Festland zu, eine eindeutige Sturmwarnung. Doch wir waren von dem ungewohnten Anblick so gefesselt und beeindruckt, daß wir die Anzeichen nicht richtig deuteten. Hätten wir Dennis mit uns gehabt, er würde uns sicher gewarnt und zur Umkehr veranlaßt haben.

Erst, als wir die Hälfte des Weges hinter uns hatten, erkannten wir die aufkommende Gefahr. Von Minute zu Minute wurde das große Wasser unruhiger, und es zeigten sich die ersten breiten weißen Schaumköpfe. Da der Wind aus NW blies, beschlossen wir, mit den Wellen zu reiten und die Fahrt zum Lightning-River fortzusetzen. Notfalls würden wir in der Hütte Schutz suchen und das Ende des Sturmes dort abwarten können. Vorbereitet hatten wir uns für solchen Fall ja. Darum waren wir guten Mutes, aber wie schnell sollte sich dies ändern!

Wir hatten bereits die früher erwähnte lange Felsenbank erreicht, nach deren Ausmaßen ich Dennis leider nicht gefragt hatte, und umfuhren sie diesmal in einem großen Bogen nach Süden. Damit machten wir einen Fehler! Die ersten Sturmböen peitschten das Wasser auf, der See wurde wild und weiß. Ich sah Buckys Schwimmweste über Bord gehen und so schnell abtreiben, daß sie bald unseren Blicken entschwand. Sie war ihm aus der Hand gerutscht, als er sie anlegen wollte. Dieser Verlust erfüllte mich mit großer Sorge.

Die höher werdenden Wellen zwangen uns, die Geschwindigkeit noch weiter herunterzusetzen. Die Sicht verschlechterte sich, so daß wir nicht mehr ausmachen konnten, welche Bucht wir ansteuern mußten, um den Lightning-River zu erreichen. Hätten wir die Felsbank, wie bei unserer ersten Fahrt, nach Norden umfahren, dann hätten wir auch wahrscheinlich die hochliegende Hütte bereits sehen können. So mußten John und ich uns entschließen, nach Nordosten abzudrehen, um die Hütte zu suchen. Wir verständigten die Freunde von diesem Vorhaben und verließen sie.

Nach kurzer Zeit erblickten wir zu unserer Erleichterung die Hütte und drehten sofort zurück nach SW, um die Freunde zu holen. Aber wir sahen ihr Boot nicht mehr. Erschrocken und beunruhigt blickten John und ich uns an. Dann hörten wir drei Schüsse, das vereinbarte Notzeichen. Mit voller Motorkraft fuhren wir in südwestlicher Richtung weiter. Unser Boot hatte sehr schwer gegen den Wellengang zu kämpfen. Endlich, nach langen bangen Minuten fanden wir Werners Boot wieder. Es trieb breitseitig auf eine größere, dem Südufer vorgelagerte Felsengruppe zu. Offenbar hatte der Motor versagt.

Als wir es erreichten, warf Werner mir ein Schlepptau zu. Jedoch war ich außerstande, das bereits zu einem Drittel vollgelaufene schwere Holzboot an den Felsen vorbei in den dahinter liegenden Windschatten zu ziehen. John packte mit zu, und wir versuchten es gemeinsam, doch unsere Kräfte reichten nicht aus. Damit wurde die Situation kritisch.

So schnell sie es konnten, drehten die Freunde ihr Boot so, daß es mit dem Bug auf einen großen Felsen aufsetzte. Die nächste Welle hob es weiter hinauf, und im selben Augenblick sprangen die Freunde hinaus.

Erleichtert atmeten John und ich auf, sie zunächst in Sicherheit wissend. Die drei hielten das Boot fest, bis wir ihnen zu Hilfe kamen.

Was war geschehen? In ein Wellental hinunter schießend, hatte Werners Boot einen Unterwasserfelsen berührt, der ein Leck in die Seitenwand geschlagen hatte. Auch war eine Feder am Motor gebrochen, so daß er aussetzte.

Glücklicherweise fanden wir auf den Felsen verstreute Treibhölzer, ja, ganze Stämme, und schlugen Äste und Unebenheiten mit der Axt ab, um sie als Rollen zu verwenden. Der Sturm hatte an Stärke zugenommen, und die sich überschlagenden Wellen hatten das Boot über die Hälfte mit Wasser gefüllt. Alle Anstrengungen, es zu bewegen, blieben trotz der untergelegten Rollen erfolglos. Darum holte ich die Pumpe aus meinem Boot, aber obwohl es gelang, das meiste Wasser auszupumpen, lag das Boot weiter wie festgeschraubt.

Werner seilte sich nun an, um die Ursache zu erforschen. Bis zur Brust stieg er hinter dem Heck ins Wasser und wurde oft von den anlaufenden Wellen überspült. Mehrere Male verlor er das Gleichgewicht und verschwand für einige Sekunden ganz in der Flut. Schließlich erkannte er, warum das Boot nicht zu bewegen war. Die Schraube des Motors hatte sich in einer Felsenspalte eingeklemmt. Unter großen Schwierigkeiten, mehr unter als über Wasser, gelang es Werner und Dieter schließlich gemeinsam, den Motor abzumontieren und auf den Felsen in Sicherheit zu bringen. Ohne großen Kraftaufwand konnten wir nun das Boot auf den Rollen herauf auf den Felsen ziehen und atmeten erleichtert auf.

Es wurde beständig kälter, ich machte mir große Sorge um die völlig durchnäßten Freunde. Bucky reichte ihnen wortlos die Rumflasche. Während Werner den Motor reinigte und die gebrochene Feder auswechselte, flickten die anderen das etwa fünf Zentimeter große Leck im Boot.

Es mochten etwa zwei Stunden verstrichen sein, als wir das Boot auf den neu verlegten Rollen wieder zu Wasser bringen konnten. Ohne Zwischenfall erreichten wir den Bootssteg unter der Hütte am Lightning-River. Bucky heizte den großen Ofen ein, und John und ich machten Feuerholz. Werner und Dieter taten das Richtige, nämlich einige Minuten zu schwimmen. Es brachte ihr zu sehr abgekühltes Blut wieder in Bewegung, und schnell veränderte sich die bläuliche Hautfarbe ihrer Körper in leichtes Rot. Weiter diente ein tüchtiger Schluck Rum als beste Medizin gegen eine Erkältung oder Lungenentzündung.

Wir hatten beschlossen, das Ende des Sturmes in der Hütte abzuwarten. Jedoch flaute er gegen Abend ab, so daß wir uns zur Rückfahrt entschieden. Der Himmel war fast wolkenlos. Zwar etwas milchig, doch klar ging die Sonne unter, und im Süden stand die Silberscheibe des Mondes, der uns genug Licht geben würde. Ausgeruht, trocken und gestärkt verließen wir etwa eine halbe Stunde nach Sonnenuntergang die Mündung des Lightning-Rivers.

Wir hatten etwa drei Meilen hinter uns gebracht, als wir vor uns ein Brausen vernahmen, das stärker und stärker wurde. Im Nordwesten zog eine dunkle Wolkenwand schnell herauf. Dann packte uns der plötzlich heranbrausende Orkan mit solcher Gewalt, daß es uns den Atem verschlug.

Nach wenigen Minuten tobte der See wild und seine aufgewühlten Wellen kamen gleich hohen Wänden auf uns zu. Es wurde dunkle Nacht, die Mondscheibe verschwand hinter den heranjagenden schwarzen Wolken. Ein eiskalter Wind schlug uns in die Gesichter. Ohne unsere Kreiselkompasse wäre eine Orientierung nicht mehr möglich gewesen. Immer höher stiegen die Wellen und ließen die Boote in die Tiefe der Wassertäler fallen und wieder steil die Wellenberge ersteigen. Mehrere Male berührte der Kiel meines Bootes den Seeboden.

John saß vor mir auf dem Mittelsitz und mußte sich beiderseits an den Bordwänden festhalten, um nicht über Bord geschleudert zu werden. Fortgesetzt gingen die Brecher über uns hinweg. Mein Bootspartner hatte eine helleuchtende Taschenlampe am Karabinerhaken der Schwimmweste befestigt, so daß sie unser Boot gut beleuchtete. Den starken elektrischen Scheinwerfer wollte ich nicht verwenden, um die Kameraden im anderen Boot nicht zu blenden. Werners Boot, mit einer schwachen Taschenlampe nur mangelhaft beleuchtet, fuhr wenige Meter neben uns.

Anstatt die hohen Wellenberge zu nehmen, wie es mein Boot tat, tauchte Werners Boot oft auf halber Höhe in die Wellen hinein. John und ich beobachteten es in größter Sorge. Dieter saß auf dem Vordersitz und belastete das Boot damit vorne offensichtlich zu schwer. Im Heulen des Orkans hörte er unsere Rufe nicht. Noch dichter an ihn heranzufahren, hätte aber beide Boote gefährdet. Schließlich versuchte ich mich durch Blinkzeichen des Scheinwerfers verständlich zu machen, doch Dieter begriff nicht, was ich meinte. Wir sahen Bucky beständig Wasser ausschöpfen. Da Werner seinen Motor achtern mit Handsteuerung bediente, wußten John und ich, daß mit der Frontsteuerung etwas nicht in Ordnung war. Darum hielten wir uns weiter so dicht wie nur möglich neben den Freunden.

In großer Unruhe dachte ich an die Menge der Unterwasserfelsen und gab Werner Winkzeichen, weiter nach Norden auszuweichen. Er verstand mich und änderte sofort den Kurs. Dieser Kurswechsel bewahrte uns wahrscheinlich vor einer Katastrophe, denn plötzlich erkannten wir dicht neben den Booten die große Felsbank, die ich bereits erwähnte. Mein Boot berührte sie leicht, doch ich konnte noch gerade ausweichen. Werner folgte, instinktiv die Gefahr erkennend.

Bei diesem Richtungswechsel sahen John und ich mehrere hohe Brecher über sein Boot hinweggehen und es zu einem Drittel mit Wasser vollschlagen. Dann setzte Werners Motor aus, und sein Boot trieb mehrere Minuten breitseits zu den Wellen. Der Klemmverschluß des Schlauchstutzens hatte sich gelöst. Um eine Katastrophe zu verhindern, mußte ich längsseits gehen und das Boot in den Wind drehen. Gott sei Dank gelang es – aber bange Minuten verstrichen, bis die Ursache der Störung erkannt war und der Motor endlich wieder ansprang.

Bewundernswert war die Gelassenheit der Kameraden in dieser kritischen Situation, in der wir dann auch die Möglichkeit hatten, Dieter zum Platzwechsel zu veranlassen. Dieter bediente nun beständig die Pumpe, während Bucky Wasser ausschöpfte. Das Brausen und Heulen des Orkans war so laut, daß eine mündliche Verständigung selbst zwischen John und mir nicht mehr möglich war.

In einem weiten Bogen umfuhren wir die Felsbank. Wieder auf Westkurs wurde Werners Boot langsamer. Nur schwerfällig hob es sich und tauchte immer wieder in die Wellenberge ein. Darum entschloß ich mich, die nächste Insel anzulaufen, die etwa eine Meile westlich liegen mußte. Ob es mir gelingen würde, sie zu finden, war allerdings fraglich.

Werners Boot wurde von Minute zu Minute schwerfälliger in seinen Bewegungen. Lange würde es nicht mehr zu halten sein. John streifte seine Schwimmweste ab und winkte mir zu, noch dichter an Werners Boot heranzufahren. Bucky verstand und ergriff die Weste. Mit seinem Hosenriemen befestigte John die Taschenlampe vor der Brust. In diesem Moment setzte Werners Motor abermals aus. Der Benzintank war leer geworden, und Werner schloß den Ersatztank an. Erleichtert atmeten John und ich auf, als der Motor sofort wieder ansprang.

Dann berührte mich John, sich weit zurückbiegend, und deutete nach Nordwesten. Wir sahen zwei Lichter im Rhythmus des Wellenganges erscheinen und wieder verschwinden und vermuteten, daß es Arnolds Boot sei, das zwei Positionslichter hatte. Diese Vermutung bestätigte sich bald. Arnold kam in hoher Geschwindigkeit auf uns zu. Als er uns erreicht hatte, war es nicht eine Minute zu früh: Werners Boot war im Begriff zu sinken!

Als der Lichtkegel meines starken Scheinwerfers Arnolds Boot erfaßte, sahen wir als zweiten Mann im Boot den jungen Indianer Dennis. Von beiden Seiten gingen wir längsseits des sinkenden Bootes. John packte mit festem Griff zu und half Bucky beim Sprung in unser Boot. Dennis half Dieter in Arnolds Boot. Als anschließend Werner springen wollte, hatte sich der Abstand zwischen beiden Booten vergrößert, Dennis verlor das Gleichgewicht und ging über Bord. Arnold und ich hielten den schnell Abtreibenden im Lichtkegel unserer Scheinwerfer und folgten ihm. Bald hatte Arnold den jungen Indianer gepackt und konnte ihn wieder in das Boot ziehen. Seine Schwimmweste hatte ihn sicher getragen. Jetzt half ich Werner beim Sprung, während sein Boot unter ihm wegsackte. Völlig erschöpft lag er vor meinen Füßen.

Der Sturm heulte so wild, daß jedes Wort, jeder Ruf in ihm unterging. Wir fuhren nun nach Südwesten, um die Mündung des Ghostrivers zu erreichen. Endlich erkannten wir die vorgelagerte, lange Halbinsel und kamen bald darauf in ihren Windschatten. Damit waren wir außer Gefahr. Hier sah ich auf meine Uhr. Seit unserer Abfahrt vom Lightning-River waren $4^{1}/_{2}$ Stunden vergangen. Für uns alle waren es die anstrengendsten und gefährlichsten Stunden in unserem Jäger- und Fischerleben gewesen!

Nach einer weiteren Stunde saßen sechs Deutsch-Kanadier und ein junger Cree-Indianer vor dem wärmenden „oldtimer". Gesprochen wurde nicht viel. Jeder hing seinen eigenen Gedanken nach und erlebte nochmals die Fahrt im Orkan, die von allen einen Einsatz bis zur letzten Kraft verlangt hatte.

Bescheiden saß Dennis zwischen uns. Unsere Blicke begegneten sich, und mir schien, daß seine rotbraune Haut etwas dunkler wurde. Mit festem Griff schüttelte ich seine Rechte und dankte ihm für sein mutiges Handeln und seinen männlichen Einsatz, die drei meiner Freunde vielleicht vor dem nassen Tod bewahrt hatten. Als Arnold und sein Vater von Matheson zurückgekehrt waren, hatte Dennis schon alles für eine sofortige Abfahrt in den Sturm vorbereitet. Er hatte gewußt, daß wir in großer Gefahr waren! Die Kameraden folgten meinem Beispiel, und der junge Indianer fühlte sich nun voll Stolz in unserem Freundeskreis aufgenommen. Auch Arnold hatte sich unseren Dank verdient, denn was er mit der hohen Geschwindigkeit riskiert hatte, die ihn uns so schnell wie nur möglich erreichen ließ, weiß nur der zu beurteilen, der die Gefahren auf kanadischen Seen bei Sturm erlebt hat.

Als wir am nächsten Morgen nach ausgedehntem Schlaf vor die Hütte traten, wehte ein schwacher Wind aus Nordwesten. Eugène und Dennis warteten bereits auf uns, um das gesunkene Boot zu suchen. Der Alte beruhigte uns: „Ich bin sicher, daß wir das Boot finden werden, wenn ihr mir ungefähr den Punkt zeigen könnt, wo es gesunken ist. Der starke Wellengang wird es dem Südufer des Sees zugetrieben haben. Macht, daß ihr fertig werdet und wir abfahren können!"

Bald waren wir auf dem See und zeigten Eugène die Stelle, wo etwa wir das Boot verloren hatten. Zielsicher fuhr er nach Südosten, bis wir das Seeufer erreicht hatten. Er forderte uns auf, in westlicher Richtung an ihm entlangzufahren, während er nach Osten fahren wollte. Schon nach kurzer Zeit hörten wir einen Büchsenschuß und sahen Eugène uns zu sich winkend. Werners Boot lag zwischen zwei treibenden Bäumen eingekeilt nahe dem Ufersand. Nur die zwei Benzintanks fehlten, sonst war nichts verlorengegangen, da alles festgezurrt worden war. Das notdürftig geflickte Leck war wieder aufgebrochen, und dies hatte zum Sinken des Bootes geführt. Mit Baumharz, zwei Holzplatten und einer Klemmschraube besserte Eugène das Leck diesmal schnell und gut aus, und wir lernten dabei, wie man sich auf solche einfache Weise helfen konnte.

Schon zwei Stunden später lief die Flottille in Eugènes Hafen ein.

FÜNFTES KAPITEL

ERFÜLLTE TRÄUME

Werners Boot und Motor wurden sorgfältig überholt, wobei Eugène erstaunliche Kentnisse und Erfahrungen bewies. Unter seiner Anleitung waren beide nach zwei Tagen wieder seetüchtig. Uns taten die Ruhetage gut. Immer wieder kreisten unsere Gespräche um den kapitalen Elchhirsch, den wir in der großen Lichtung am Lightning-River ausgemacht hatten. Eugène zeigte uns auf einer Karte, wo wir ihn möglicherweise auch suchen müßten.

Am Vortage der beginnenden Jagdzeit auf Elchwild trafen zwei andere Jagdgäste in Eugènes „village" ein. Einer der Männer stellte sich uns als George McKinnon vor. Überrascht sah er mich an, als ich sagte: „Kennen wir uns nicht? Du wohnst doch in New York!"

Erstaunt antwortete er: „Entschuldige bitte, doch ich kann mich nicht entsinnen, daß wir uns kennenlernten!"

„Hast du nicht am 2. Oktober 1965 am Lightning-River einen guten Elch erlegt?"

„Ja", antwortete er. „Er war mein bester, und darum komme ich fast in jedem Jahr wieder in diese Gegend!"

Das schallende Gelächter meiner Freunde ließ ihn verwirrt von einem zum anderen blicken. Dann klärte unser Rheinländer ihn auf: „George, wenn du uns versprichst, daß ihr uns am Lightning-River nicht stören werdet, verraten wir dir auch, wo wir uns kennenlernten!"

George tat es, und Arnold fuhr fort: „Wir haben deine Notiz an der Hüttenwand am Lightning-River gelesen."

George stimmte in unsere Fröhlichkeit ein und schilderte uns anschließend begeistert den Ablauf jener Jagd. Der ihn begleitende Freund hieß Steve O'Brien. Nicht nur sein Name, auch der feuerrote Haarschopf verriet die irische Herkunft. Begeistert sprachen beide von der Bootfahrt auf dem Ghostriver und der wilden Schönheit der Gegend. Die neuen Gäste hatten die Absicht, den See Abitibi zu überqueren, um am Lowbush-River ihr Glück zu versuchen. Zu diesem Zweck hatten sie Zelt und alles, was eine mehrtägige Jagdexpedition verlangte, mitgebracht. Im Vorjahre hatten sie am Lowbush-River einen kapitalen Elchhirsch bestätigt.

George war, wie auch ich, Versicherungsfachmann. Als passionierter Nimrod hatte er viel im Ausland gejagt, doch seine große Liebe blieb der kanadische Norden. Durch seine schlichte und natürliche Wesensart gewann er schnell unsere Sympathie. Die Freundschaft zwischen ihm und mir wurde auch nicht gestört, als wir feststellten, daß wir uns im zweiten Weltkrieg im gleichen Kampfabschnitt gegenübergestanden hatten. Mit Respekt und großer Achtung sprach er von den deutschen Soldaten jener Zeit.

Endlich kam der Tag, an dem die Jagdzeit auf Elchwild aufging, der erste Oktober. Schon bei Sonnenaufgang hatten wir die Hütte am Lightning-River erreicht. Hier sprachen wir abermals unsere Pläne und unser Verhalten unter bestimmten Umständen bis in alle Einzelheiten durch. Dabei ergaben sich viele Fragen, deren Klärung gewiß nicht nur für unseren Kreis von Interesse war.

Dieter wollte wissen, ob Elche Sumpfbewohner sind.

„Sie sind es nicht. Zwei Gründe lassen Elche dicht am Wasser leben. Im Frühjahr suchen sie hier Schutz vor den blutgierigen Schwarzfliegen, die den Busch in Schwaden durchziehen und jede Kreatur bis zur Erschöpfung plagen. Im Sommer bis in den Herbst hinein tun dies die Moskitos. Um beiden Peinigern auszuweichen, nehmen die Elche das Wasser an. Der zweite Grund ist die Vorliebe für die Wasserflora sowie für Weiden, Erlen und Birken, die am Rande der Seen, Flüsse, Wildbäche und Sümpfe wachsen.

Ebenso liebt Elchwild Einstände in höher gelegenen Birkenbeständen oder zwischen anderem Weichholz, also dort, wo Aufwinde vor Plagegeistern schützen. In bergigem Gelände wird man den Elch eher auf den Hängen als in den Niederungen finden. Jedoch zieht er stets solchen Einstand vor, der nicht weitab von Wasser liegt. Wenn ich von ‚Einstand' spreche, so will ich damit betonen, daß Elche ‚Standwild' sind. Ausgenommen in der Brunftzeit halten sie ihre Einstände innerhalb weniger Quadratkilometer. Findet ein Jäger den Elch, den er ausmachte, nicht am oder im Wasser, dann steht er nicht sehr weitab im Hang oder Buschwerk. Wurde er vergrämt, dann wird er doch meistens in seinen Einstand zurückkehren. Lebenswichtig für die Elche ist die Rinde der Balsamtanne, die ihn vor allem mit über den Winter bringt. Überall wird man geschälte Balsamtannen finden, wo Elche einstehen."

Ob Elchwild durch Motorengeräusche der Außenbordmotore vergrämt wird, wollte Arnold wissen.

Ohne Bedenken beantwortete ich diese Frage mit Nein. Langjährige Beobachtungen hatten mir bewiesen, daß Elchwild durch solche Geräusche nicht gestört wird, soweit der Motor in einem ruhigen und gleichmäßigen Takt gehalten wird. Nur bei sehr lautem und ungleichmäßigem Motorenlärm oder zu hoher Bugwelle werden Elche flüchtig. Man kann mit einem mit Motorkraft angetriebenen Boot genauso dicht an Elche herankommen wie mit einem Kanu. Niemals hatte ich Beunruhigung beobachten können, wie mir auch andere Jäger bestätigten. Ein Kanu ist nur darum vorteilhafter, weil es sich leichter transportieren läßt und mit ihm Stromschnellen und sonstige Hindernisse leichter überwunden werden können. Schließlich ist ein Kanu dort zu bevorzugen, wo das Wasser zu flach ist, um mit einem Motorboot einzudringen. Das ideale Boot für die Jagd auf Elch ist ohne Zweifel ein Frachtkanu, das mit leichtem Außenbordmotor ausgerüstet ist.

In der Provinz Ontario mit ihren hunderttausend Seen ist eine Elchjagd im Boot erfolgversprechender und vor allem weniger anstrengend als die Pürsch im Busch. Nur der Kenner der Verhältnisse und jagdlich Erfahrene wird auch auf der Pürsch zum Erfolg kommen. Die Dichte und Wildheit des Urwaldes machen ein geräuschloses Eindringen oftmals unmöglich. Solche Störung vergrämt das Wild sofort, es wird sich leise davondrücken. Wer einen Einstand im Busch ausmachte, wird besser zum Erfolg kommen, wenn er sich still verhält und beim Ansitzen aufmerksam beobachtet. Es gehört ein gutes und geübtes Auge dazu, selbst auf kurze Entfernung ein Stück Elchwild im Busch zu erkennen.

Eine gute Zeit für die Pürsch beginnt, wenn die Landschaft weiß wird. Das Ausgehen der Fährte wird zum Erfolg führen, wenn es leise geschieht und die sich ständig verändernden Windverhältnisse keinen Strich durch die Rechnung machen.

Ich bevorzuge den Ansitz dort, wo ich mit einiger Wahrscheinlichkeit Elche erwarten kann. Hier muß der einzelne Jäger lernen und seinem Instinkt folgen. Der beste Lehrmeister kann hier nicht helfen, zumal in jedem Revier und Gelände die Verhältnisse anders liegen und dementsprechend eine andere Taktik angewendet werden muß. Der erfolgreichste Jäger aus dem kanadischen Westen wird in den Ostprovinzen ohne Erfolg bleiben, bis er sich in die völlig unterschiedlichen Verhältnisse ‚eingewöhnt' hat. Ebenso ist es umgekehrt. Solche Erfahrungen zu sammeln, verlangt jahrelange Übung. Darum soll der im Jagdraum Unerfahrene sich einen guten Jagdführer nehmen und dessen Anweisungen befolgen. Sonst bleiben alle Hoffnungen unerfüllt."

Eine weitere interessante Frage war die von Dieter: ob im Revier eines starken Schauflers auch ein schwächerer steht.

„Nach meinen Erfahrungen in den Provinzen Ontario, Quebec und Manitoba steht häufig ein Beihirsch unweit eines starken Schauflers, nicht aber grundsätzlich. Ich habe bis zu vier männliche Elche im gleichen Geländeabschnitt gezählt, vor allem während der Brunftzeit. Auch das Fährtenbild bestätigte mir oft den Einstand von mehreren Hirschen im gleichen Raum."

Dieter wollte logischerweise wissen, wieviele Tiere gewöhnlich bei dem Hirsch stehen.

„Es mag im Westen dieses großen Landes anders sein. In den von mir bejagten Räumen in Mittel- und Ostkanada habe ich gewöhnlich nur ein Tier neben dem Hirsch beobachten können. Bei einem zweiten vorhandenen Stück handelt es sich gewöhnlich um ein starkes Kalb. Jedoch machte ich mit Sicherheit einmal zwei Alttiere aus. Ausnahmen kommen also vor." –

Langsam und leise fuhren wir in drei Booten den Lightning-River stromauf nach Süden und erreichten die vorgesehenen Stände kurz vor der Dämmerung. Dennis hatte ich bei mir. Seine nachtscharfen Augen vermochten zu sehen, was ich nur durch das Glas erkennen konnte. Jeder Stand war gut ausgewählt und hatte günstiges Schußfeld. Sorgfältig hatten wir uns die Lage und Entfernungen der einzelnen Stände eingeprägt, so daß eine gegenseitige Gefährdung durch Anschießen kaum möglich war. Es war vereinbart worden, erst bei schwindendem Büchsenlicht am folgenden Abend abzubrechen. Da jeder von uns auf eine gute Trophäe Wert legte, jeder auch hoffte, daß ihm der Starke kommen würde, sollten schwache Hirsche selbstverständlich geschont bleiben. Aus meinen Erfahrungen wußte ich, daß die frühen Morgenstunden, die Mittagszeit und die Abenddämmerung die besten Chancen gaben.

Als der sonnige Herbsttag im Westen verlosch, erstrahlte das Universum im Lichterglanz der Billionen Sterne. Gegen zwei Uhr morgens schossen farbige Lichtbündel hoch hinauf zum Firmament, und bald webte das Nordlicht über uns stärker und stärker, so daß die Sternenwelt verblaßte. Geheimnisvoll, wie es kam, verwehte es nach einer Stunde, und wieder leuchteten die Sterne über dem dunklen Urwald.

Plätschern im Wasser ließ uns manchmal atemlos lauschen. Alle unsere Sinne blieben angespannt, bis sich ostwärts der neue Tag anmeldete. Dann wurden unsere Augenlider schwer wie Blei, und wir mußten gegen die Müdigkeit ankämpfen, die uns überfiel.

Meine Blicke schweiften über die große Lichtung. Zwischen dem teils höheren, teils kürzeren Schilf waren Weidengruppen eingestreut. Zeichen, daß hier Elchwild ständig zu äsen pflegte, waren überall zu sehen. Diese Lichtung war wahrlich ein idealer Platz für den Ansitz. Leichter Rauhreif hing auf Büschen und Gräsern, und die Menge der Birken und Erlen entlang des Flusses leuchtete im üppigsten Herbstschmuck, als die ersten Sonnenstrahlen einfielen.

Das Wetter schien ideal zu werden, kein Lüftchen ließ sich spüren. Im Busch wurde es laut. Haselhühner tuckten ihren Morgengruß, Spechte hämmerten, Enten fielen vor uns ein und gründelten nahebei. Ein Schneehase hoppelte vertraut fast über Dennis Schuhe. Mehr erstaunt als erschrocken, setzte er sich auf die Hinterhand, als Dennis einen leisen Pfiff hören ließ. Ohne Eile hoppelte er weiter. Die ersten lichten Flecken auf seinem Balg ließen erkennen, daß der Winter nicht mehr fern war. In nur wenigen Wochen würde er sein braunes Gewand gegen einen eleganten weißen Winterpelz ausgetauscht haben. Aus der Bläue des Himmels hallte der Schrei eines Fischadlers herab. Während er kreiste, fing sich das Gold der Sonne in seinem Gefieder. Dann stürzte er wie ein Stein herab, und wir sahen ihn später mit einem schweren Fisch abstreichen. Ein Graureiher stelzte bedachtsam durch das Schilf. Ein leiser Windzug im Genick erregte bei uns Bedenken, doch es blieb bei einer kurzen Morgenbrise.

Mit den Minuten eilten auch die Stunden dahin. In der ersten Nachmittagsstunde richtete sich der junge Indianer ruckhaft auf und lauschte in den hinter uns liegenden Urwald hinein. Auch ich hatte ein Geräusch gehört, das sich langsam zu nähern schien. Deutlich hörten wir nun das Anstreichen von Schaufeln und Brechen im Busch. Mein Blick fiel auf Dennis' Halsschlagader, ich sah, wie sein Pulsschlag raste, und auch mir wurde es wärmer unter der Jacke!

Da trat, nicht weit entfernt, ein Elchhirsch aus dem Busch und verhoffte. Als er aufwarf, befürchtete ich, daß er Wittrung bekommen hätte, doch er blieb minutenlang völlig bewegungslos am Platz. Nur die Lauscher wechselten fortgesetzt die Richtung. Geruhsam konnten wir ihn etwa zehn Minuten lang betrachten. Es war ein angehender Hirsch.

Schließlich setzte er sich in Bewegung, zog bis auf etwa 50 Meter an uns heran und stieg dann ins Wasser. Hier zupfte er an den Weiden, äste die Spitzen der Schilfhalme oder faßte mit der langen Oberlippe unter Wasser, um ein Bündel wilden Reis zu ergreifen. Über eine Stunde lang konnten wir dem stolzen Geschöpf zusehen, bis es unseren Blicken entschwand.

Unser Ansitzen hatte sich allein durch diesen Anblick auf so kurze Entfernung reichlich gelohnt. Wie wenigen wird er beschert! Auch in Dennis' Augen leuchtete es warm, er hatte nicht anders empfunden als ich.

Am Spätnachmittag hörten wir nördlich von uns wieder ein Geräusch im Sumpf. Offenbar äste hier ein Elch, doch wir konnten die Stelle nicht einsehen. Es mochte derselbe Hirsch sein, den wir so lange beobachtet hatten. Dann wurde es still, und so blieb es bis zum Einbruch der Dämmerung. Als sich Kimme und Korn nicht mehr erkennen ließen, brachen wir ab. Leise fuhren wir stromabwärts. Ein im Flußbett stehendes Elchtier nahm uns erst wahr, als wir uns auf etwa 20 Meter genähert hatten. In wilder Flucht rauschte es dem Ufer zu und in den Busch hinein. Es bestätigte mir wieder einmal, wie schlecht das Sehvermögen des Elches ist.

Wieder beisammen in der Hütte, lauschten wir den Erzählungen jedes einzelnen. Mit Ausnahme von Werner hatten alle Elchwild gesehen, aber keiner einen starken Hirsch. Wir beschlossen, am nächsten Tage unseren Ansitz anders zu verteilen, indem wir beide Seiten des Sumpfes besetzten. Zwar erhöhten wir die Gefahr, uns gegenseitig anzuflicken, doch wir besprachen sorgfältig die erlaubten Schußwinkel, und so konnte bei genügender Vorsicht nichts passieren.

Die Nacht schien kalt zu werden. Wieder flimmerten am klaren Nachthimmel die Sterne. Noch eine Stunde vor den großen Fenstern der Hütte sitzend, genossen wir das nächtlich stille Bild. Mit Ausnahme von Dieter, hatte jeder von uns schon einen Elch erlegt. John und Bucky hatten die längsten Erfahrungen. Letzterer hatte seit seiner Auswanderung nach Kanada fast in jedem Herbst einen Schaufler gestreckt. Wieder führten die Fragen der jüngeren Freunde zu lebhaftem Meinungsaustausch. So stellte Werner die Frage, ob man nach dem Klang und Geräusch der anschlagenden Schaufeln ihre Stärke ansprechen kann.

John wie auch Bucky bestätigten meine Erfahrungen, daß aus der Stärke des „Gongens" keinerlei Rückschlüsse gezogen werden können. Oftmals konnte ich feststellen, daß junge Schaufler geräuschvoller und achtloser durch den Busch zogen als alte, vorsichtige Kämpen. Einst hatte ich im späten Herbst einen sehr guten Hirsch im provinzialen Park Timagami beobachtet. Dieser strich nicht ein einziges Mal mit den großen Schaufeln an, obwohl der Baumbestand sehr dicht war.

John hatte ähnliche Beobachtungen angestellt und erzählte: „Es liegt viele Jahre zurück, als ich im Norden der Provinz Saskatchewan an einem kleinen See auf einen starken Schaufler ansaß, den ich zweimal dort gesehen hatte, ohne aber einen sauberen Schuß anbringen zu können. Gegen Mittag jenes Herbsttages glaubte ich, hinter mir ein Geräusch gehört zu haben, und drehte mich sehr langsam um. Der Elch stand nicht weiter als 25 Schritte hinter mir und beobachtete mich! Ich schoß ihn. Als ich Größe und Auslage der Schaufeln betrachtete, erschien es mir rätselhaft, wie dieser Hirsch geräuschlos so dicht an mich hatte herankommen können. Gehört hatte ich nichts!"

„Ein anderes Erlebnis hier zu erzählen", warf ich ein, „wage ich nur, weil ich Zeugen habe, die alles bestätigen können. Vor einigen Jahren jagte ich mit einem guten deutschen Jäger namens Werner Dietz, aus Augsburg stammend, nördlich der Stadt Parry Sound/Ontario auf Haselhühner. Es war ein sehr warmer Tag während der Elchbrunft. Durch die anomale Hitze ermüdet, rasteten wir mitten auf einer ‚bush road' im goldgelben Sand. Rechts der Holzabfuhrschneise lag ein großes Sumpfgelände mit hohem Wildgras bewachsen, linkerhand und um uns herum stand sehr dichter Urwald aus Laub- und Nadelhölzern. Der Unterwuchs schien undurchdringbar. Plötzlich sagte Werner Dietz zu mir: ‚Mache keine hastige Bewegung! Etwa 40 Schritte von uns steht ein starker Schaufler und äugt uns an!'

Als ich aufsah, glaubte ich, meinen Augen nicht trauen zu können. Ein Hirsch mit weit ausgelegten Schaufeln stand mitten auf der Schneise! Dann schlug er unwillig und sichtbar schlechter Laune den Erdboden, für uns ein Zeichen, daß wir uns aus dem Staube machen sollten. Und das taten wir keine Sekunde zu früh, denn der Alte hatte die unfreundliche

Absicht, uns auf seine breiten Schaufeln zu nehmen! Wir hatten nur unsere Schrotflinten bei uns und auch keine Großwildlizenz, deshalb nahmen wir Deckung hinter den ersten Bäumen, worauf der Elch abdrehte, in den Sumpf zog und dort äste. Eine gute halbe Stunde konnten wir ihn bei dieser Beschäftigung beobachten, bis er im dunklen Wald verschwand.

Werner und ich hatten die unterbrochene Rast an gleicher Stelle fortgesetzt, bis der schlechtgelaunte Recke uns zu unserer großen Überraschung abermals auf die Beine brachte, diesmal unsere Flucht erheblich beschleunigend! Er hatte uns umschlagen und kam von der entgegengesetzten Seite. Gehört hatten wir nichts!

Eine Viertelstunde später hörten wir Motorengeräusch. Zu uns kam ein Geländewagen des ‚Departments of Land and Forests' mit zwei Beamten, die sich nach unserem Jagderfolg erkundigten. Nachdem wir ihnen unser Erlebnis erzählt hatten, konnten die beiden Beamten am Fährtenbild im goldgelben Sand der ‚bush road' den Ablauf unserer Erzählung einwandfrei ablesen und bestätigen. Wie der starke Hirsch so geräuschlos durch den dichten Urwald ziehen konnte, in dem Baum neben Baum stand, wird uns immer ein Rätsel bleiben!"

In der kommenden Frühe waren wir um fünf Uhr schon wieder unterwegs, um die Stände in der großen Lichtung zu besetzen. John, Arnold und Dieter verteilten sich auf der Westseite, Bucky, Werner sowie Dennis und ich nahmen unsere Stände an der Ostseite ein. In der vergangenen Nacht hatte sich auf stillem Wasser eine leichte Eisdecke gebildet, und die Luft war bereits empfindlich kühl. Nach einer leichten Brise, wie am Vortage, wurde es wieder völlig windstill. Ein neuer leuchtender Herbsttag brach an.

Noch war die Sonne nicht über die Urwaldkulisse gestiegen, als ein Büchsenschuß die Stille zerriß. Ein zweiter und dritter fielen in sehr schneller Folge. Den Atem verhaltend, lauschten Dennis und ich, doch wir konnten keinerlei Geräusche wahrnehmen. Nach einigen Minuten hallte ein vierter Schuß über die Lichtung. Dann hörten wir Buckys laute Rufe. Wir schoben unser Boot durch das Schilf zum Fluß. Sehen konnten wir Bucky nicht, doch er verständigte uns durch Zurufe, wo er zu finden war. Bis an die Brust stand er im Wasser des Sumpfes, neben einem guten Hirsch mit edlem gleichmäßigem Geweih.

Dieser war unweit von Werner aus dem Wald ausgetreten, hatte Witterung bekommen und war flüchtig geworden. Werner hatte nur die Chance für einen schnell hingeworfenen Schuß. Hinter einer Weidengruppe war der Hirsch wieder für Bucky frei geworden. Die schnelle Schußfolge des alterfahrenen Jägers war hervorragend, denn von dort bis zur nächsten Deckung, der der Elch hochflüchtig zustrebte, waren es nur 30 Meter. Die Schußweite hatte im Durchschnitt 60 Meter betragen. Buckys erster Schuß hatte hochblatt, der zweite zwei Finger breit tiefer gefaßt, der dritte Schuß saß sauber auf dem Träger, nur einer hatte nicht getroffen.

Wir gratulierten, und froh ging es an die Arbeit. Mit Hilfe der langen und starken Bootstaue verlängerten wir die Reichweite des Flaschenzuges, und bald hing der Elch am Querast an einer Kiefer, fertig zum Aufbrechen. Das Wildbret hingen wir nahe der Hütte hoch in die Bäume. Der Himmel bezog sich aus Nordwesten. Es sah nach Schnee aus.

Nach dem Mittagessen in der Hütte wollten John und Arnold ihr Heil in einer verschilften Bucht versuchen, die tief in das Westufer einschnitt. Vom Landesteg aus konnte man sie einsehen. Bucky und Dieter beschlossen, zu der kleinen Lichtung am Lightning-River zu fahren, die weiter südlich hinter der großen lag. Bucky hatte sich angeboten, Dieter zu seinem ersten Elch zu verhelfen. Ich gedachte, mit Werner und Dennis in die weit in das Festland ostwärts einschneidende Bucht zu fahren, die uns Eugene auf der Karte gezeigt hatte. Nach seiner Beschreibung war es zwar fraglich, ob es uns gelingen würde, bis dorthin mit dem Boot vorzudringen, doch wir wollten es versuchen.

Eine Viertelmeile lang kamen wir, dann stießen wir auf dicht verwachsenen Sumpf, das Wasser wurde so flach, daß wir den Motor hochkippen und das Boot mit den Rudern vorwärts staken mußten. Nach etwa 300 Metern stießen wir auf eine Fahrtrinne und offenes Gelände. Sie führte dicht am Nordufer der langen Bucht vorbei. Wir konnten den Motor wieder verwenden. Überall sahen wir Verbiß und Elchfährten, die vom Festland in den Sumpf führten. Je weiter wir in die Bucht eindrangen, desto mehr wurde das Schilf von Weiden verdrängt.

Bald aber mußten wir wieder zu den Rudern greifen und schließlich ein weiteres Vordringen aufgeben, denn der bachartige Wasserarm verlief sich im Sumpf. Ein gutes Schußfeld war hier nicht mehr gegeben, deshalb fuhren wir dorthin zurück, wo der offene Wasserlauf dicht am Festland vorbeifloß. Hier fanden wir einen einigermaßen brauchbaren Stand, der Überblick über den Sumpf erlaubte. Wie stets bei der Auswahl der Stände, losten wir aus. Werner zog das längere Holz und verließ das Boot.

Mit Dennis ruderte ich etwa 200 Meter zurück, um eine vorher entdeckte Anhöhe zu erreichen. Sicherlich hatte man von dort aus auch gute Übersicht über das Sumpfgelände. Jedoch bedurfte es großer Anstrengungen, das Boot durch das Schilf bis zum Festland zu stoßen. Als wir es erreicht hatten, waren Dennis und ich in Schweiß gebadet.

Wie erwartet, fanden wir dort gutes Schußfeld, und ich richtete mich voller Hoffnung ein. Viel Zeit blieb bis zur Abenddämmerung freilich nicht mehr, und die Unruhe in der Bucht mochte das Elchwild vergrämt haben. Enten zogen in Massen und fielen im Sumpf ein, beständig rauschten sie über uns hinweg. Sonst blieb es ringsum still. Als es fast dunkel war, holten wir Werner ab und fuhren leise zur Hütte zurück. Elche hatten wir nicht gesehen, doch wir entschieden uns, dieselben Stände bei erster Morgendämmerung wieder einzunehmen.

Wir kehrten als letzte Gruppe zur Hütte zurück. John und Arnold hatten durch ihre Gläser einen Hirsch ausmachen können. Er hatte aber zu gedeckt gestanden, um ihn genau ansprechen zu können. Darum gedachten sie, am nächsten Morgen dorthin zurückzukehren. Bucky und Dieter hatten nichts gesehen oder gehört und beschlossen, um die der Hütte vorgelagerte Landnase herum und in eine Bucht zu fahren, die wir von der Hütte aus teilweise einsehen konnten. Sie sah vielversprechend aus. Bereits gegen Abend war es kühler geworden. Die Nacht wurde recht kalt, wir mußten den großen Gußeisernen einheizen.

Um vier Uhr morgens weckte uns ein Wolfskonzert. Dicht um die Hütte herum heulten die Timberwölfe und meldeten klagend den Winter an. Es würde bald Schnee kommen! Wir traten vor die Hütte und lauschten der disharmonischen Darbietung, die nach 10 Minuten ausklang. Oft habe ich das Heulen vernommen, es greift immer wieder an die Nerven, obwohl man weiß, daß keine Gefahr droht. Diese Konzerte gehören zur Wildnis Kanadas, und ich hoffe und wünsche, daß noch viele Generationen nach uns ihnen lauschen können. Ein eisiger Wind wehte aus Nordwest und ließ den großen See rauh werden. Das Rauschen der sich am Ufer brechenden Wellen klang bis zu uns hinauf.

Bei erstem Dämmerschein strebte jede Gruppe ihrem Ziel zu. Auf stillem Wasser hatte sich stärkeres Eis gebildet, das aber unser Vorwärtskommen noch nicht beeinträchtigte. Als wir Werners Stand erreicht hatten, fing es leicht zu schneien an. Der Winter war da, wie ihn die Wölfe angemeldet hatten.

Weißwedelhirsch

Wälder und Felsen
am Mattagami-River

Ein Schwarzbär
auf dem Wechsel

Nach der harten Arbeit, die nötig war, um unseren Stand zu erreichen, warteten wir wieder in höchster Spannung, um keine Bewegung zu übersehen oder zu überhören.

Gegen neun Uhr fiel in südlicher Richtung ein Schuß, kurz darauf ein zweiter. Wir vermuteten, daß die Gruppe Bucky und Dieter Waidmannsheil hatte. Später hörte es auf zu schneien. Der Himmel klarte sich auf, und dann drehte der Wind und wehte nun schwächer aus Südwesten.

Bis zwei Uhr nachmittags hörten wir nichts, dann sahen wir etwa 120 Meter entfernt ein Elchtier, das offenbar vom gegenüberliegenden Festland heranzog. Bald verschwand es zwischen den Weiden im hohen Schilf. Der kalte Wind ließ uns frösteln, weil uns die Bewegung fehlte. Doch die Hoffnung auf Erfolg ließ uns geduldig ausharren. Träge schlichen die Stunden dahin, ich machte mir gerade Gedanken darüber, ob der Wetterumschlag das Elchwild im Busch hielt, da ließ mich der Knall Werners Büchse zusammenfahren. Erst nach längerer Weile hallte ein zweiter und sehr schnell danach ein dritter Schuß über die Bucht.

Zwischen den Weiden glaubte ich eine Bewegung gesehen zu haben, und Dennis bestätigte es. Rauschend gingen einige Enten hoch, und der Kellenschlag eines aufgeschreckten Bibers klang fast wie ein weiterer Schuß. Mit verhaltenem Atem lauschten Dennis und ich, doch nichts störte die wieder eintretende Stille. Ich wartete noch eine Viertelstunde, dann machten wir uns auf den Weg zu Werner.

Als wir ihn erreichten, konnte er vor Erregung kaum sprechen. Der sonst so beherrschte und ausgeglichene Freund stand fassungslos da, weiß im Gesicht und mit Schweißperlen auf der Stirn. Hastig stieß er hervor: „Hannes, es war der Riesenelch!"

Zunächst bot ich dem Freund einen Schluck aus der Waidflasche, der seiner Erregung abhalf. Bewußt ruhig sprechend, sagte ich: „Na, erst hole 'mal tief Luft, und dann erzähle!" In seiner Aufregung sprach er englisch, bis ich ihn an seine Muttersprache erinnerte. Das half ihm, sein Gleichgewicht wiederzufinden, und er schilderte sein Erlebnis:

„Wie aus dem Sumpf gewachsen, hatte der Riese plötzlich auf etwa 50 Meter vor mir gestanden. Gehört hatte ich nichts. Ich erschrak so sehr, daß ich vergaß, die Waffe zu entsichern. Während ich vergeblich auf den Abzug drückte, kam der Koloß in Bewegung. Als ich entsichert hatte, hielt ich auf die rechte Schulter. Der Elch zeichnete überhaupt nicht, und ich hatte das Gefühl, gefehlt zu haben. Mein zweiter Schuß ging heraus, gerade als der Elch abdrehte. Ich hielt auf das Blatt, bin mir über mein Abkommen aber nicht sicher. Wo die dritte Kugel faßte, weiß ich nicht. Zu einem vierten Schuß kam ich nicht mehr. Als ob der Koloß schweben würde, verschwand er hinter dieser Weidengruppe!"

Werner zeigte auf sie. Sie lag gute 70 Meter entfernt. In Anbetracht der schon einsetzenden Dämmerung gab ich den Rat, zur Hütte zurückzufahren und bei erstem Licht nachzusuchen. Auf der Rückfahrt sagte Werner kein einziges Wort. Ich störte ihn nicht in seinen sorgenvollen Gedanken, der schlimmsten Qual, die ein Jäger durchleben kann. Auch Dennis schwieg taktvoll.

An der Hütte angekommen, wurden wir mit Hallo empfangen. Dieter hatte seinen ersten Elch erlegt! Zwar trug dieser keine starken Schaufeln, doch für Dieter war dies Geweih die erste je gewonnene Trophäe. Herzlich gratulierten wir dem jungen Waidgenossen zu seinem Erfolg.

Bucky schilderte uns den Ablauf des Dramas folgendermaßen: „Eine Rundfahrt um die Bucht, die wir von hier aus einsehen können, überzeugte mich davon, daß Elchwild hier häufig äste. Ich entschloß mich deshalb, unser Boot in die Spitze einer Schilfnase hineinzuschieben und gut zu verblenden. Von hier aus hatten wir ausgezeichnete Sicht nach beiden Seiten. Ich war überzeugt, daß kaum ein besserer Stand gefunden werden könnte, und mein Gefühl bestätigte sich. Bald trat ein Hirsch etwa 140 Meter entfernt aus dem Urwald, äste sich dicht unter dem Ufer entlang und näherte sich uns allmählich bis auf etwa 80 Meter. Zweimal mußte ich Dieter in den Arm fallen, da der Elch zu spitz stand. Durch irgend etwas erschreckt, warf dieser sich plötzlich herum und stand nun breit. Das war der richtige Moment! Leise mahnte ich Dieter, den Atem anzuhalten, langsam aufs Blatt zu zielen und dann fliegen zu lassen. Deutlich konnte ich den Kugelschlag hören. Der Elch zeichnete sichtbar, und beim zweiten Schuß brach er zusammen, ohne wieder hochzukommen. Dieter war mit seiner Büchse Kaliber 30/06 sauber abgekommen. Beide Schüsse saßen wie gezirkelt. Natürlich ließ ich den Schützen auch die rote Arbeit vornehmlich selber verrichten, und ich muß anerkennen, sie wurde für einen jungen Jäger nicht schlecht getan."

John und Arnold trafen als letzte ein. Enttäuscht berichteten sie, daß sie nichts gesehen hätten. Darum beschlossen wir, daß sie ihr Heil am letzten Tag unserer Elchjagd nochmals versuchen sollten, während wir übrigen die Nachsuche vornehmen wollten.

Als ich nachts wach wurde, saß Werner auf einer Bank vor den großen Fenstern. Ihn mied der Schlaf völlig. Deshalb setzte ich mich zu ihm und tröstete ihn mit dem Hinweis, daß Elche oftmals gar nicht zeichnen, obwohl sie gute Kugeln erhielten. Einige Beispiele aus meinen Jagderfahrungen sollten ihm Hoffnung machen. Er tat mir leid, denn er sah blaß und sichtlich mitgenommen aus.

Ich bereitete frühzeitig einen starken Kaffee und ein solides Morgenmahl, denn es konnten uns große Strapazen bevorstehen. Dann brachen wir auf. Das Wetter war kalt, es roch nach neuem Schnee. Dennis sah unruhig hinauf zu den Wolken und sagte: „Wir werden nur wenige Stunden Zeit haben, bis heute mittag vielleicht. Es wird viel Schnee kommen!"

Zunächst suchten wir Werners Stand auf, wo er den Ablauf des Geschehens nochmals genau beschreiben mußte. Die Weidengruppe, hinter der der starke Hirsch verschwunden war, konnten wir mit dem Boot nicht erreichen, und für einen großen Umweg über das Festland blieb keine Zeit. Dennis mahnte beständig zur Eile. Also hieß es „Aussteigen!" Bis fast an die Hüften versanken wir manchmal im Morast, doch uns gegenseitig stützend und helfend erreichten wir schließlich die Stelle, an der der Hirsch Werner aus den Augen gekommen war. Beiderseits umschlugen wir die Weidengruppe. Der junge Indianer mit seinen scharfen und fährtenkundigen Blicken entdeckte bald, wo der Elch in den Urwald eingewechselt war. Die starken Trittsiegel brachten uns einmütig zur Ansicht, daß es sich tatsächlich um den Kapitalen handelte. Tief eingedrückt standen sie im feuchten Erdreich, jedoch nur zu dritt. Offenbar schonte der Hirsch vorne rechts! Das gab uns gute Hoffnung, ihn zu bekommen.

Dennis weiter die Führung überlassend, drangen wir in den Urwald ein, in dem wir uns im wahrsten Sinne des Wortes Schritt für Schritt vorwärtskämpfen mußten. Knietief in faulem Fallholz einbrechend, hatten wir hier im ungemein dichten Unterholz kaum Sicht für den nächsten Schritt. Übereinander liegende Bäume mußten wir umgehen oder überklettern. Plötzlich auftretende sumpfige Partien hinderten uns, der Fährte direkt zu folgen. Nur Dennis blieb unbeirrbar auf ihr. Während jeder Schritt für uns eine Anstrengung bedeutete, bewegte sich der junge Indianer leichtfüßig und sicher im wilden Durcheinander.

Hinter einem gestürzten Baum verhielt er plötzlich und wartete auf uns. Strahlend zeigte er auf eine größere Schweißlache. „Lungenschuß!", sagte Bucky. Ich war derselben Ansicht. Nun stieg unser Hoffnungsbarometer gewaltig. Je weiter wir in den Busch eindrangen, desto häufiger fanden wir Schweiß. Menge und Farbe bestärkten uns in der Überzeugung, daß es sich um einen Lungenschuß handeln müsse.

Meine Aufgabe war es, den jeweils letzten Schweiß auf unserem Weg zu verbrechen, wodurch ich entsprechend zurückblieb. Ein schnelleres Aufholen wäre mir auch unmöglich gewesen, Atemnot und die alten Knochen zwangen mich zu häufiger Rast. Willig entsprachen die Freunde meiner Bitte, auch mäßigten sie anschließend das Tempo, so daß ich mithalten konnte. Naß waren wir unten wie oben, und plötzlich mußte ich laut auflachen, weil wir so ängstlich die Sumpfstellen umschlugen. Die Kameraden stimmten ein, und von nun an ging es „gerade hindurch", ganz gleich, ob das Wasser bis an die Knie oder an die Hüften ging.

Wir mochten etwa anderthalb Meilen hinter uns haben, als es an zu schneien fing. Dennis mahnte deshalb zu allergrößter Eile, und die Freunde ließen mich zurück. Meine Kräfte reichten nicht mehr, ihr Tempo durchzuhalten. Während bisher der kranke Hirsch fast beständig nach Süden gewechselt war, hatte er nun die Fluchtrichtung geändert. Mal zeigte sie nach Osten, mal nach Westen zurück und bewegte sich fast im Kreis. Zunächst hielt ich es für Taktik, kam aber bald zur Überzeugung, daß es Anzeichen beginnender Schwäche wären, zumal größere Schweißmengen häufiger wurden.

Die Freunde waren meinen Blicken entschwunden. Ich konnte sie auch nicht mehr hören. So ließ ich mir Zeit, ihnen zu folgen. Zu meiner Überraschung stand ich plötzlich vor einem Schilfstreifen und erkannte die große Lichtung am Lightning-River. Dann fiel mein Blick auf eine auf einen Stock aufgespießte Zigarettenschachtel. Auf ihr war geschrieben: „Warte hier!"

Die Freunde mußten also den Fluß durchschwommen haben. Da mich fröstelte, legte ich ein Feuer an. Drei zusammengeschobene Stämme hielten es klein, aber stark genug, um mich zu wärmen. Akaskagou hatte es mich so gelehrt. Wie mochte es dem alten Freunde gehen, und was hätte er wohl darum gegeben, mit uns zu sein! Es schneite beständig, langsam bildete sich eine leichte Schneedecke. Nach längerer Zeit hörte ich nicht sehr weit entfernt im Nordwesten einen Schuß fallen. Da kein zweiter folgte, war ich überzeugt, daß es ein Fangschuß war.

Eine halbe Stunde später kam Dieter, um mir den Erfolg der Nachsuche zu melden. Wenige Minuten später trafen auch die anderen Freunde und Dennis an meinem Lagerfeuer ein, und es wurde beratschlagt, was nun geschehen sollte. Bucky sah sehr mitgenommen aus. Werner strahlte über das ganze Gesicht und spürte nicht, daß er klitschnaß war. Überwältigt von seinem Glück, umarmte er mich, als ich ihm gratulierte. Auch Dieter schien sich noch frisch zu fühlen, fror aber erbärmlich. Schnell wurde meine Rumflasche leer. Wahrscheinlich bewahrte sie einige von uns vor einer Lungenentzündung.

Nach dem Endverlauf der Nachsuche mochte ich nicht fragen. Dies hatte Zeit, bis wir wieder in der Hütte waren. Dieter, Werner und Dennis boten sich an, zu den zwei Booten zurückzukehren und uns dann abzuholen. Nur Bucky blieb bei mir und schlief neben dem Feuer ein. Ich machte mir ernstliche Sorgen um den Freund. Er schien völlig erschöpft zu sein. Mit dem Waidmesser schlug ich Tannenzweige ab und deckte ihn damit ein. Mehr als dies zu tun und das Feuer zu unterhalten, war nicht möglich. Der Schneefall wurde stärker, gegen sechs Uhr schneite es so heftig, daß ich den Fluß nicht mehr sehen konnte. Es war schon dunkel geworden, als ich endlich Motorengeräusch vernahm. Ich weckte Bucky. Trotz aller Aufwärmung fror er so, daß es ihn schüttelte.

Die Lichtkegel der Suchlampen kamen näher und näher, und ich erkannte daran, daß auch John und Arnold dabei waren. Dieter hatte darauf bestanden, zur Hütte zu fahren, um eine neue Flasche Rum zu holen. „Sie ist wichtiger als alles andere", sagte er. Ein Viertel ihres Inhalts wanderte in Buckys Magen, und auch mir tat die kräftige innere Aufwärmung gut.

John hatte ein Elchtier geschossen. Schmunzelnd sagte er: „Sie hatte offenbar Selbstmordgedanken, denn sie trat nicht weiter als 15 Schritt neben mir aus. Da meine Familie Wert darauf legte, wieder einmal Elchsteak zu essen, machte ich den Finger krumm!" Wir hatten dafür volles Verständnis und freuten uns mit dem alten Waldläufer herzlich.

Endlich am Bootsteg der Hütte eingetroffen, zogen wir uns an Ort und Stelle aus und nahmen ein Bad. Es brachte das dick gewordene Blut wieder in Bewegung, und wir fühlten uns warm und erfrischt nach dieser stets richtigen Kur. Zu erschöpft und müde für die übliche abendliche Unterhaltung, besprachen wir nur das Programm für den nächsten Tag. Nach dem Essen krochen wir sogleich in die Schlafsäcke.

Um fünf Uhr morgens weckte ich die Kameraden. Bucky und ich wollten in der Hütte bleiben und die Rückfahrt zum Ghostriver vorbereiten, denn die zu leistende Arbeit würde wieder große Anforderungen an den einzelnen stellen. Das Wildpret des kapitalen Elches wollten die anderen unter Johns Anleitung aus dem Busch bergen. Während der Nacht waren etwa 30 Zentimeter Schnee gefallen. Zwar führten wir auch Schneeschuhe mit, doch von dem Sumpfloch, in dem der starke Elch den Fangschuß erhalten hatte, waren es gute 400 Meter bis zum Fluß, davon die Hälfte mooriges Gelände. Deshalb wurden zwei Flaschenzüge und alle Bootstaue mitgenommen. Bei Beginn der Dämmerung verließen uns die Freunde in zwei Booten.

Bucky und ich genossen ein ausgedehntes Frühstück. Dann wuschen wir uns mit warmem Wasser und legten die tagealten Bärte ab. Nachdem alle Vorbereitungen für die Rückfahrt erledigt waren, hatte Bucky endlich Muße, mir den letzten Akt der Nachsuche zu schildern, an dem ich nicht mehr teilgenommen hatte:

„Wir waren wegen des Schneefalles sehr besorgt, die Fluchtfährte zu verlieren. Darum ließen wir uns nicht die Zeit, unsere Bekleidung abzulegen, sondern durchschwammen den Fluß, wie wir waren. Wir hatten ja sowieso keinen trockenen Faden mehr am Leibe. Am anderen Ufer konnten wir die Fährte unschwer aufnehmen. Nur etwa 50 Meter tief im Busch fanden wir ein ganz frisches Wundbett. Ich war sicher, daß wir den Elch hier hochgemacht hatten, denn seine Fährte stand nun frisch im Schnee. Ich mahnte zur Vorsicht, und wir folgten langsam und leise. Die Fährte zeigte, daß die Kräfte des Hirsches schwanden. Bogen nach Bogen schlagend, führte sie in eine sumpfige Niederung, die sehr dicht von Erlen und Weiden umsäumt war. Ich vermutete richtig, daß wir hier auf den Elch stoßen würden. Kaum waren wir in den Sumpf gedrungen, sah ich den Schaufler bereits im Wundbett. Er versuchte auf die Vorderläufe zu kommen, doch der Morast hielt ihn fest. Auf kurze Entfernung gab ich ihm den Fangschuß.

Der Anblick war überwältigend! Wir standen vor dem besten Schaufler, den wir jemals in Ontario zu Gesicht bekommen hatten. Na, du wirst ja selbst sehen. Zu ausgepumpt, um noch schwere Arbeit verrichten zu können, lüfteten wir den Elch schnell. Das war alles, was wir noch tun mußten und konnten. Werners Augen füllten sich mit Tränen, überwältigendes Glücksgefühl, Erschütterung und körperliche Überanstrengung lösten sie aus. Auch wir werden das glückliche Ende dieser strapaziösen Nachsuche nie vergessen."

ENDE GUT, ALLES GUT

In der dritten Nachmittagsstunde kamen die Kameraden durchnäßt und vom Moor besudelt zurück. Auf dem Bootssteg konnte ich endlich das kapitale Schaufelpaar bewundern. Wie sich später herausstellte, wog es 17½ Kilogramm, für Ontario ein außergewöhnlich hohes Geweihgewicht. Den Elch schätzten wir auf ein Alter von 7 bis 8 Jahren. Leider hatten wir keine Möglichkeit, das Wildpret zu verwiegen. Werners erste Kugel aus seiner 8 mm Mauser hatte die rechte Schulter lahmgelegt, die zweite etwas zu tiefblatt getroffen und die dritte hatte beide Lungenflügel durchschlagen. Der schwerkranke Hirsch hatte trotzdem schätzungsweise noch 2½ Meilen, also etwa 4 Kilometer, zurückgelegt!

Schwer beladen lagen die Boote tief im Wasser, als wir um fünf Uhr nachmittags Abschied vom Lightning-River nahmen. Der Himmel hatte sich aufgeklärt, und die Sonne brach durch. Leichter, aber kalter Wind wehte aus Westen. Kurz vor der Dämmerung erreichten wir Eugènes „village". Er erwartete uns mit Frau und Tochter schon auf dem Bootssteg.

Bewundernd betrachtete er Werners Trophäe und sagte: „Nicht oft sieht man solch kapitales Geweih, ich gratuliere! Ein noch stärkeres ist allerdings gestern vom Lowbush-River gekommen. Steve hat einen Elch mit dem besten Geweih geschossen, das ich in den letzten Jahren hier zu sehen bekam. Leider konnten die Männer nicht auf euch warten. Sie fuhren heute mittag ab und lassen euch grüßen!"

George McKinnon schrieb mir später folgendes: „Steve und ich sahen zwei Hirsche, die uns aber zu schwach waren. Wir entschieden uns, das erste Lager abzubrechen und tiefer in den Lowbush einzudringen. Wir setzten das Zelt auf einen trockenen Hügel, von dem aus wir den sehr stark verwachsenen Fluß gut übersehen konnten. Uns schien es der einzige trockene Platz am Lowbush zu sein. Da ich Kochen verabscheue, mich aber gern bedienen lasse, überließ ich Steve die Arbeiten des Küchenchefs, und gerade dies brachte ihm das beste Geweih ein, das man sich hier erträumen kann. Gerechterweise wurde ich für meine Faulheit bestraft.

Am vierten Morgen hatten wir verschlafen und erwachten erst, als die Sonne schon schien. Natürlich stand Steve zuerst auf, denn er mußte ja den Morgenkaffee kochen. Da man dazu auch Wasser benötigt, verließ er das Zelt, um es vom Fluß zu holen. Nach einigen Minuten stürzte er in das Zelt zurück, griff wortlos nach seiner Waffe, suchte in den Taschen seines Rockes nach Patronen und verschwand so hastig, wie er gekommen war. Dann knallte es auch schon in schneller Folge viermal. Nur sehr wenigen dürfte es vergönnt sein, einen ‚Wunschelch' gewissermaßen vor der Haustür zu strecken. Das gelang Steve! Vom Zelt bis zum Wild waren es genau 147 Schritte. Und wie das so an einem verrückten Tage geht, abends schoß ich einen guten Elch – – – vorbei! Erst zu Hause stellte ich fest, daß sich das Zielfernrohr verstellt hatte. Wenn man seiner selbst zu sicher ist, dann bekommt man eins drauf. Ich hatte unterlassen, meine Waffe einzuschießen, wie es ein kluger Jäger stets tun soll. Weder Steve noch ich taten es, aber Steve hat schon immer mehr Glück gehabt als ich." –

Der letzte Satz aus Georges Brief warf die viel umstrittene Frage auf, ob die Verwendung eines Zielfernrohres im kanadischen Busch zweckmäßig ist oder nicht. Sie ist es nicht! Meist sind die Schußentfernungen nicht groß, so daß das Zielen über Kimme und Korn absolut ausreicht und sogar besser ist. Nur für sehr schwache Augen lasse ich ein Zielfernrohr auch hier gelten. Wer nicht sauber über Kimme und Korn abkommen kann, wird mit einem Zielfernrohr im dichten Busch Ontarios ebensowenig Erfolg haben. Dem Vorteil der größeren Lichtstärke in der Dämmerung bei Verwendung des Zielfernrohres stehen viele Nachteile gegenüber.

Als ich vor einiger Zeit in einer mir zugeschickten ausländischen Zeitung las, daß der Elch bald nur noch im Zoologischen Garten zu finden sein würde, mußte ich hell auflachen. Ein Kanadabesucher hatte dies Märchen aufgetischt. Sicherlich gibt es Räume, in denen Elchwild zu stark bejagt und sogar ausgerottet wurde, jedoch sind dies Einzelfälle, auch für Ontario. Nicht überall stehen Elche allerdings so zahlreich wie in den Räumen meiner Erzählung. Tatsache ist, daß die Elche in den letzten zehn Jahren immer weiter nach Süden vordrangen, weil ihr Bestand in vielen Gebieten zu dicht geworden war. Das „Ontario Department of Lands and Forests" weiß sehr wohl, wo und wann es notwendig ist, Schonzeiten anzusetzen. Gefahr, daß der Elch ausgerottet wird, besteht ganz und gar *nicht!* Auch das Einfliegen der Jäger mit dem Buschflugzeug verringert die Bestände nicht. Jederzeit kann die Anzahl der auszugebenden Abschußscheine verringert werden, wie es notfalls auch geschieht. –

Reichlich Wildpret als Gastgeschenk hinterlassend, nahmen wir am folgenden Tage Abschied von dem alten Trapper und seiner Familie, die uns nachwinkten, so lange sie uns sehen konnten. Bevor wir auf dem

„Geisterfluß" in den dunklen Urwald hineinfuhren, verhielten wir eine Weile und ließen unsere Blicke nochmals über die zauberhafte Landschaft wandern. Unsere Träume hatten sich in ihr erfüllt!

SECHSTES KAPITEL

Der Friedhof der Elche

Während des Winters besuchte ich Akaskagou im Timagami-Distrikt, wo ich mit Bucky von Moeller im gleichnamigen See Eisfischerei auf Seeforellen betreiben wollte. Akas Gesicht strahlte vor Wiedersehensfreude, als ich in sein schmuckes Blockhaus eintrat.

Der Oberschenkelbruch schien gut ausgeheilt zu sein, doch hinkte der Indianer leicht, und es schien mir, daß es für den Rest seines Lebens so bleiben würde. Trotzdem war eine seiner ersten Fragen an mich: „Wann werden wir wieder gemeinsam in den Busch gehen?" Seine dunklen Augen sahen mich bittend an.

Aka suchte auf dem See Timagami einen Platz aus, wo er bereits erfolgreich zuei gefischt hatte. Er zeigte uns einige steif eingefrorene Fische in seinem Tiefkühler. Lange hatte er für ihn gespart, und wir empfanden seinen Stolz über diesen Besitz.

Dort, wo eine Sandbank vom Nordufer des Sees ins tiefe Wasser auslief, stellte Aka unser Zelt auf. Ein kleiner Benzinofen hielt es warm. Mit einem Erdbohrer drillte der Indianer zwei Löcher in das dicke Eis und damit war alles fertig für den Sport. Bucky allerdings griff nur zur Rute, wenn es nichts zu jagen gab. Wer meist die dicksten Kartoffeln erntet, ist ja bekannt, so war er es, der die erste Seeforelle aus dem Eisloch zog. Mit etwa 5 Kilogramm blieb sie der schwerste Fisch jener drei Tage.

Während einer der gemütlichen und erholsamen Stunden im warmen Zelt fragte Aka: „Von einem meiner Stammesbrüder hörte ich eine merkwürdige Geschichte, die sicherlich auch euch interessieren wird. Wollt ihr sie hören?"

Natürlich wollten wir!

„Wie ihr vielleicht wißt, haben wir hier in jedem Jahr ein Treffen, zu dem unser Stamm mitsamt Frauen und Kindern kommt, um die Jugend unsere alten Gebräuche und Tänze zu lehren", fuhr er fort und reckte sich nach seiner Gewohnheit steil hoch. „Dort traf ich auch Joe Opazatika,

EINE GEHEIMNISVOLLE NACHRICHT

der mit seiner Sippe in einer „village" nördlich des großen Sees Abitibi wohnt, dort wo ihr im Herbst gejagt habt. Er hatte auch von euren Erfolgen gehört und kennt den alten Trapper am Ghostriver gut. Doch nun zur Sache. Joe jagte im Vorjahre mit seinem Sohn Atak in einem Gebiet etwa 50 Meilen nördlich vom See, wo sich das Wasser für den Kabika-River sammelt. Atak schoß ein Elchtier krank, dem beide in einem sehr wilden und schwer zugänglichen Gebiet folgten. Erst am nächsten Tage fanden sie es verendet in einem Talkessel.

Hier glaubte Joe seinen Augen nicht zu trauen. Wo er auch hinsah, lagen Knochen von Elchen, bereits von Jungholz überwachsen. Ein Raum des Tals, etwa 100 Schritte breit und 200 lang, lag voller Gerippe. Joe zählte die Geweihe und sagte, daß 10 bis 12 Hirsche und viele Kälber und Tiere hier gemeinsam ums Leben gekommen wären. Joe vermutete, daß die Elche nach einem langen Kampf mit Wölfen von diesen gerissen wurden, da er auch einige Wolfsskelette fand."

Bucky und ich hatten Aka aufmerksam zugehört, und ich bat ihn, weiterzuerzählen.

Für einige Minuten blieb er schweigsam, ein Zeichen, daß er seine Gedanken sorgfältig ordnete. Bedachtsam fuhr er fort: „Ich wollte mir von Joe beschreiben lassen, wo die Fundstelle liegt. Dieser meinte aber, es wäre ihm nicht möglich, da ich das Gelände nicht kennen würde. Jedoch hätte er den zurückgelegten Weg sorgfältig markiert, und er könnte das Tal ohne Schwierigkeiten wiederfinden. Es wäre ein weiter Weg durch sehr dichten und wilden Busch und durch viele Sümpfe. Deshalb fragte ich Joe, ob er in der Umgebung des Elchfriedhofes einen See gesehen hätte, auf dem ein Wasserflugzeug gefahrlos aufsetzen könnte. Ja, es gäbe etwa 5 oder 6 Meilen entfernt einen See, auf dem dies sicherlich möglich wäre. Nun ließ ich mir von Joe beschreiben, wo er und seine Sippe wohnen. Die Hütten stehen an einem See, den ich euch auf einer Karte zeigen kann!"

Aka holte aus seiner Jagdtasche eine sorgfältig in Stanniolpapier eingewickelte Rolle. „Woher hast du diese Karte?" fragte ich ihn sehr erstaunt, und noch mehr überraschte mich seine Antwort: „Weil ich annahm, daß du sicherlich den Elchfriedhof sehen willst, habe ich einen weißen Freund darum gebeten, mir die Karte vom ‚Department of Mines' zu besorgen!"

Wie genau kannte mich doch dieser Indianer!

Bedachtsam entfaltete er die Karte auf den Knien. „Seht hier", sagte er, „die Hütten stehen an einem See, der fünf lange Buchten hat, die an der Ostseite tief in das Land einschneiden. Darum nennen ihn meine Stammesbrüder den ‚Five Finger Lake'. Joes Hütte steht am Ende der mittleren und längsten Bucht, die fast 2,5 Meilen lang ist. Andere Hütten stehen am Ende der weiter südlich gelegenen Bucht. Natürlich fragte ich Joe auch, ob er bereit sein würde, dich und mich zum Elchfriedhof zu führen. Er ist es!"

Aka schwieg und sah gespannt von einem zum andern. Als ich ihm dafür dankte, daß er Joe derart überlegt und erschöpfend ausgefragt hatte, sahen mich seine dunklen Augen fragend an. Er hatte eine andere Reaktion erwartet. Schweigsam verließ er das Zelt. Als er ebenso still zurückkam, streifte mich abermals sein fragender Blick.

Indem Bucky und ich in deutscher Sprache Pläne schmiedeten, spannte ich den Indianer noch ein wenig auf die Folter. „Willst du mit uns fliegen?" fragte ich ihn dann. Nun trat ein strahlendes Leuchten in seine Augen, er nickte wortlos.

Ich erkundigte mich nach dem nächstgelegenen Telephon und verständigte meine Frau, daß ich einen Tag später heimkommen würde. Ein zweiter Anruf galt Ted Woodill, dem Buschpiloten, der mich bereits oftmals in die Wildnis eingeflogen hatte. Seine Flugbasis am Nordrande der Gowganda-Berge konnten wir in 2½ Fahrstunden erreichen. Ted war für eine Expedition im Frühling bereit, und wir verließen eine halbe Stunde später Timagami. Fröhlich und stolz quittierte Aka unsere Aufforderung, mit uns zu fahren. Es gab nun einiges zu besprechen und vorzubereiten.

Als sich im Norden das Wasser der Schneeschmelze verlaufen hatte, fuhren Bucky, Aka und ich zum Long Point-Lake, Teds Flughafen. Der Pilot meldete, daß alles für den Abflug bereit sei und wir am nächsten Morgen um 7 Uhr starten würden. Die Wettermeldungen wären zwar nicht die besten, doch Frühjahrsgewitter gehörten nun mal zum kanadischen Mai. Lakonisch meinte er: „Mehr wie naß können wir nicht werden, und wenn er zu wild schaukelt, bringe ich den Vogel herunter!"

Ich kannte diesen erstklassigen Buschflieger gut genug, um zu wissen, daß man sich seinen Entscheidungen anvertrauen konnte. Daß Ted uns und sich selbst in eine gefährliche Situation fliegen würde, ahnte er nicht.

Wir verluden vor Sonnenuntergang noch, was gebraucht werden würde, in seiner „Beaver", dann verplauderten wir den Abend vor dem offenen Kamin in Teds Heim, dessen große Fenster einen herrlichen Blick auf den

Long Point See freigaben. In seinem Wasser spiegelte sich eitel der Mond, und das fröhliche Lachen der „loon" ließ uns wissen, daß wir wieder im Nordland waren.

Genau um sieben Uhr morgens heulte der Motor der „Beaver" auf, und bald entglitten Teds Anwesen und der See unseren Augen. Ich saß neben dem Piloten, die Karten auf den Knien, während die wechselvollen Landschaftsbilder des herben Nordens mit ihren vielen Seen, Flüssen, Sümpfen und Wäldern unter uns vorbeizogen. Deutlich und oft konnten wir Elchwild aus der Vogelschau erkennen.

Schlechtwetterwolken streckten ihre Finger im Westen aus, deshalb holte Ted eine Wettermeldung ein. Sie lautete nicht gut. Gewitter und örtlich hohe Windgeschwindigkeiten waren für nachmittags oder abends zu erwarten, auch gab es eine Sturmwarnung für einen Raum 100 Meilen nördlich von uns. Nach eineinhalbstündigem Fluge nordostwärtiger Richtung sahen wir die silbernen fünf Finger des gleichnamigen Sees vor uns auftauchen. Einen passenderen Namen für diesen See konnte es nicht geben. Der Wind hatte inzwischen aufgefrischt und schüttelte das Flugzeug recht kräftig.

Ted umflog den See in weit ausholenden Schleifen zweimal, dann brachte er die Maschine hinunter und setzte über den neun Blockhäusern an der Spitze des langen Fingers zum Wassern an. Joes Sippe winkte bereits zu uns herauf und beeilte sich dann, die Kanus vom Strand abzustoßen. Kaum spürbar setzte die Maschine auf. Wir hatten unser erstes Ziel erreicht!

Wir schüttelten Joe die Hand, und er stellte uns seine Sippe vor. Jedem von uns schenkte er eine kleine bläulich schimmernde Muschel, einen Talisman für unser Vorhaben. Dann lud er uns zum Frühstück ein, das wir an einem riesigen Tisch vor seiner Hütte einnahmen. In landesüblicher Art waren er und die Bänke aus der Länge nach aufgetrennten Kiefernstämmen hergestellt worden, und die als Tischplatte dienenden Schnittflächen waren mit Sand sauber gescheuert. Auf ihnen wartete unser in handgeschnitzten Holzschalen ein schmackhaftes Mahl, geräucherter Zander und Buchweizenbrot. Aromatisch zog der Duft eines aus irgendeiner Waldblume hergestellten Tees in unsere Nasen. Wir ehrten den Gastgeber mit völlig geleerten Schalen!

Die Hütten machten einen gepflegten Eindruck, wie es in einer Indianersiedlung nicht immer zu erwarten ist. Ich sah verlotterte Anwesen, allerdings meist dichter an der Zivilisation gelegen, tief in der Wildnis sind die Siedlungen gewöhnlich in gutem Zustand. Daraus kann der Rückschluß gezogen werden, daß die Zivilisation keinen guten Einfluß auf die Urbewohner des Landes ausübt. Jedoch möchte ich diese Ansicht nicht verallgemeinern. Veranlagung und Beispiel des Stammesältesten spielen hierbei sicherlich eine große Rolle.

Das einzige was uns störte, war das ununterbrochene Heulen der Huskys, denen die ungewohnte Witterung der Weißen unangenehm zu sein schien. Nicht eine Sekunde ließen sie uns aus den grünen Wolfsaugen. Ich hatte nicht viel Vertrauen zu den Stricken und verrosteten Drähten, mit denen die Hunde angepflockt waren. Joe und seine Sippe schien der Lärm nicht zu stören.

In der Ferne grummelte ein Gewitter, Ted drängte deshalb zum Weiterflug. Diesmal nahm Joe den Platz an seiner Seite ein, um den Piloten besser einweisen zu können. Es war der erste Flug seines Lebens, und Mißtrauen sprach aus seinem Gesicht. Aufgeregt stand seine Sippe um das Flugzeug herum.

Ted hatte Schwierigkeiten, die Maschine hochzubringen. Sie schien mit fünf Personen überlastet zu sein. Darum brachte er sie in die Bucht zurück, und wir ließen alles zurück, was wir nicht unbedingt nötig haben würden, auch unsere Nylon-Regenanzüge, die uns beim Laufen und Kriechen im Busch nur hinderlich sein konnten. Außer Buckys Büchse, Kaliber 30/06, blieben alle anderen Waffen in Joes Hütte.

Diesmal zog Ted den Vogel ohne Schwierigkeiten hoch. Der Himmel verdunkelte sich beunruhigend schnell, so schaukelten wir noch mehr als beim ersten Flug. Krampfhaft hielt sich Joe fest, wo seine Hände einen Griff fanden, und seine Kaumuskeln standen wie Stricke auf seinen Wangen. Ich beruhigte ihn, doch seine Angst wich nur langsam.

Als wir nach etwa einer halben Stunde wieder einmal einen See überflogen, ruderte Joe aufgeregt mit den Armen. Aka übersetzte uns, was er sagte. Es war der See, auf den wir hinuntergehen mußten. Ted drehte und umflog den etwa drei Meilen langen und eine halbe Meile breiten See, dessen Ufer stark verschilft waren. Nach mehrfachem Kreisen stellte er plötzlich seine Maschine regelrecht auf den Kopf und ging steil hinunter, so daß wir alle nach vorn rutschten. Joe stemmte sich mit beiden Händen gegen die Scheibe. Als ich sein Gesicht sah, stellte ich fest, daß auch eine Rothaut blaß werden kann.

Joe zeigte, in welcher Richtung wir wandern müßten, und Ted wählte einen Platz etwa 80 Meter vom Ufer entfernt, wo sein Flugzeug im Windschatten des Waldes liegen konnte. Er legte zwei Anker aus. Einen dritten, und zwar den schwersten, hatte er wegen Gewichtsersparnis zurückgelassen. Mit einer Handpumpe blies er ein kleines Schlauchboot auf, dann paddelte er jeden von uns einzeln an Land.

Wir waren noch keine fünf Minuten im Busch, als wir bereits bis auf die Haut naß waren. Hier mußte es heftig geregnet haben. Nach zwei Wegstunden wurde das Grummeln in der Ferne stärker und wandelte sich bald zu Donnergrollen. Der Himmel öffnete seine Schleusen. Es regnete nicht, sondern das Wasser stürzte vom Himmel!

Dann schlug die erste Sturmbö wie eine Riesenfaust in den Urwald. Es krachte und splitterte über und um uns herum. Die elektrischen Entladungen über den Erzfeldern dieser Gegend, das Brausen der vom Himmel fallenden Flut und der schnell an Kraft zunehmende Orkan schienen das jüngste Gericht anzumelden. Dicht vor uns stürzte ein Baumriese und schüttete morsches Astwerk über uns. Wir befanden uns mitten im Kern des Unwetters. Zwischen den Paukenschlägen hörten wir schrilles Heulen und Pfeifen. Es klang, als ob die Sirenen einer Großstadt Flugwarnung gäben, und erinnerte mich an die Bombennächte im zweiten Weltkrieg. Die entfesselte Natur kreischte in wildem Aufruhr. Wie gelähmt starrten wir in das Tosen, und plötzlich wurden wir Zeugen einer Windhose, die sich durch den Urwald fraß. Bäume und große Äste brachen oder knickten wie Streichhölzer. Krachend taumelten Waldriesen übereinander,

Plötzlich war alles vorüber; die Stille wirkte unheimlich auf uns. Keiner von uns stand mehr auf den Beinen. Wir hatten uns niedergeworfen und Schutz am Erdboden gesucht, wo kein Schutz war. Verwundert sahen wir uns an und setzten unseren Marsch schweigend fort. Joe führte, deutlich sahen wir die Markierungen, die er mit seinem Jagdmesser angebracht hatte. Wo Bäume fehlten, hatte er gut erkennbar Busch verbrochen. Es goß ununterbrochen weiter. Im aufgeweichten Erdreich und Morast versanken wir tief und kamen nur noch langsam voran. Oft reichte das Wasser bis an die Knie und – wenn wir Sümpfe durchwateten – bis zu den Hüften. Trockenere Wege zu suchen war unmöglich, weil wir auf Joes Markierungen angewiesen waren. So ergaben wir uns in Gleichmut und tranken das Wasser, das uns über die Nase in den Mund lief, und labten die trocken gewordenen Kehlen.

Nach Ablauf von fünf Stunden mußten wir eine Rast machen, denn ein über seine Ufer hinaus durch den Urwald rauschender Wildbach versperrte den Weiterweg. Joe schnitt sich eine Stange und tastete sich mit ihr vorsichtig vorwärts, bis die Flut an seine Brust reichte. Dann versank er in ihr und tauchte „stromabwärts" wieder auf. Als er wieder in unserer Runde erschien, fragte Aka:

„Na, wieder auf dem Trockenen?" Das Lachen tat gut, wir hatten es seit Stunden vergessen. Und es goß weiter!

Wir nutzten die uns aufgezwungene Marschpause, um uns auszuruhen. Brot und geräucherter Schinkenspeck, über den Daumen gegessen, gaben uns neue Kraft. Dann folgten wir Joes Beispiel und nahmen ein Bad. Bei diesem versuchten wir Hand in Hand gemeinsam das Wildwasser zu überwinden, aber es mißlang. Der Wasserdruck war zu stark. Ich begann mir Sorge zu machen. Wenn es noch einige Stunden so weiterregnen würde, dann konnten wir in ernste Schwierigkeiten geraten.

Schließlich fand Joe doch eine Furt, und weiter ging es. Plötzlich stoppte die Kolonne. Joe wies hinauf in eine Fichte, auf der zwei Waldhühner dicht aneinander gedrängt auf einem Ast saßen und mißmutig in die nasse Landschaft äugten. Aka sagte zu Bucky: „Du solltest die Vögel schießen. Es mag sein, daß wir sie sehr nötig haben!" An diesen Worten erkannte ich, daß sich auch der Indianer Gedanken über unsere Lage machte. Bucky schob zwei Patronen in die Kammer seiner Büchse und strich an einem Baum an. Als es knallte, fiel ein Waldhuhn kopflos aus dem Baum. Das zweite sah erstaunt hinter ihm her. Zu weiteren Betrachtungen fehlte dann auch ihm der Kopf, es stürzte gleichfalls herab.

Dann hörte ich hinter mir Buckys Selbstgespräch: „Eine Schande! Schweres Blei für solche kleinen nassen Frauenzimmer! Kann man ja nirgends erzählen, man verliert dabei seine Jagdehre. Oh, wie gefräßig ist doch der Mensch!" Ich übersetzte den Freunden, was Bucky hinter mir gemurmelt hatte, und wieder tat uns das Lachen gut. Mit wenigen Griffen hatte Aka den gefiederten Damen das Kleid ausgezogen und ließ die Entblößten in seiner Jagdtasche verschwinden. Dazu meinte er: „Es ist wie mit den „squaws", so sind sie am leckersten!" Und wieder klang unser Gelächter auf.

Es goß weiter, und es begann zu dämmern, als wir Joe fragten, wie nah oder fern der Elchfriedhof wohl noch entfernt wäre. Gleichmütig hob er die Schultern und meinte: „Eine oder keine Meile entfernt!"

Fischotter

Der Trethewey Lake aus der Vogelschau

Buschflugzeug, Boot mit einfliegend

So beschlossen wir zu bleiben, wo wir gerade waren, da es keinen Sinn hatte, nach einem trockenen Platz zu suchen. Wie Aka bei dieser Nässe ein Lagerfeuer entfachen konnte, wird mir immer ein Rätsel bleiben. Es in Gang zu bringen, ermöglichte wohl nur der hohe Teergehalt der kanadischen Birkenrinde, deretwegen Forstfeuer hier so gefährlich sind. Sofort flammte sie auf, als er ein Streichholz daranhielt. Doch allein mit Birkenrinde läßt sich kein wärmendes Lagerfeuer unterhalten, deshalb holte Joe Arme voll Holz und nährte die zaghaften Flammen. Auch ich machte mich auf, um Holz zu holen, doch über die von mir gesammelten Knüppel schüttelte Joe sein Haupt. „Das Holz ist nicht gut, wird nicht brennen", sagte er. „Komm, ich zeige dir, welches Holz du suchen mußt!"

Gelernt hatte ich das nie, für mich sah jedes Stück Fallholz gleich aus, nicht aber für Aka und Joe. Aka hatte nur ein einziges Streichholz gebraucht, um das Lagerfeuer in Gang zu bringen. Behutsam schloß er dann die Patronenhülse, in der er die Hölzer aufbewahrte, wieder mit Bienenwachs, sie so vor Nässe schützend.

Unermüdlich unterhielten die Indianer das Feuer. Es wärmte uns, vermochte aber nicht, unsere dampfende Kleidung zu trocknen.

Es schüttete ununterbrochen! Erst gegen Morgen wurde der Regen leichter. Nach einer Ewigkeit, wie uns schien, wurde es im Osten lichter. Wir nahmen ein hastiges Frühstück ein und brachen sofort auf, denn nur Bewegung konnte uns erwärmen. Dann kam die große Überraschung: Nach etwa 300 Metern standen wir über dem Talkessel, dem unser Besuch galt! Joe erkannte ihn sofort wieder. „Seht euch die Balsamtannen an", sagte er, „bis zur halben Hanghöhe sind sie völlig von den Elchen abgeschält!"

Joe hatte recht, nicht eine einzige Tanne an den Hängen hatte noch Rinde, die Bäume selbst waren abgestorben. Darüber sahen wir nur vereinzelt abgeschälte Balsamtannen, und ich fragte mich, warum sich die Verwüstung nur bis zur Drittelhöhe der Hänge zeigte, warum nicht auch weiter oben?

Langsam führte uns Joe dorthin, wo er die Menge der Skelettreste gefunden hatte, und was wir hier zu sehen bekamen, erschütterte uns! Wenn Joe von einem Elchfriedhof gesprochen hatte, so wählte er das treffende Wort!

Wohin wir sahen, bleichten Knochen, nur das dichte Unterholz milderte diesen grauenhaften Anblick.

Wir teilten das Tal unter uns in Abschnitte auf, um festzustellen, wieviel Stücke Elchwild hier umgekommen waren. Unsere Schätzung kam sicher der Wirklichkeit sehr nahe, da wir mehrere Male zählten und jeweils die Abschnitte austauschten. Nach der vergleichenden Auswertung ergab sich folgendes Bild: 9 Hirschskelette, darunter 4 starke, und die Knochen von 15 bis 17 Alttieren und Kälbern, und an Hand der gefundenen Kieferknochen waren 4 Timberwölfe hier umgekommen!

Bis zum Abend studierten wir die Verhältnisse in allen Einzelheiten. Was uns besonders auffiel, war, daß die im äußeren Kreis liegenden Skelettreste vorwiegend von schwächeren Elchen stammten. Die Knochen der Hirsche und stärkeren Tiere lagen in einer dichten Gruppe beisammen, im Mittelraum eines Abschnittes von etwa 100 × 160 Schritten. Die Überreste der vier Wölfe lagen weit verteilt im Außengürtel.

Morgens begann es wieder stark zu regnen. Darum beschlossen wir, auch die nächste Nacht hier zu verbringen, in der Hoffnung, daß das Wetter endlich umschlagen würde. Im Laufe des Nachmittags wurde es merklich kühler, jedoch es regnete weiter! Im Windschutz eines Hanges hatten die Indianer ein Feuer angelegt. Wir froren, bis seine Wärme uns wenigstens einseitig etwas trocknete. Ich war der Älteste der Gruppe, hatte aber bisher allen Strapazen trotzen können. Doch besorgt beobachtete ich, daß Aka stärker hinkte. Ich fragte ihn, ob er Beschwerden oder Schmerzen hätte, was er verneinte. Ich wußte aber, daß er log.

Wie auch am Vorabend, bekam jeder aus der einzigen Rumflasche, die wir mitgenommen hatten, einen kleinen Schluck, den Bucky geizig austeilte. Ich las Besorgnis in seinen Augen, doch auch er schwieg, wie wir alle.

Die Indianer steckten die beiden Waldhühner auf Spieße und grillten sie über dem Feuer, nachdem sie sie mit etwas Speckfett, Salz und Pfeffer eingerieben hatten. Es wurde ein schmackhaftes Mahl, das vor allem unseren knappen Lebensmittelvorrat etwas verlängerte. Unser völlig aufgeweichtes Brot trockneten wir, so gut es ging, am Feuer. Den Rest unseres Proviantes rationierten wir streng. Wir wußten, daß es Tage dauern würde, bis wir den Fünffinger-See wieder erreichten. Schon auf dem Anmarsch hatten wir mehr als eine Stunde für eine Wegmeile gebraucht. Unser Notproviant, ohne den kein erfahrener Buschläufer in die Wildnis geht, bestand aus trockenen Rosinen und bitterer Schokolade. Letztere war ebenfalls aufgeweicht, so daß wir sie essen mußten. Dafür kam der geräucherte Speck in die Reserve.

STUDIEN AM FUNDORT

Ohne darüber zu sprechen, war jedem klar, daß wir große Schwierigkeiten zu erwarten hatten, bis wir das Wasserflugzeug wieder sehen würden. Ted sagte nur einmal: „Laßt uns beten und hoffen, daß der Vogel sich im Sturm nicht losgerissen hat!" Buscherfahren waren wir alle und erkannten die mit jeder Regenwolke wachsende Gefahr.

An diesem Abend unterhielten wir uns über das Drama, dessen späte Zeugen wir geworden waren, bis in die Nachtstunden, bis der Schlaf sein Recht verlangte. Unsere Ansichten wichen nicht weit voneinander ab. Aka schloß sich denen von Joe an, und die beiden erfahrenen Indianer versuchten, mit uns die Katastrophe zu rekonstruieren.

Daß Elche sich im Winter in einem windgeschützten Tal, wo ausreichende Äsung für sie gegeben ist, zusammenrotten, wurde ebenso oft behauptet wie bestritten. Daß sie während des Winters nicht grundsätzlich zusammen bleiben und leben, ist erwiesen. Das Gegenteil widerspräche ihrer Natur und Verhaltensweise, denn Elche sind keine Herdentiere wie die Caribous.

Das, was wir in diesem Waldkessel zu sehen bekamen, war aber ein Beweis dafür, daß Elche sich unter gewissen Umständen doch rudeln. Die Ursache in diesem Fall herauszufinden, half uns das tief- und weitgreifende Wissen der Indianer, die die Natur von Jugend auf beobachtet hatten. Aka kannte ich schon jahrelang, er war mein Führer auf vielen Jagdfahrten im wilden Norden. Was er mir sagte oder zu erklären versuchte, war stets auf erkennbare Tatsachen gestützt. Da die Ansichten und Erkenntnisse von Joe nur selten von denen Akas abwichen, mußte ich auch ihm Glauben schenken.

Nach den Aussagen der Indianer rudeln sich Elche im Winter vornehmlich aus folgenden Gründen zusammen: Erstens in anomal eisigen Wintern, um sich gegenseitig zu wärmen, vor allem aber, um die Jungtiere am Leben zu erhalten. Zweitens, wenn außergewöhnlich viel Schnee fällt oder verharschter oder nicht tragender Pulverschnee zu Hunger und Schwächung der Tiere führt. Dann treibt sie ihr Instinkt zusammen, um in gemeinsamer Anstrengung solchen Verhältnissen zu trotzen. Die Sinne der Tiere nehmen die aufkommende Gefahr für ihr Leben rechtzeitig wahr und zwingen sie, gegen ihre Natur zu handeln. Sie stellen sich in einem wetter- und windgeschützten Waldtal oder auch im dichten Busch des flachen Geländes, wo sie reichlich Nahrung finden, ein. Je nach Masse der Schneefälle bildet sich hier allmählich ein tiefliegender Kessel, der

Windschutz und Schutz gegen herumlungernde Wölfe bietet. Wie beide Indianer beobachtet hatten, halten die Elche dann regelrechte Trampelpfade in die nähere Umgebung offen, um seitlich derselben zu äsen. Alles Erreichbare dient hier der Erhaltung der Lebenskräfte in dieser harten Zeit: Die Rinde der Laubbäume und Koniferen, vornehmlich die der Balsamtannen, Büsche und trockene Blätter und jeder Grashalm. Besonders sind es die Knospen der Büsche und Bäume, die das Elchwild dann mit den lebenswichtigsten Nährstoffen versorgen.

Die dritte Ursache liegt darin, daß schneereiche Winter eine harte Hungerzeit auch für die Wölfe bringen. Schneehasen, Mäuse und anderes Getier halten sich warm und sicher geborgen tief unter dem Schnee. Die Waldhühner des kanadischen Busches bleiben hoch in den Koniferen, wo sie alles vorfinden, um den Winter überleben zu können. Alle diese Tiere bleiben also für die Wölfe unerreichbar. Nur dann und wann gelingt es ihnen, einen unvorsichtigen Biber zu reißen. Tagelang muß eine Wolfsrotte auf der Lauer liegen, um ihn überraschen zu können. Jede Nacht klagen die Wölfe über Hungersnot, und ihr Heulen wird weit über das Land getragen. Dadurch rotten sie sich schnell in großer Anzahl unter Führung eines alten Rüden zusammen und wagen es nun, tage- und wochenlang sogar ein Rudel Elche zu belagern.

Währenddessen halten die starken Hirsche und Alttiere die schwächeren Stücke in ihrer Mitte und wachen aufmerksam darüber, daß die Wölfe nicht dicht herankommen. Sie treffen mit den stahlharten Schalen zielsicher und mit todbringender Kraft, wenn einer der Räuber zu dreist wird. Gierig zerreißen und verschlingen diesen dann seine Artgenossen.

Wird ein Elch krank oder zu schwach, dann drängen ihn die gesunden und starken Tiere aus ihrem schützenden Kreis und überliefern den Schwächling den Wölfen. Nach den Gesetzen der Natur sollen nur gesunde und starke Tiere die Winterhärten überleben. Aber auch sie können in dieser Notzeit umkommen, wie es uns die Knochenfunde bewiesen hatten. Die Ursache ihres gemeinsamen Sterbens ermittelten wir aus den Zeichen, die uns die Verhältnisse noch sichtbar darlegten.

Nach der Höhe des Unterwuchses zu schließen, mußte jenes Drama acht bis zehn Jahre zurückliegen, denn die Elche hatten in ihrem Kesselraum gewiß jeden Busch bis auf den Stock abgeäst. Auch mußte die Katastrophe in der ersten Winterhälfte erfolgt sein, da die gefundenen Geweihe noch fest auf den Schädeln hafteten. In dieser Zeit mußte nach starken

Schneefällen der verheerende Eisregen gefallen sein, der alles mit einer von Stunde zu Stunde und Tag zu Tag wachsenden Eisdecke überzog.

Auch ihre schließlich erreichte Stärke von durchschnittlich sieben Zoll konnten wir noch feststellen, denn bis zu dieser Höhe waren die Bäume ungeschält geblieben, weil es den Elchen unmöglich gewesen war, mit den Schalen das Eis zu zertrümmern.

Anfangs waren die Elche noch imstande gewesen, in die steilen Hänge zu steigen, um dort zu äsen. Doch mit dem Wachsen der Eisdecke wurde es ihnen schließlich unmöglich. Die geschälten und abgestorbenen und die lebenden und unversehrten Balsamtannen ließen die damalige Grenze noch deutlich erkennen. Sicher hatte sich auch um Zweige und Halme dickes Eis gebildet, so daß die Elche nun rettungslos dem Hungertode preisgegeben wurden. Von Tag zu Tag waren sie schwächer geworden, bis schließlich Stück für Stück eine leichte Beute der Wölfe wurde. Dann mochte eine Neue diesen schaurigen Friedhof in dem einsamen Waldtal gnädig mit einer weißen Decke verhüllt haben! –

Als ich bei erstem Morgenlicht die Augen öffnete, saß Aka noch vor dem Lagerfeuer wie Stunden zuvor. Mit unbeweglicher Miene sah er in die Glut, die er die ganze Nacht über unterhalten hatte. Tief lagen seine dunklen Augen in den Höhlen. Er tat mir leid, denn ich wußte, daß er große Schmerzen in seinem verletzten Bein hatte, und voller Sorge dachte ich an die Strapazen, die noch vor uns lagen.

Es regnete nicht mehr! Die Sonne brachte Licht und neue Hoffnung. Wir berieten nun unsere Lage. Die Indianer äußerten Zweifel, ob wir auf dem gleichen Wege würden zurückgehen können. Dennoch wollten wir es versuchen. Ted und Bucky studierten Karten und Kompasse, schienen sich aber nicht recht einigen zu können.

Ein Marsch durch wilden Urwald ist selbst bei besten Wetterverhältnissen eine Strapaze, was wir jedoch auf diesem Rückmarsch erlebten, war ein pausenloser Kampf mit einer aus den Fugen geratenen Natur: Jedes Rinnsal war zu einem gefährlichen Wildwasser angeschwollen, Sümpfe und Niederungen hatten sich in große Seen verwandelt, und Seen waren meilenweit über die Ufer getreten. Schon sehr bald erkannten wir, daß es unmöglich geworden war, Joes Markierungen zu folgen.

Damit begann ein äußerst riskanter Marsch durch eine völlig veränderte Landschaft. Wie oft wir Überflutungen durchschwimmen mußten, zählte keiner. Bei Hochwasser führenden Flüssen, die nach der Karte nur als Bäche angesprochen werden konnten, klammerten wir uns an Treibholz, um sie zu überwinden. Es war ein beständiger Kampf um Sein oder Nichtsein! Zu unserem großen Glück gab uns der Sonnenstand die Sicherheit, ungefähr Richtung auf die Stelle zu halten, auf der wir das Wasserflugzeug zurückgelassen hatten.

Am dritten Tage sahen wir westlich vor uns eine starke Rauchsäule. Für uns war es eine Erlösung, denn Joe war sich sicher, daß seine Sippe uns Rauchzeichen gab. Wir folgten der Richtung des Rettungszeichens und erreichten am späten Nachmittag Joes „village".

Aka brach hier zusammen. Wir trugen ihn in Joes Hütte und entkleideten ihn. Sein Oberschenkel und Knie sahen böse aus! Was dieser Mann durchgemacht haben mußte, erschien mir unmenschlich. Als er seine Augen wieder öffnete, hatte er 27 Stunden geschlafen!

Unter Joes Führung hatten sich Ted und Bucky am nächsten Vormittag aufgemacht, um das Flugzeug zu holen. Da wir hörten, daß ein schwerer Sturm auch über diese Gegend gebraust war, hatte Ted allergrößte Sorge um seine „Beaver". Es dunkelte bereits, als wir Motorengeräusch hörten, wir sprangen eilig hinaus vor die Hütte. Ted schaukelte über uns mit den Tragflächen, zum Zeichen, daß alles in Ordnung wäre, und stellte im Übermut den Vogel steil auf den Kopf, um dicht über die Hütten hinweg zum Wassern anzusetzen. Ein großartiger Flieger war dieser Mann!

Ted schilderte ihr letztes Abenteuer folgendermaßen: „Wie schon gewöhnt geworden, schwammen wir mehr, als wir gingen. Endlich hatten wir den See erreicht, doch vom Flugzeug sahen wir nichts. Plötzlich schrie Joe auf und deutete auf ein überflutetes Gelände. Zwischen den aus dem Wasser noch herausragenden Weidenbüschen erkannten wir die ‚Beaver'. Mein kleines Schlauchboot war nirgends mehr zu sehen. Sowieso naß bis auf die Knochen, verzichteten wir auf eine Suche, denn sie hätte wahrscheinlich nicht zum Erfolg geführt. Ich stürzte mich in die Flut und erreichte die Maschine auf diese Weise wahrscheinlich viele Stunden früher.

Ich stellte fest, daß ein Ankerseil gerissen war, doch das des zweiten Ankers hatte gehalten. Dieser Anker hatte sich derart in dem Buschwerk verfangen, daß ich das Seil kurzerhand kappte. Allein konnte ich den ‚Vogel' nicht aus den Büschen herausbekommen. So winkte ich Bucky und Joe heran. Warum sollten sie es auch leichter haben als ich? Inzwischen untersuchte ich die Maschine auf Schäden. Nicht einen Kratzer konnte ich finden. Freunde, was haben wir Glück gehabt in diesen Tagen! Als ich sicher war, daß wir es geschafft hätten, rief ich meine Frau über Funk an. Wie war sie glücklich, als sie meine Stimme hörte! Sie erzählte mir, daß bereits eine Suchexpedition vorbereitet würde, da sie uns natürlich als überfällig gemeldet hätte. Ich gab ihr Auftrag, einen Wagen bereitzuhalten, damit Aka sofort in das Krankenhaus gebracht werden könne.

Dann startete ich die ‚Beaver'. Nie hat mich das Heulen des Motors so angepackt! Es klang mir wie ein Jauchzen, und wir drei jauchzten mit! Und nun, fellows, möchte ich eine Flasche Rum für mich ganz alleine haben, damit ich mich besaufen kann!"

Er bekam sie, doch wir halfen kräftig mit, sie zu leeren. Dann schliefen wir uns gründlich aus. Erst am späten Nachmittag waren wir fertig zum Abflug. Jetzt erst spürten wir, daß es hier und da zwickte. Kein Wunder, denn die entfesselte Natur hatte uns allen übel mitgespielt. In allen Regenbogenfarben schillerten unsere Glieder. Aka war schwach, doch guter Dinge. Er konnte sogar schon wieder lächeln, als Ted einen Witz hören ließ, um ihn zu erheitern.

Dann hieß es Abschied nehmen von Joe und seiner Sippe. Entrüstet lehnte er eine Bezahlung für die Führung ab. Wir füllten stattdessen seinen Munitionsbedarf auf und bewiesen somit unsere Dankbarkeit. Er und wir wußten, daß wir gegenseitig ohne viele Worte Freundschaft geschlossen hatten.

Das Wiedersehen zwischen Ted und seiner Frau trieb mir das Wasser in die Augen. Doch wir hatten keine Zeit für sentimentale Gefühle, denn Aka mußte so schnell wie möglich unter ärztliche Kontrolle. Vorsichtig hoben wir den Freund in einen Wagen, in dem wir ihn liegend transportieren konnten. Selbstverständlich begleiteten wir ihn in die kleine Stadt. Dann besuchten wir seine Frau in Timagami und brachten auch sie zum Krankenhaus. Nach Hinterlassung ausreichender Dollarnoten bat ich Ted, Bucky und mich zum Ghostriver zu fliegen, wo der alte Trapper, seine Familie sowie Werner Griese und Arnold Krausen schon in Unruhe auf uns gewartet hatten. Ted sollte uns fünf Tage später wieder abholen. Wir sahen dem Freund nach, bis sein Flugzeug hinter dem Urwald verschwand.

SIEBENTES KAPITEL

Der überlistete Hauptbär

Auch über dem Ghostriver war schweres Wetter niedergegangen. Das Hochwasser hatte einen Teil des lebenswichtigen Bootssteges weggerissen. Werner und Arnold hatten dem Trapper geholfen, diesen wieder herzustellen. Erst als das Wetter umschlug und sich die Wassermassen langsam verliefen, gingen sie mit Dennis in den Busch, um festzustellen, ob Eugènes alter Feind, der Schwarzbär, noch oder wieder in der Gegend wäre.

In Anbetracht der Überschwemmungen meinte Dennis, daß der Bär wahrscheinlich höher liegendes Gelände aufgesucht hätte, und er wußte, wo sie nach ihm Ausschau halten sollten. Dort fanden sie am zweiten Tage nach ihrer Ankunft eine frische Fährte, die Dennis lange untersuchte, bis er erklärte, daß sie nicht von dem Hauptbären stamme. Am dritten Tage sagte Eugène zu Dennis: „Warum sucht ihr nicht auch die Höhe ab, wo die ‚Zwillinge' stehen. Ich glaube nicht, daß es dort zu naß geworden ist. Im vergangenen Jahr habe ich den Bären dort mehrmals gesehen!"

Während des Nachmittags gingen Dennis und die Freunde Eugènes Hinweis nach. Auf einem aus Westen kommenden Nebenfluß des Ghostriver fuhren sie stromauf. Nach etwa zwei Meilen erreichten sie ein hochgelegenes, stark felsiges Waldgebiet. In der Mündung eines Baches, der den Abfluß eines kleinen auf der Höhe liegenden Sees bildete, verankerten sie das Boot. Schon hier stießen sie im Schwemmsand auf frische Trittsiegel eines Bären, denn es stand noch kein Wasser in den Sohlenabdrücken.

„Seht hier", rief Dennis aufgeregt, „das ist die Fährte des Alten! Durch den schief verheilten Schußbruch steht die linke Vorderpranke nach außen."

Die drei folgten dem Bach aufwärts und fanden weitere Zeichen, daß der Bär hier entlanggewechselt war. Am Waldsee angekommen, suchten sie das Ufer ab. Mehrere Steine waren hier vom Bären auf Insektensuche umgewälzt worden. Auch trug der Wind den drei Fährtensuchern einmal die süßlich riechende Witterung des Bären zu. Dennis war befriedigt und brach die Ruhe ab. Am Abend unserer Ankunft am Ghostriver besprachen Eugène, Dennis und wir Freunde, wie wir den als klug und verschlagen bekanntgewordenen Petz überlisten könnten. Eugène riet: „Ihr müßt noch verschlagener sein, wenn ihr den Alten hineinlegen wollt! Merkt er, daß ihr ihm nachstellt, dann wird er schnell einen Tagesmarsch zwischen sich und euch gebracht haben. Der Alte ist sehr klug! Das hat er mir nur zu oft bewiesen. Bis heute war ich derjenige, den er an der Nase herumgeführt hat. Aber ich habe eine Idee, und ich denke, sie ist gut!"

Da Eugènes Zunge sich wesentlich besser löste, wenn er den Duft des Feuerwassers roch, sorgte Bucky als unser Kellermeister für volle Gläser. Nachdem der Alte einen tüchtigen Schluck genommen hatte, fuhr er fort: „Ihr habt nur dann eine Chance, wenn ihr den Alten täuschen könnt. Wenn ihr leise und heimlich durch den Busch schleicht, habt ihr das Spiel schon verloren! Er wird euch beobachten und sich sogleich davonmachen. Fischt also täglich auf dem Fluß dicht an der Bachmündung, wo sowieso gute Zander stehen. Wird es euch dort leid, dann marschiert hinauf zu dem Waldsee und werft dort die Spinner vom Ufer aus. Forellen schmecken auch gut. Unterhaltet euch aber laut dabei! Ihr dürft nicht leise sein, das würde ihn warnen und nervös machen! Laßt in der Nähe, wo ihr die Stinkfische, die Dennis bereits beschafft hat, aufhängen sollt, stets einige gerade gefangene Fische liegen. Nimmt er diese an, dann habt ihr schon halb gewonnen. Nur stellt sehr sorgfältig fest, ob er es tatsächlich war, der die Fische annahm, oder ob sie vom Nerz oder Fischotter gefressen wurden. Sie sind zahlreich dort vertreten. Auch legt die Fische nicht so ab, daß sie leicht von den Möwen gefunden werden. Am besten ist, daß ihr auch die frischen Fische halbhoch in die Büsche hängt!"

Eugène nahm wieder einen Schluck; wir taten das gleiche, und dann rollte er den Faden erneut auf: „Hat der Alte die frischen Fische angenommen, dann mag es sein, daß er auch das Luder annimmt. Er ist jetzt sehr hungrig, besonders weil die Natur durch die starken Regenfälle sehr gestört wurde. Sicher bin ich mir aber nicht, daß er solche Dummheit machen wird. Auf meine Tricks ist er jedenfalls nie hereingefallen. Er war immer schlauer als ich! Vielleicht ist er euch gegenüber aber weniger mißtrauisch. Mich kennt der Bursche genauso gut wie ich ihn!"

Eugène wendete sich nun an Dennis: „Beschreibe mir genau, wo du überall Fährten von ihm gesehen hast."

Seiner Sache sicher, machte Dennis eine Skizze vom kleinen Waldsee und von dem zum Fluß führenden Bach. Er reichte sie dem Vater. Dieser nickte befriedigt: „Recht gut und ziemlich genau, mein Junge!" lobte der Trapper, studierte schweigend die Skizze und versah sie mit mehreren Punkten und Kreuzen. Dann fuhr er fort: „Ich will euch sagen, wie ihr den Alten überlisten könnt! Nur etwa hundert Schritte ostwärts vom Ausfluß des Baches am See werdet ihr zwei große runde Felsen finden. Ich taufte sie die „Zwillinge", da sie sich wie zwei Eier gleichen. Zwischen beiden – sie liegen genau 28 Fuß auseinander – steht eine alte hohe Kiefer, die einen abgebrochenen dicken Aststumpf gerade in der richtigen Höhe hat, um die Stinkfische aufzuhängen!"

Hier unterbrach ich den Trapper: „Woher weißt du, daß die zwei Felsen genau 28 Fuß voneinander entfernt stehen?"

Lächelnd sah mich Eugène an. „Ich habe viele, viele Jahre zwischen den Felsen eine Nerzfalle aufgestellt, und nirgends in diesem großen Raum hatte ich bessere Erfolge als an diesem Platz. Auch viele Marder, Otter, Luchse und sogar einige Timberwölfe gingen mir dort in das Eisen. Die ‚Zwillinge' haben es immer gut mit mir gemeint, darum kenne und liebe ich die Steine!"

Nachdenklich paffte er an seiner Pfeife. Kaum hörbar fügte er hinzu: „Vielleicht bringen sie auch euch Glück!"

Er schwieg eine Weile, dann gab er uns weitere Ratschläge: „Zwischen den ‚Zwillingen' wachsen nur Blaubeeren, ebenso um sie herum. Der erwähnten hohen Kiefer gegenüber steht eine andere, rund 60 Schritte entfernt in Richtung des Baches. Sie hat zwei starke Äste, die übereinanderliegen. Sägt, was die Sicht stört, ab, und ihr habt einen idealen Hochstand und ein völlig freies Schußfeld! Auch den Platz, wo die Luderfische hängen, könnt ihr von hier aus einsehen. Von diesem Hochstand aus sind es 75 Fuß bis zum Seeufer. Dort werdet ihr einen Felsen finden, den ich die ‚Zunge' nenne, da es aussieht, als schöpfte eine Zunge Wasser. Hier laßt die frischen Fische liegen oder hängt sie dort an die Büsche. Alles Wild geht dort zum Wasserschöpfen.

Stellt ihr fest, daß der Bär die hinterlassenen Fische angenommen hat, so hängt dann erst die Stinkfische aus, und einer von euch nimmt seinen Ansitz auf der Kiefer ein. Zieht am besten das Los, wer es sein soll, dann bleibt ihr Freunde! Alle anderen verlassen laut lärmend den See, und wieder einer von euch richtet sich eine Blende genau gegenüber der Bachmündung auf der anderen Seite des Flusses ein. Wird der Bär krankgeschossen und hat er noch Kraft genug, sich zu trollen, oder warnt ihn eure Wittrung, dann kommt er ganz bestimmt flüchtig am Bach entlang. Es ist für ihn der leichteste und schnellste Fluchtweg. Derjenige, der vor der Bachmündung wartet, muß allerdings zu einem schnellen Schuß bereit sein! Ihr anderen aber macht ordentlich Spektakel, wenn ihr mit dem Boot den Fluß stromab fahrt. Vergeßt das nicht, macht Lärm!"

Der alte Trapper erinnerte mich an die Lagebesprechungen während des Weltkrieges. Ich amüsierte mich köstlich, daß er unseren Erfolg von der Stärke des Lärms abhängig machte. Jedoch, sein Trick leuchtete mir ein. Er kannte seinen alten Feind besser als wir. Ich bat Dennis, aus vier Streichhölzern die Lose herzustellen, um die Ansitzfrage sofort zu klären. Der Glückliche war Bucky, und Werner zog den Ansitz am Fluß. Arnold sagte grinsend: „Na, wenigstens bin es nicht ich, der stundenlang Studien über Moskitos, Schwarzfliegen und sonstige Stechmücken betreiben muß!"

Ich hatte Verständnis für seine Bemerkung, denn die Plage konnte unerträglich werden, wenn auf die vorausgegangenen Regentage schwüles Wetter folgte. Es sah mir ganz danach aus. Ein Ansitz im Frühjahr kann dann zu einer Folter und nur von passionierten Jägern ausgehalten werden. Zwar kann man sich gegen Bisse und Stiche durch Einreibeöle schützen, jedoch allein schon das Schwirren von Mückenwolken um das Gesicht herum zerrt an den Nerven. Einen Schleier kann man kaum verwenden, denn die Insekten kriechen doch überall hinein, wo man es nicht für möglich hält, und das Kitzeln und Jucken treibt einem den Angstschweiß aus allen Poren. Es wurde eine lange Nacht, bis wir schlafen gingen.

Erst am späten Nachmittag machten wir uns auf den Weg. Der Trapper hatte Bucky und mir sein Boot zur Verfügung gestellt. Während der Anfahrt unterhielten wir uns „nach Vorschrift" laut und ungezwungen. Bei der Einmündung des Baches machten sich Dennis und Werner daran, am gegenüberliegenden Ufer eine gute Blende zu bauen, die sich der Umgebung unauffällig anpaßte. Inzwischen warfen wir die Blinker und fanden schnell bestätigt, daß hier viele Zander standen. Wir zogen so viele heraus, daß wir die Mehrzahl wieder zurücksetzen mußten. Einige nahmen wir mit zum kleinen See, um sie dort in die Büsche zu hängen, wie Eugène es uns geraten hatte. Auch den Hochstand bauten wir in der alten Kiefer, die uns der Trapper beschrieben hatte.

Ich hatte auch eine leichte Fliegenrute mitgenommen und warf am

Waldsee Naßfliegen verschiedener Arten, Farben und Größen. Meine Freunde fischten mit kleinen Spinnern und hatten bereits ihr erlaubtes Tagessoll an Saiblingen erreicht, bis ich den ersten Biß spürte, den Fisch jedoch verlor. Erst als ich Nymphen verwendete, kam auch ich zum Erfolg. Alle Saiblinge hatten fast die gleiche Größe und wogen etwa ein halbes Pfund, gerade recht für „Saiblinge blau". Währenddessen sorgten Arnolds angeborener Witz und Humor dafür, daß uns der alte Bär hören mußte, wenn er sich in der weiteren Umgebung befand.

Obwohl wir uns also laut unterhielten, bummelte ein Nerz furchtlos in unserer Nähe herum. Sein Balg leuchtete in einem wundervoll satten Schokoladenbraun. Er war sehr stark und mochte fast zwei Kilogramm wiegen und einschließlich der Rute etwa 70 Zentimeter lang sein. Ab und zu richtete sich das graziöse Tier auf und sicherte. So konnte ich die lichten Flecken unter dem Kinn und auf der Brust gut erkennen. Sein kleiner Kopf mit den runden Gehören war ständig in Bewegung. Nichts schien dem gierigen kleinen Räuber zu entgehen. Als ob er uns eine Schau geben wollte, rann er eilig über den See. Wenig später kam er auf demselben Weg zurück und trug irgendeine Jagdbeute in seinem Fang.

Die Lebensweise der Nerze hatte mich immer besonders interessiert, und ich beobachtete sie, wo dazu Gelegenheit war, immer waren die Tiere recht scheu. So dunkelfarbig wie diesen Nerz hatte ich Nerze nur in den nördlichen Koniferen-Wäldern gesehen. Mehr südlich, in den Mischwäldern, ist das Braun des Balges heller. Die lichten Modefarben gezüchteter Nerze erscheinen mir mit den kräftigen satten Farben in der Natur keinen Vergleich auszuhalten, auch nicht in Haarfülle und Glanz.

In Kanada ist der Nerz überall vertreten. Ich sah ihn auch mitten in menschlichen Siedlungen, durch die ein Bach oder Fluß führt, oder auch am Teich einer Farm. Nur in wasserarmer Gegend wird man ihn vermissen. Seine Nahrung ist vielseitig, unermüdlich ist er auf der Jagd. Er lebt von Bisamratten, Vögeln, Kaninchen und Hasen, von Mäusen, Fröschen, Salamandern und Schlangen, von Fischen, Muscheln und Krebsen. Ja, er schlägt eine Libelle aus der Luft. Keine Kreatur, die er bewältigen kann, ist sicher vor ihm! Einer meiner Jagdfreunde erlebte, wie ein Nerz seinen apportierenden Spaniel angriff. Wehe, gelingt es ihm, in eine Geflügelfarm einzudringen, es würde ein Massenmord erfolgen!

Unter einer geschützten Uferbank, in Röhren der Bisamratten, in einem hohlen Baum, kurz überall dort, wo geeignete Verhältnisse gegeben sind, richtet sich die Fähe ein, um vier bis acht Junge zu werfen. Fünf Wochen nach dem Wurf werden die Jungen sehend, und schon nach vier bis fünf Monaten beginnen sie ihr selbständiges Leben. Ihre Ranzzeit fällt in die Monate Januar bis März.

Die frisch gefangenen Zander hingen wir in die Büsche, seitlich der „Zunge", wie Eugène es uns geraten hatte. Dann verließen wir voll Hoffnung den lieblichen Waldsee.

Auch am nächsten Vormittag beeilten wir uns nicht. Gemütlich nahmen wir unser Frühstück ein. Bucky erschien unser jagdliches Verhalten sonderbar. Er machte seine ironischen und sarkastischen Bemerkungen darüber. Als ich widersprach, sah er mich erstaunt an. „Warte ab!" sagte ich. „Mir gefällt Eugènes Idee. Dieser erfahrene Buschläufer hat größere Erfahrungen, als wir jemals sammeln konnten!"

Vor der Hüttentür wehte uns ein warmer Südwind entgegen und meldete den ersten heißen Frühlingstag an. Wieder fischten wir erst an der Bachmündung und gingen am frühen Nachmittag hinauf zum kleinen See. Dort gab es für uns eine Riesenüberraschung: Nicht ein Zander hing mehr an den Büschen! Sorgfältig suchten wir den Erdboden ab, um zu erkennen, wer sie geholt hatte. Bald bestätigte der junge Indianer, daß es der alte Bär gewesen war. Erst als er uns Einzelheiten erklärte, erfaßten auch unsere Augen die untrüglichen Zeichen, die zwischen den abgestorbenen Tannen- und Kiefernnadeln und verwelkten Blaubeerblättchen nur schwer erkennbar waren.

Arnold und Dennis verließen uns sogleich, um die Luderfische zu holen und den gewaltig stinkenden Ludersack am Aststumpf der hohen Kiefer zwischen den „Zwillingen" so aufzuhängen, daß der Bär ihn leicht erreichen konnte.

Wir fischten noch eine Stunde mit dem Spinner, dann kletterte Bucky auf seinen Hochsitz, und wir verließen geräuschvoll den lieblichen Waldsee. Eugène hätte an unserem Lärm seine wahre Freude gehabt! Flink kroch nun auch Werner in seine Blende hinein. Kaum konnte man sie erkennen, so gut war sie der Umgebung angepaßt. Arnold rief noch schnell seinem Freunde gehässig zu: „Waidmannsheil – – für die Schwarzfliegen!" Dann fuhren wir mit voller Motorkraft zurück.

Mit Eugène und seiner Familie saßen Arnold und ich erwartungsvoll vor der Wohnhütte des Trappers und genossen die Abendstunden und die Kühle nach dem heißen Tag. Unweit ästen ein Elchtier und Kalb an den jungen Schilftrieben dicht am Ufer des Flusses. Ein Graureiher stolzierte bedächtig über den Sumpf, um sich aus dem lautstarken Orchester der Frösche einen Unglücklichen herauszugreifen. Der letzte Schein des schwindenden Tages verblaßte langsam.

Da hörten wir in schneller Folge drei Schüsse fallen! Nur Madame war sitzen geblieben. Eugène war ebenso schnell auf seinen alten Beinen wie wir. Da außer uns andere Jäger nicht am Ghostriver waren, mußte einer der Freunde geschossen haben!

„Laßt uns erst eine halbe Stunde warten!" riet Eugène. „Nur nicht zu hastig sein jetzt, das könnte alles verderben!" Er ging in das Werkhaus und kam mit Säge, Axt und einer Menge kräftiger Stricke zurück. „Geht und holt euch eure Taschenlampen, wir werden sie brauchen!", warnte er. Dann bestiegen wir sein großes Aluminiumboot. Madame protestierte energisch, weil Eugène mitfahren wollte, doch er winkte nur kurz und wortlos ab.

Es war dunkel geworden, als wir den schmalen Fluß langsam stromauf fuhren. Werner trafen wir wartend am Ufer. Er sagte: „Ich sah nichts! Es scheint, daß Bucky Waidmannsheil hatte!" Arnold konnte sich nicht versagen, sogleich zu fragen: „Wie haben sich denn die lieben Schwarzfliegen benommen?" „Sehr rücksichtsvoll!", behauptete Werner, doch als der Lichtkegel unseres Scheinwerfers auf sein Gesicht fiel, sahen wir, daß er überall blutete, vor allem unter den Augen. Nun gestand er: „Es war eine Hölle! Ich hatte das Fläschchen mit dem Einreibeöl verloren, es muß mir unterwegs aus der Hosentasche gerutscht sein. Diese Stunden werde ich sobald nicht mehr vergessen!" Wir gaben ihm unsere Schutzmittel, doch er ging zuvor in den Fluß hinein, um sich zu waschen und abzukühlen. Nachdem er sich mit dem Öl eingerieben hatte, meinte er treuherzig: „Nun finde ich wieder Freude am Dasein, ich hatte schon Selbstmordgedanken!"

Eugène voran, wanderten wir langsam am Bachbett den Hang hinauf. Schon bald mußte Bucky die Lichtkegel unserer Lampen gesehen haben, denn er rief: „Kommt, der Alte hat seinen Fehler gemacht!"

Wir fanden den Freund neben dem Bären, der zwischen den „Zwillingen" lag, als schliefe er. Sein Kopf ruhte auf einer der Vorderpranken. Der alte Trapper kniete nieder und betrachtete die linke Tatze. Wortlos nickte er, und ebenso schweigsam schüttelte er Buckys Hand. Kein Laut kam aus seinem Mund.

Auch wir gratulierten dem überglücklichen Freund. Dieser legte beide Hände auf Eugènes Schultern und sagte zu ihm: „Ich hatte gute Lehrmeister, die mich die Kunst des Jagens lehrten. Der beste unter ihnen aber bist du! Deine Klugheit hat mich gelehrt, daß ich noch viel zu lernen habe!" Der Trapper nickte wortlos, während sich sein Blick noch immer nicht von seinem alten Feinde gelöst hatte.

Dann baute Dennis aus schnell gefällten und entästeten dünnen Tannenstangen und Stricken eine Trage, auf die wir den Bären hinaufrollten. Die Last schleppten wir, je zwei Mann beiderseits des vorderen Querholzes, durch den Busch zum Bachbett. Dennis mußte uns derweilen den Weg mit der Axt freiholzen. Am Bachbett wurde es leichter, die schwere Bürde hügelabwärts zu ziehen, und wir erreichten ohne wesentliche Schwierigkeiten Eugènes Boot und rollten den Schwarzen hinein. Schweigend fuhr Eugène seinen gefällten Feind zur „village", wo wir ihn auf den Bootssteg hinaufzogen und Dennis ihn lüftete.

Es war 11 Uhr abends geworden, als wir uns zusammensetzten, um den alten Bären abzufeiern. In dieser Nacht löste selbst das Feuerwasser nicht Eugènes Zunge. Nur unwillig und mit seinen Gedanken abwesend, antwortete er auf unsere Fragen. Schweigsam hörte er Buckys Schilderung zu:

„Es begann zu dämmern, als ich den Bären hinter den ‚Zwillingen' wahrnahm. Ich hatte kein Geräusch gehört, er stand plötzlich wie aus dem Boden gewachsen da. Minutenlang verharrte er völlig bewegungslos. Ich konnte ihn nur teilweise sehen, da er hinter dem rechten ‚Zwilling' stand. Dann verschwand er so leise, wie er gekommen war, im Busch. Mein Herz schlug wild, und mich überfiel das Schütteln, das jedem Jäger bekannt ist. Bitter enttäuscht, grübelte ich darüber nach, was ihn vergrämt haben mochte, als ich direkt unter mir eine Bewegung mehr fühlte als sah. Der Bär stand unter mir! Niemals zuvor hatte ich solches Jagdfieber. Ich flog an allen Gliedern, es fiel mir schwer, zu atmen, und ich öffnete weit den Mund. ‚Nur nicht bewegen jetzt', schoß durch meinen Sinn. Die Schwarzfliegen und Moskitos peinigten mich grausam. Schweiß brach mir aus allen Poren.

Eine Ewigkeit war – wie mir schien – vergangen, als der Bär sich langsam auf die ‚Zwillinge' zu bewegte. Mein Daumen lag auf dem Sicherungsknopf. Der Bär verhoffte und verhielt völlig bewegungslos. Ich fürchtete, daß er sogleich flüchtig werden würde. Ich bin sicher, daß er es vernahm, als ich entsicherte und anbackte, denn sein Haupt fuhr in die Höhe. Er war alarmiert! Mit äußerster Energie kämpfte ich nun gegen meine Erregung an und trug ihm die erste Kugel auf das Genick an. Der Schlag ließ ihn vorne niederbrechen, und eine Drehung gab mir seine linke Schulter frei, auf die ich die beiden folgenden Kugeln setzte. Dann rührte sich der Bär nicht mehr!

Es schüttelte mich nun wieder so, daß ich fast vom Baum gefallen wäre. Ich brauchte wohl 20 Minuten, um ruhiger zu werden, dann ließ ich mich am Stamm heruntergleiten. Was ich empfand, als ich an den gestreckten Hauptbären herantrat, kann ich euch beim besten Willen nicht mit Worten schildern!"

Als Bucky schwieg, stand Eugène auf, wünschte uns kurz eine gute Nacht und verließ die Hütte. Dennis folgte ihm.

Der Sonnenball kam gerade über dem Urwald hoch, als ich am nächsten Morgen aus der Hüttentür trat. Eugène saß auf dem Bootssteg, neben dem toten Bären. Langsam näherte ich mich, aber er nahm mich nicht wahr. Seine Hand strich ununterbrochen über das Haupt des Gestreckten.

Leise zog ich mich zurück. Hatte ich bisher geglaubt, daß der überraschend schnelle Jagderfolg über seinen langjährigen Widersacher den alten Trapper wortkarg gemacht hatte, so erkannte ich nun den wahren Grund. Haß und Liebe lagen hier nahe beieinander. Eugène trauerte um einen geliebten Feind, dem er sich wohl auch wesensverwandt gefühlt hatte.

Die Freunde erledigten später die rote Arbeit. Der seidige schwarze Pelz des Bären schmückt heute Eugènes Wohnraum, denn Bucky schenkte ihm die Trophäe.

Dieser Hauptbär hatte vom Fang bis zum Weidloch eine Länge von 208 Zentimeter, und sein Schädel maß in der Länge 31,5 Zentimeter und in der Breite 18,5 Zentimeter. Seine Fangzähne waren rund und stark abgenutzt, die unteren Schneidezähne fehlten.

Ted flog mit uns noch eine Runde über der „village", und uns begleitete eine frische Erinnerung, die niemals mehr verblassen wird. Zurück blieb ein alter Mann, der mit seinem großen Feind auch einen guten Freund verloren hatte!

Kanada-Gänse

Biber, Baumeister der kanadischen Landschaft

Ein Rudel Timberwölfe

ACHTES KAPITEL

Ein erfülltes Leben in der Einsamkeit

Nach einem heißen und regenarmen Sommer war es Herbst geworden. Ich hatte geordnet, was ich über den Trapper vom Ghostriver zusammengetragen hatte. Je tiefer ich in sein Leben hineingesehen hatte, desto mehr beeindruckte mich seine Persönlichkeit. Darum beschloß ich, abermals den Ghostriver stromab zu fahren, um noch mehr aus seinem Leben zu erfahren.

Mit nur einem Freund als Bootspartner die Fahrt zu wagen, erschien mir zu riskant. Bucky und Arnold konnten diesmal leider nicht an der Expedition teilnehmen. Einen neuen Begleiter fand ich in Willem Watson, Bill genannt, dem Chef der Verkehrspolizei der Stadt St. Catharines. Mit ihm hatte ich in vorausgegangenen Jahren mehrere Flüge in die Wildnis durchgeführt und in ihm einen gleichgesinnten Naturfreund gefunden. Auch wünschte er sich sehr, den alten Trapper kennenzulernen. Bills Freund, der Amerikaner Rush McMillen aus Pittsbourgh, fand sich ebenfalls bereit, neben Werner als vierter Mann die Reise anzutreten. Bill und Rush wirkten wie Pat und Patachon. Ersterer war ein Hüne mit einem Gewicht von 2½ Zentnern oder mehr, während letzterer ebenso kurz wie rund war.

Eines Abends um sechs Uhr starteten wir, Rush als Werners Wagen- und Bootspartner, Bill als der meine. Als die Sonne nach der langen nächtlichen Reise aufging, erstrahlten die unendlichen Wälder im goldgelben und purpurroten Gewande. Wir rasteten auf einer Höhe, um diesen grandiosen Anblick voll auszukosten.

Als wir endlich den Ghostriver erreicht hatten, sahen wir uns betroffen an, denn sein Wasserstand war so niedrig, daß der Fluß in seinem Bett fast um die Hälfte geschrumpft war. Werner und mir kamen Zweifel, ob wir mit den schwer beladenen Booten durchkommen würden ... Wir mußten es aber riskieren. Schon das Zuwasserbringen der Boote war sehr schwierig und kostete Schweißtropfen und einen abgequetschten Daumennagel. Um die Motorschrauben möglichst hoch laufen zu lassen, beluden wir die Boote stark vorderlastig. Endlich waren wir fertig zur Abfahrt, Bill kletterte in mein Boot und setzte sich auf den Bug. Ich ließ den Motor anlaufen, doch seine Schraube hing in der Luft und heulte empört auf. Ich hatte Bills Gewicht nicht mit einkalkuliert! Rush und Werner bogen sich vor Lachen. Nach dem Umladen gab ich jede Hoffnung auf, auch nur die nächste Flußwindung erreichen zu können. Jedoch erreichten wir sie und schließlich sogar Eugènes „village"! Zwar hatte es einen Propeller und mehrere Sicherheitssplinte gekostet, und Bill war mehr im Ghostriver gewatet als gefahren, bis wir tieferes Wasser erreicht hatten. Rush nannte es die „Ghostriver-Taufe".

Der alte Trapper schüttelte verwundert seinen Kopf, als ich ihm die Freunde vorstellte, die er genauso durchdringend musterte und abschätzte, wie einst meine damaligen Gefährten und mich. Da ich Bill als Chef der Verkehrspolizei vorgestellt hatte, antwortete er schlagfertig: „Na, dann kann ich verstehen, daß ihr hier seid. Ich habe es nicht gewagt, mit dem leeren Boot euch entgegenzufahren, um Lasten zu übernehmen. Solch Verkehrspolizist muß es ja gewiß besser können!"

Auch Joky, der zahme Fischotter, begrüßte schnalzend und schmatzend die beiden neuen Freunde am Bootssteg. Rush fragte den Trapper verwundert: „Sind alle Tiere hier so zutraulich?"

„Yes, Sir", schmunzelte Eugène, „sie fressen sogar aus der Hand!" Damit öffnete er den Kasten, griff einen Fisch und demonstrierte seine Behauptung. Der Zufall wollte es, daß ein Elchtier unmittelbar hinter den Gebäuden aus dem Busch trat und völlig vertraut zum Fluß zog, um dort zu schöpfen.

Als der kugelrunde Rush es sah, suchte er aufgeregt nach seiner Kamera, die er umhängen hatte.

„Komme zurück zur Erde", riet Eugène, „deine Kamera hängt unter deinem Bauch. Nimm dir Zeit, die alte Dame hat's nicht eilig. Sie ist sehr eitel und läßt sich gern photographieren!" So war es auch, und Rush verewigte ihr Porträt unter unserem Gelächter.

Da mein Besuch diesmal nur dem Vorhaben galt, so viel wie nur möglich aus Eugènes Leben zu hören, erklärte ich den Freunden, daß ich auf persönliche Freiheit bestände und sie sich selbst überlassen blieben. Werner und der junge Indianer Dennis würden sie führen. Schon bald nach unserer Ankunft sah ich ihre Boote stromab hinter der ersten Windung verschwinden. Werner wollte für „Enten in Rotwein" sorgen, Bill mit Rush für „Zander in Dill". Ich legte mich hin und hörte noch die Doppelschüsse aus Werners Flinte, bevor ich einschlief. Es sollte nur eine kurze Ruhepause sein, aber ich schlief durch bis zum nächsten Morgen.

Das lustige Jodeln der „loon" machte mich munter, ein erfrischendes Frühbad schnell hellwach. Ich bereitete das Frühstück, und bald rief das Gongen der Bratpfanne die Freunde zu Tisch. Damit begann eine der schönsten Wochen, die ich im Norden erlebte!

Ich hatte Eugène verraten, daß der Bestand an Feuerwasser diesmal unerschöpflich wäre. Es war natürlich nichts anderes als eine Bestechung, um den alten Trapper gesprächig zu machen. Und sie gelang! An einem Vormittag fischte ich mit ihm auf Stör. Im kaum spürbaren Wind ließen wir das Boot driften. Nur Geduld konnte hier Erfolg bringen, wir mußten suchen, wo die Störe standen. So hatte ich Eugène viele Stunden ungestört für mich alleine und konnte ihn fragen, soviel ich wollte.

„Eugène, kannst du dich noch gut entsinnen, als du mit deinem Kanu zum erstenmal den Ghostriver abwärts gefahren bist?"

Als würde er den langen Weg noch einmal zurückgehen, wanderten seine Blicke hinaus über den See. Ein frohes Lächeln lag auf seinem klugen, energischen Gesicht, als er anhub: „Ja, ich kann mich noch auf alles genau entsinnen, als hätte ich es erst gestern erlebt!

Mein Vater hatte mich vieles gelehrt, auch das Fallenstellen. Weil ich die Wildnis und die Tiere in ihr lieben lernte, beschloß ich, mein Leben als Trapper zu verbringen. Damals waren die Preise noch gut, man konnte die Bälge und Felle auf einer ‚trading post' der ‚Hudsonbay Company' auch gegen das eintauschen, was man nötig hatte. Erst verlor man dabei Haare wie ein alter Mann, bis man sein Geschäft erlernt hatte.

Sehr lange hatte ich darüber nachgedacht, wo es am besten wäre, ‚traplines' aufzubauen und sich anzusiedeln. Immer wieder hörte ich, daß alles Raubwild am Ghostriver besonders zahlreich und sein Haar besonders dicht und gut wäre. Darum beschloß ich, mich davon selbst zu überzeugen. Ich bat einen Freund, mich auf der Erkundungsfahrt zu begleiten und eventuell mit mir zusammenzuarbeiten. Er sagte zu.

Wir trugen ein Birkenkanu viele Meilen durch den dichten Busch. Straßen wie heute gab es damals noch nicht, nur einige feste Wege, die sich dann im Busch verliefen. Schließlich erreichten wir den Fluß, etwa wo heute die Brücke steht.

Mein Freund war viel größer und auch stärker als ich, aber die Schlepperei und Plage durch die Moskitos hatten ihn so mitgenommen, daß seine Begeisterung schon bald verflogen war. Auch hatte er Buschangst, wenn nachts die Wölfe heulten. Ich wußte, daß er nicht zum Trapper geboren war."

Er sprach mit langen Pausen. Ich kannte den Alten gut und wartete geduldig, bis er weiterreden würde.

„Heute ist der Ghostriver nicht mehr so finster und unheimlich wie in jener Zeit. Du kannst dir kaum vorstellen, wie wild verwachsen er war. Hunderte von Fallbäumen lagen kreuz und quer über dem Fluß, ich war glücklich, wenn wir 100 Yards unbehindert vorwärts kommen konnten. Wir sägten nur aus, was unbedingt beseitigt werden mußte. Dennoch trugen wir das Kanu unzählige Male um Hindernisse herum, so daß wir nur sehr langsam vorwärts kamen. Erst mußte ich diese Gegend genau kennenlernen, bevor ich an die sicherlich langwierige und harte Arbeit herangehen wollte, den Fluß passierbar zu machen.

Als wir endlich den finsteren Wald hinter uns ließen und das helle Schwemmland mit seinen riesigen Schilffeldern erblickten, begeisterte ich mich an dem Bild so sehr, daß mein Entschluß, mich hier anzusiedeln, schon feststand, bevor ich den großen Wildbestand erkundet hatte. So hielt ich die Augen weit offen, um einen guten Platz zu finden, wo ich ohne allzu große Mühen ein Haus bauen konnte. Aber es dauerte viele Tage, bis ich fand, was ich suchte. Roden und den Busch abräumen, wollte ich nicht, und im Auengebiet war es zu naß, denn das Hochwasser mußte ich mit einkalkulieren. Darum suchte ich nach einer hochliegenden Lichtung dicht am Fluß, also nach einem Platz, wo der Urwald nahe an ihn heranreicht. Er sollte am Westufer liegen, damit die Morgensonne auf der Hütte lag und er nach Westen und vor allem Nordwesten durch dichten Busch und hohe Bäume Schutz gegen Wind und Kälte fand. Du weißt ja, es ist nicht allzu weit bis zum Nordpol, und es wird hier sehr kalt im Winter!

Endlich fand ich den Platz, auf dem heute mein Anwesen steht, mit einer Aussicht, wie sie am ganzen Fluß besser nicht gefunden werden konnte. Bis zur Mündung des Flusses in den See Abitibi waren es nur wenige Meilen. Am Ostufer trat, wie auch heute noch, der Wald bis an den Fluß heran. Überall, wo ich auch Ausschau hielt, sah ich Zeichen von Wild aller Arten. Verhungern konnte ich hier nie, das war mir klar.

Ich steckte meine ‚homestead' ab, die mir nach den Landesgesetzen gehören würde, sobald meine erste Hütte gebaut war. Heute gehört mir viel Land hier, nicht aber der Fluß, der Eigentum des Staates blieb.

Er war so fischreich und ist es immer noch, daß ich keine Sorgen haben konnte, zu darben. Zufrieden mit der Welt, machte ich meine Ansprüche geltend. Mein Freund aber wollte nicht mithalten, seine Begeisterung war erloschen. Er versprach mir aber, beim Bau der Hütte zu helfen, wenn ich ihm später einige gute Felle und Bälge dafür geben würde. Er bekam sie reichlich!

Im Frühjahr des nächsten Jahres machte ich mich daran, den Ghostriver auszuholzen und für Kanu und Floß passierbar zu machen. Nie in meinem Dasein mußte ich härter arbeiten, ich verlor fast mein Leben dabei.

Drei Sägen und eine Axt nahm ich damals mit auf die zweite Fahrt und fand das Kanu unversehrt, wo ich es zurückgelassen hatte. Zwei der Sägen stellten sich als unbrauchbar heraus. Mit ihnen hatte man mich betrogen. Die dritte mußte ich jeden Tag zweimal feilen, um mit ihr arbeiten zu können. Die Hornhaut an meinen Händen wurde dick wie Elchleder. Die oft starken Stämme zerteilte ich in solche Längen, daß sie gut abtreiben konnten, ohne den Fluß zu verstopfen. Dennoch taten sie es, und ich stellte erst am dritten Tage fest, welch ‚greenhorn' ich war. Natürlich mußte ich mit dem Aussägen dort beginnen, wo der Fluß in das freie und flache Gelände mündete. Wie ich ohne Hilfe eines Freundes dorthin gelangt bin, ist mir heute noch ein Rätsel. Nun ging die Arbeit weit besser voran, und ich hatte Aussicht, mit ihr fertig zu werden, bevor die Sommerhitze kam. Die abgesägten Stämme sollten mir für viele Winter zum Heizen dienen. Was zu weit abgetrieben war, sog sich voll mit Wasser und liegt heute noch auf dem Seeboden!"

Eugène deutete mit einer Kopfbewegung auf meine Rute, die sich langsam durchbog. „Du hast einen Biß", sagte er.

Kräftig schlug ich an und setzte den starken Drilling. Dann begann das altgewohnte Spiel. Wir folgten dem Fisch, während ich den Gegenzug beständig erhöhte. Nach Art des Störes zog der Fisch in einem weiten Bogen zurück zum Ausgangspunkt, wo er verharrte, um neue Kraft zu sammeln. Ein schwerer Fisch war es nicht, das hatte ich bald gespürt. Dennoch ließ ich mir Zeit beim Drill. Endlich konnte ich den Stör vom Seeboden lösen und langsam hochbringen. Eugène legte eine Tauschleife um die Schwanzflosse, ich setzte das Gaff hinter die Kiemen, und gemeinsam hoben wir den Fisch ins Boot. Wir beschlossen, den etwa 20-Pfünder zu behalten und zu räuchern. Langsam trieben wir weiter, um einen zweiten Stör zu fangen, der als Tagesbeute erlaubt war. Ich schenkte uns einen Schuß Rum ein, zu dem wir frisch gebackenes, köstliches Brot aßen. „Erzähle mir weiter", bat ich den Trapper.

„Es war am siebenten Tage", erinnerte er sich, „als der Tod ganz dicht neben mir stand. Ich fühlte seine kalte Hand!

Zwei starke Tannen lagen gekreuzt über dem Fluß. Ich kletterte hinauf und schlug mit der Axt die Äste ab. Dann machte ich mich daran, den obenliegenden Stamm zu zerlegen. Dabei veränderte sich das Spannungs- und Druckverhältnis, der Hauptstamm drehte sich plötzlich und traf mich mit Wucht an der Stirn.

Als ich meine Augen wieder öffnete, lag ich dicht am Ufer im Fluß, nur mit dem Kopf über Wasser, ein Stamm über meinem Leib hielt mich fest. Ich hatte sehr starke Schmerzen im Kopf und blutete aus einer Wunde an der Stirn und aus der Nase. Meine Säge sah ich nirgends, und das erregte mich sehr. Dann muß ich für lange Zeit wieder das Bewußtsein verloren haben, denn die Sonne stand schon im Westen, als ich wieder erwachte. Auf dem linken Auge konnte ich nicht sehen, doch Gott sei Dank war es nur Blut, das mir ins Auge gelaufen und geronnen war.

Im Busch hörte ich Geräusche. Zum ersten Male in meinem Leben bekam ich Angst, furchtbare Angst, weil ich fürchtete, daß mein Blutgeruch die Wölfe gierig machen könnte. Hastig fing ich an, mit den Händen Sand und Schlamm unter meinem Körper wegzuschaffen. Die Wölfe durften mich nicht so hilflos finden. Heute weiß ich, daß meine Todesangst zwar nicht unberechtigt, jedoch übertrieben war.

In meiner Angst und Verzweiflung wühlte ich mich schließlich frei. Es war fast dunkel geworden, als ich mich unter dem Baumstamm herausziehen konnte. Schmerzen im Leib fühlte ich nicht, auch schienen meine Knochen heilgeblieben zu sein. Ich kroch zu dem Baum, an den ich mein Gewehr gelehnt hatte, und schob Patronen in die Kammer. Doch meine Angst blieb. Es muß die Schwäche gewesen sein, denn ich konnte mich kaum mehr aufrichten. Die ganze Nacht über kämpfte ich gegen die Ohnmacht, und es waren wohl auch die schleichenden Geräusche um mich herum und meine Angst, die mich wach hielten, bis es licht wurde. Diese Nacht war die schrecklichste meines Lebens, ich erinnere mich ihrer noch in allen Einzelheiten.

Auf der Stirn fühlte ich eine faustgroße Beule, die geplatzt war. Mit dem wachsenden Tageslicht wurde ich aber ruhiger. Ich wickelte mich in eine Decke ein und kroch unter das Kanu, das ich mit letzter Kraft umstülpen konnte. Es gab mir guten Schutz, und meine Todesangst wich. Sicher bin ich mir nicht, doch glaube ich, ich schlief einen ganzen Tag durch. Dann fing ich mir zwei Fische, die ich im Feuer röstete. Sie gaben mir neue Lebens- und Willenskraft.

Viele Stunden lang suchte ich dann verzweifelt nach der Säge, bis ich sie endlich im Busch fand, wohin sie geschleudert worden war. Nach einem weiteren Ruhetag fühlte ich mich wieder stark genug, meine Arbeit fortzusetzen. Damals war ich ja noch jung!"

Der Alte schwieg, und seine Blicke blieben weit draußen auf dem See. Dann bat er leise: „Laß uns heimfahren, ich will den Stör noch räuchern!"

Die Freunde erwarteten uns schon am Bootssteg und erzählten begeistert, was sie erlebt hatten. Bill hob einen kapitalen Zander hoch, der 17 Pfund aufbrachte, und Rush hinkte mit einem Zander hinterdrein, der nur ein Kilogramm weniger wog. Beide hatten schon begonnen, die Fische abzuhäuten, um sie sich später präparieren zu lassen. Auch Werner hatte ein volles Tagesquantum an Enten zur Strecke gebracht.

Abends beschlossen wir, den See Abitibi zu überqueren, um in den breiten Schilfbändern des „Garrison Creek" Ausschau nach Kanada-Gänsen zu halten. Mit drei Booten machten wir uns in der Morgendämmerung auf den Weg. Als wir den großen See erreichten, lag leichter Nebel über seinem spiegelglatten Wasser, und die Sonne kletterte gerade über die Wipfel des Urwaldes. Der alte Trapper übernahm nun die Führung und richtete den Bug seines Bootes nach Nordosten. Im Kielwasser folgten Werner mit Bill in seinem Boot, dahinter Rush und Dennis in dem meinen. Während der eineinhalbstündigen Fahrt blieb die Sicht begrenzt. Aus dem leichten, dicht über dem Wasser liegenden Dunst tauchten vor und um uns kleine und größere bewaldete Inseln auf, ein ebenso eigenartiges wie schönes Bild.

Unbeirrbar sicher fand der alte Trapper seinen Weg, der zwischen hunderten von Inseln hindurchführte. Ohne diesen Führer hätten wir das Ziel, „Iroquois Point", an der Mündung des „Garrison Creek" niemals gefunden. Gerade hatte sich der Nebel aufgelöst, als wir den in Jahrtausenden blank polierten, großen runden Felsen, der als lang vorgeschobene Nase am Westufer des Flusses in den See hineingriff, vor uns liegen sahen.

Auf ihm erblickten wir eine alte Blockhütte in noch erstaunlich gutem Zustand. Kein Fürstenschloß hätte auf einem besseren Platz stehen und einen schöneren Weitblick bieten können! Kein Lufthauch wehte. Das Licht der Morgensonne versilberte den glasglatten See, und Bäume und Büsche glühten und leuchteten in allen Farben des Herbstes.

Wir traten in die alte Hütte ein. Eugène erklärte uns: „Diese Hütte stand schon hier, als ich als junger Mann zum erstenmal hierhin kam. Ihr Anblick überraschte mich sehr, da ich von ihr niemals etwas gehört hatte. Ihr Alter ist schwer schätzbar. Sie mag vor 150 oder auch vor 200 Jahren von Siedlern gebaut worden sein. Daß sich die Bewohner noch gegen Indianer hatten verteidigen müssen, nehme ich als sicher an, denn ich machte hier einige Funde, die darauf hindeuten. Hier fand ich bei meinem ersten Besuch den Schlaghammer eines Feuersteingewehres!"

Der Trapper entnahm seiner Rocktasche ein kleines Päckchen, das er zu unserer Verwunderung noch kurz vor der Abfahrt aus seinem Hause geholt hatte. Sehr behutsam packte er es aus. „Seht hier, Freunde, dies ist dieser Hammer. Ich fand ihn, als ich hinter der Hütte eine Grube auswarf, um mein getrocknetes Elchfleisch und Brot darin aufzubewahren und kühl zu halten. Ich habe natürlich nur wenig Kenntnisse über Waffen vergangener Zeiten, hörte aber, daß das Luntenschloßgewehr Ende des 16. Jahrhunderts von dem 200 Jahre lang verwendeten Feuersteinschloßgewehr abgelöst wurde. Viel Wasser floß also vom Creek in den See, seit dieser Hammer zum letzten Male Funken aus dem Feuerstein geschlagen hatte!"

Eugène legte nun auch einen Feuerstein auf den klobigen Tisch der Hütte und fuhr fort: „Auch diesen fand ich hier beim Graben. Ihr müßt wissen, daß solche Steinart hier nicht vorkommt. Die viel südlicher lebenden Indianer brachten diese Steine als Tauschobjekte in den Norden. Damit scheint bewiesen, daß beide Funde hier einmal gemeinsam verwendet wurden. Nun will ich euch noch mehr Interessantes zeigen!"

Wir verließen die Hütte und folgten dem Alten. Nach etwa 50 Schritten kamen wir zu einem Erdwall, der halbmondförmig den Platz nach Westen, nach der Waldseite, abschirmte. Ohne Zweifel wurde er von Menschenhand errichtet. Eugène erzählte uns: „Als ich hier grub, fand ich die verrotteten Stümpfe von Stämmen, die aufrecht im Erdboden steckten. Sie waren also die Reste eines Palisadenzaunes, der auf diesem Wall gestanden hatte. In der Hoffnung, mehr Gegenstände aus alter Zeit zu finden, grub ich dann öfter hier. Es lohnte sich!"

FUNDSTÜCKE AUS DER PIONIERZEIT

Der Trapper öffnete nun ein größeres Bündel, das er in der Hand getragen hatte. Es enthielt ein stark von Rostnarben zerfressenes Tomahawk. Wir betrachteten diese Fundstücke mit dem größten Interesse und photographierten sie auch. Wir dankten ihm dafür, daß er sie mit auf diese Fahrt genommen hatte, um sie uns dort zu zeigen, wo er sie gefunden hatte. Diese Überraschung war charakteristisch für das besinnliche Wesen des Alten.

„Wenn ich sterbe, dann soll Mama diese Dinge der Regierung geben, damit sie in ein Museum kommen!" sagte er und packte sie liebevoll wieder ein.

Wieder in der Hütte angekommen, fügte Eugène hinzu: „Oft war ich hier und habe auch nach Gräbern gesucht. Ich fand keine und glaube, daß die Menschen eines Tages diesen Platz verlassen haben. Wer weiß es?"

Wir sahen uns in der Hütte um. Ein sehr alter grober Tisch, aus Halbstämmen gefertigt, sowie zwei ebenso rohe Sitzbänke bildeten neben einem alten gußeisernen Herdofen die ganze Einrichtung. Die Fußbodenbretter schienen jüngeren Datums zu sein.

„Ja, die Hütte muß von anderen Menschen, die später hierher kamen, ausgebessert worden sein", bestätigte der Alte. „Vor allem konnte ich es am Dach feststellen. Seit ich zum erstenmal hier war, nahm ich mich selbst der Instandhaltung an, denn ich verwendete die Hütte jahrelang als Außenposten. Sehr erfolgreich trappte ich hier, doch ich hatte auch viel Unglück hier und kam einige Male in große Gefahr. Darum gab ich meine ‚trapping lines' hier vor einigen Jahren auf. Zuweilen kommen auch Berufsfischer aus der Provinz Quebec her, um in der Flußmündung ihre Netze zu stellen. In so manchem Winter schneite ich hier ein, einmal mußte ich einen halben Monat warten, bis ich die Schlittenfahrt zurück über den See wagen konnte. Den Eisenkochherd brachte ich auch auf dem Schlitten her, er hat mich und andere Gäste gut gewärmt, und ich habe auf ihm manchen Brei gekocht!"

Zu unserem Erstaunen hatte die Hüttentür weit offen gestanden, als wir ankamen. Von Werner befragt, deutete der Trapper auf eine Holzschindel, die innen an die Tür genagelt war. Offenbar mit einem glühenden Nagelkopf war in ihr eingebrannt: „Keep door open when leaving", (halte die Tür offen, wenn du gehst). Eugène klärte uns auf: „Schließt man die Tür, dann werden Bären die Hütte oder das Dach zerstören, um in sie einzudringen. Es wird immer nach gutem Fraß riechen, wenn jemand die Hütte benutzte, und das ist stets eine Einladung an die Bären. Bleibt die Tür für sie offen, dann wird die Hütte sehr selten innen beschädigt, es sei denn, ein ‚greenhorn' ließ dort Lebensmittel versteckt zurück.

Einmal kam ich im frühen Winter hierhin und fand einen Bären in der Hütte im Winterschlaf. Mit viel Eifer hatte er sich neben dem Herd ein Winterlager hergerichtet. Ich sah ihn erst, als ich eine Wachskerze ansteckte, hatte mich aber schon über die strenge Bärenwitterung in der Hütte gewundert. Töten wollte ich das Tier nicht, darum machte ich mich wieder auf den Heimweg. Dies war das einzige Mal, daß ich den See bei Nacht im Winter überquert hatte. Nie waren die Huskys schneller vor dem Schlitten gelaufen, in Rekordzeit erreichten wir mein Anwesen wieder. Sicher ist, daß der Bär mich wahrgenommen hatte, aber gerührt hatte er sich nicht, auch kein Brummen hören lassen. Dies hatte mir gezeigt, daß er ungestört und allein bleiben wollte!"

Nach dem Frühstück hingen wir die Schlafsäcke unter das Hüttendach, verstauten die Truhe mit den Lebensmitteln in der Kühlgrube hinter der Hütte, die Eugène einmal angelegt hatte, und besprachen unser jagdliches Vorhaben. Doch der Trapper unterbrach unseren Redeschwall mit einer Handbewegung, die Schweigen verlangte: „Diesmal laßt mich der Ratgeber sein, denn ich bin hier halb zu Hause!"

Er breitete eine schon stark abgegriffene Karte auf dem Tisch aus und erläuterte den Verlauf der verschiedenen Wasserarme des „Garrison Creek": „Der Fluß ist hier an der Mündung etwa zwei Meilen breit und verjüngt sich langsam nach Norden. Dort, wo er sich in zwei Wasserläufe teilt, genau $5^{1}/_{2}$ Meilen von hier nördlich, ist das Fluß- und Schilftal noch eine halbe Meile breit. Dann verschwinden beide Wasserarme im Urwald.

Hannes und ich werden in meinem Boot bis dorthin fahren, wo der von Osten kommende ‚Creek' in den von Nordwesten kommenden einmündet. Werner und Bill fahren eine Stunde später ab in das ostwärts gelegene Schilffeld. Wasseradern, auf denen ihr das Boot gut bewegen könnt, schlängeln sich durch das Schilf. Rush und Dennis, ihr fahrt durch das Schilf an der Westseite langsam nach Norden! Auch hier könnt ihr gut vorankommen. Wichtig ist, daß sehr langsam gefahren wird.

Wie ihr wißt, darf aus keinem Boot geschossen werden, solange der Motor arbeitet. Trefft ihr Kanadagänse, die ihr nur paarweise sehen werdet, dann muß der Motor abgestellt und das Ruder benutzt werden. Das ist das Gesetz, an das wir uns halten müssen!

Kanadagänse werdet ihr in den Binsen sehen, selten halten sie sich im Schilf auf. Seht ihr ein Paar, dann fahrt ohne Hast darauf zu. Meist werdet ihr zu Schuß kommen, da die Gänse die Binsen verlassen müssen, um im offenen Wasser zum Hochfliegen anlaufen zu können. Da der Wind aus Süden steht, soweit man es Wind nennen kann, werden die Gänse wahrscheinlich meist auf euch zukommen, wenn sie anlaufen, um Wind unter die Schwingen zu bekommen. An solch windstillem Tage fällt ihnen der Start schwer. Laßt sie vorbeistreichen und schießt erst dann auf sie, andernfalls flügelt ihr sie oder schießt sie krank. Nie werdet ihr sie dann im Schilf finden. Feuert nicht auf Enten, wenn ihr Erfolg auf Gänse haben wollt! Weite Gänse laßt ruhig ziehen. Sie streichen hinaus auf den See, bleiben aber nicht über Nacht dort. Abends kommen sie zurück, und wir haben dann wieder eine Chance."

Der Trapper und ich machten uns auf den Weg. Langsam verengte sich das Schilfbett. Am Ziel angekommen, schoben wir das Boot in die Schilfnase unmittelbar neben offenem Wasser und verblendeten es, so gut wir konnten. Heiß brannte die Sonne vom wolkenlosen Himmel, und nur ein sehr schwacher Luftzug wehte aus Süden. Der Indianersommer war angebrochen.

Es mochte eine halbe Stunde vergangen sein, als sich ein Paar Kanadagänse gemächlich auf dem offenen Wasserlauf uns näherte. Nur noch 20 Meter entfernt glitten sie an uns vorbei. Der alte Trapper erhob sich ohne Hast und stieß einen kurzen Schrei aus. Erst als die Gänse sich vom Wasser erhoben hatten, zog er den Hahn seiner einläufigen Flinte zurück und schoß. Gleichzeitig knallte meine Flinte, beide Vögel fielen im Schrothagel.

„Zu simpel!", rügte Eugène, „aber es sind zwei schwere Gänse!" Kaum merkbar trieben sie nach Süden ab. Dann hörten wir das Echo einiger Schüsse, und bald darauf zog eine Gans unerreichbar weit an uns vorbei. „Eine haben sie geschossen!" stellte der Trapper fest.

Später strichen wieder zwei Paare auf uns zu, eines für uns nahe genug. Beide Gänse stürzten ebenfalls auf das offene Wasser. Inzwischen hatten die Freunde unzählbare Enten hochgebracht, die nun über und neben uns vorbeiklingelten, je nach Arten in großen Schofen oder in Paaren. Sie blieben natürlich unbeschossen. Wieder knallte es südlich von uns, doch wir sahen keine Gänse auffliegen. „Die Jungs hatten Erfolg!", sagte der Alte trocken.

Schon sahen wir von weitem beide Boote, als wieder ein Gänsepaar auf uns zustrich. Wieder gelang es uns, beide Vögel herunterzuholen. Als uns die Freunde erreichten, war es ein Uhr mittags geworden. Stolz und beglückt konnten wir nach diesen kurzen Vormittagsstunden eine Strecke von 11 Kanadagänsen legen, ein außergewöhnlich gutes Ergebnis!

Bis zum Spätnachmittag hatten wir reichlich Arbeit. Madame hatte darum gebeten, alle Daunenfedern mitzubringen, sollten wir Erfolg auf Gänse haben. Die Linnenbeutel, die sie uns für diesen Zweck mitgegeben hatte, füllten sich, ebenso die Kühlgrube hinter der Hütte.

Als sich die Sonne im Westen senkte, schlug Eugène vor: „Boys, wenn ihr noch einige Gänse schießen wollt, dann müßt ihr euch nun auf den Weg machen. Wenn die Sonne hinter dem See untertaucht, werdet ihr die Gänse vom See kommen sehen.

Fahrt zwei Meilen nach Norden und verblendet dort die Boote gut. Haltet euch möglichst dicht neben den Hauptwasserarmen, da die Gänse diesen folgen!"

Auch ich blieb zurück, um Eugène Gesellschaft zu leisten, hoffend, wieder mehr über sein vergangenes Leben zu hören. Wir schleppten eine der Bänke vor die Hütte und machten es uns bequem. Der Trapper stopfte sich seine Pfeife, und ich rauchte meine Zigarre. „Wie wäre es mit einem Tee?" fragte ich.

„Eine gute Idee", antwortete er. „Nimm aber den, der in Jamaika gewachsen ist!"

Es war ein herrlicher Abend. Kein Lüftchen rührte sich, und es war so still in der Natur, daß man das Fallen der sterbenden Blätter zu hören glaubte. Je mehr das Licht schwand, desto dichter schienen die bewaldeten Inseln heranzurücken. Als ob alle Kreatur das Schweigen dieses Abends nicht zu stören wagte, war kein Laut zu hören. Selbst die gesprächigen Möwen waren verstummt. Auch Eugène schwieg.

Auf dem See bildete sich Nebel, der sich wie ein Tuch über den Wasserspiegel legte. In ihm verschwanden die Inseln, nur die dunklen Umrisse der Bäume und Büsche standen wie Scherenschnitte über dem lichten Dunst, bis die werdende Nacht auch sie mit ihrem dunklen Schleier bedeckte. Es wurde kühl. Von weither kam der Ruf eines Wolfes und erhielt nah hinter uns Antwort. Dann setzte ein vielstimmiger Chor ein, und wir lauschten minutenlang dem Konzert der Wildnis, bis es sich als akustische Welle in der Ferne verlor.

AUF KANADAGÄNSE

Die Freunde kehrten stolz mit zwei weiteren Gänsen zurück. Bill und Werner machten sich daran, das Nachtmahl zu bereiten. Nach dem Essen saßen wir gemütlich im Schein einer Kerze am knisternden Herdfeuer. Auf unsere Bitte erzählte Eugène uns, wann er mit dem Ausholzen des Ghostriver fertig wurde.

Bedächtig sog der Alte an seiner Pfeife, und wir warteten geduldig auf seine Antwort. „Als im Jahre 1913 der Sommer kam, lag die schwerste Arbeit meines Lebens hinter mir. Gerade war ich dabei, die letzten stromab geflößten Stämme zu bergen, um für viele Winter Feuerholz zu haben, als mein Freund eintraf. Ohne Schwierigkeiten war er jetzt den Fluß stromab gepaddelt und erreichte die Lichtung schon nach 2½ Stunden. Er brachte gute Sägen und Äxte sowie derbe lange Stricke mit, und sofort machten wir uns daran, die Hütte zu bauen.

Mein Freund war ein guter Zimmermann. Das Fällen der Bäume war ein Kinderspiel, schwer aber das Heranschaffen der Stämme zum Bauplatz. Aber wir wußten uns zu helfen, indem wir sie als Rollbahn auslegten, auf der wir die auf fertige Längen geschnittenen Stücke zur Baustelle rollten. Das Kerben und Behauen war reine Routinearbeit, dabei saß jeder Axtschlag. Je höher die Wände wuchsen, um so schwerer wurde die Arbeit. Mit Hilfe der Taue rollten wir die Stämme einer über den anderen hinauf. Der Sommer war noch nicht zu Ende, als die Hütte schon unter Dach stand. Als Fußboden verwendeten wir auch Rundstämme, sie mit Brettern zu belegen, hatte Zeit. Alle Spalten und Ritzen dichteten wir mit einer Mischung von Moos und Lehm gut ab, und das Dach belegten wir mit derben Holzschindeln, die sich leicht und schnell herstellen ließen. Mit dem Wachsen der Hütte wuchs meine Begeisterung. Im Herbst kaufte ich den alten großen Herd von der Hudson Bay Company, von dem ich schon mal erzählte.

Als der erste Schnee fiel, mußte ich nur noch die Tür anfertigen und das einzige Fenster einsetzen und verglasen. Es wurde kälter und kälter, und viel Schnee fiel. Bis der Ofen endlich zusammengebaut war und angeheizt werden konnte, schlief ich zwischen den Huskys in der Hütte, um mich warm zu halten. Da ich einige Fallen mitgenommen hatte, ging es mir und den Hunden nicht schlecht. Wir lebten vom Kern der Biber und von Fischen, die ich fing.

Meine junge Frau blieb auch in jenem Winter allein. Erst im Frühjahr sah ich sie wieder. Ich war inzwischen Vater geworden. Im Sommer brachte ich meine Familie zum Ghostriver. Meine Frau konnte sich nie recht einleben, doch sie weigerte sich, zurück in das Dorf zu gehen. Ihre Liebe zu mir war zu stark. Bald fing sie an zu husten. Sie starb drei Jahre später in meinen Armen. Unser Sohn Jimmy und ich blieben allein am Ghostriver. Schon früh begleitete er mich und lernte, wie man eine Falle gut stellt und richtig ködert. Aber es kam der Tag, an dem wir uns trennen mußten, damit der Junge eine gute Schulausbildung erhielt. Es war ein schwerer Abschied für uns beide. Was aus ihm wurde, erzählte ich schon. Ich bin stolz auf ihn.

Für mich wurde es sehr einsam am Ghostriver, aber ich gewöhnte mich so sehr daran, daß mir Besuch oft lästig wurde. Sportsleute kamen damals noch nicht, doch besuchten mich ab und zu alte Freunde und die Indianer, die nicht weitab lebten. Jahr für Jahr verging, und in jedem wurde ich glücklicher und zufriedener in meinem stillen Reich. Die Ausbeute war stets gut, darben mußte ich nicht. Wenn das Frühjahr kam, brachte ich meine Felle und Bälge zur ‚trading post' und kaufte für ein langes Jahr ein. Was ich nicht bewältigen konnte, holte ich mir im Laufe des Sommers."

Der alte Trapper stand auf und rüstete sich zur Nachtruhe. An diesem Abend hatte er mehr gesprochen als sonst den ganzen Tag über.

Mit dem ersten Frühlicht waren wir wieder unterwegs. Diesmal wollten wir Enten auf dem Morgenstrich schießen, verblendeten die Boote an geeignet erscheinenden Plätzen und setzten Lockenten aus.

Bald begann ein reger Zug über den riesigen Schilffeldern und unsere Flinten knallten fleißig. Eugène und ich brachen schon um 10 Uhr vormittags ab, da wir unser erlaubtes Tagesquantum erlegt hatten. Bald sahen wir auch die Freunde mit ihren Booten heimkehren. Sie hatten ebenfalls eine volle Strecke erzielt. Bis in den Nachmittag waren wir damit beschäftigt, die 30 Enten zu rupfen. Dann machten wir uns auf den Rückweg.

Eugène führte uns diesmal am Nordufer entlang, damit wir es kennenlernten. Oftmals bog er weit in den See aus, um Unterwasserfelsen zu umschiffen. Um eine lang vorgeschobene Nase des Festlandes herumfahrend, deutete der Trapper auf einen Felsen. Auf ihm stand ein starker, auffallend dunkel gefärbter Wolf und sicherte zu uns herüber. Dann wendete er sich gelassen ab und verschwand langsam im dichten Busch.

„Erinnert mich daran, daß ich euch ein Erlebnis mit solchem Tundrawolf erzähle", sagte Eugène. „Kommt der Winter, dann kommen auch einige dieser starken Wölfe nach Süden in diese Gegend, wo sie den Winter leichter überstehen können als hoch im Norden. Einige bleiben auch hier. Es sind gefährliche Burschen, vor denen man auf seiner Hut sein muß."

Mit Beginn der Dämmerung erreichten wir die Mündung des Ghostriver. Wie am Vorabend bildete sich wieder leichter Nebel über dem See. Das Wetter schien unverändert schön zu bleiben. An Eugènes „village" angekommen, drückte mir Rush spontan die Hände. Begeisterung leuchtete aus seinen Augen, und er sagte: „Dies waren die schönsten Jagdtage meines Lebens!" Er drückte damit aus, was wohl jeder von uns auch empfand.

Mama hatte einige Dosen eingekochtes Elchfilet geöffnet und lud uns zum Abendessen ein, zu dem wir zwei gute Flaschen Portwein beisteuerten. Danach saßen wir so gemütlich beisammen, daß keiner von uns Neigung spürte, zu Bett zu gehen. Deshalb erinnerte ich Eugène an den Tundrawolf, von dem er uns erzählen wollte.

„Ja", begann der Alte, „es ist wohl schon 20 Jahre her, als ich dort, wo wir in den letzten zwei Tagen gejagt haben, dies Erlebnis hatte. Wenn man lange allein in der Wildnis lebt, bekommt man einen Instinkt für drohende Gefahr. Erklären kann ich das nicht. Dieser Instinkt entwickelte sich eben, und ich habe ihn.

Es war an einem sonnigen Tag im November, als ich eine Fanglinie ablief, um die gestellten Fallen zu prüfen. In den vorausgegangenen zwei Tagen hatte es ununterbrochen geschneit, und ich sah nur wenige Wildfährten. Während ich einen Biber aus der Falle löste, hatte ich das Gefühl, beobachtet zu werden. Mich aufrichtend sah ich in die Runde. Nicht weiter als 40 Schritte entfernt stand ein riesiger, fast schwarzer Wolf zwischen zwei Büschen und musterte mich mit seinen grünen Sehern. Ich hatte zwar meine Büchse Kal. 30/30 mit mir, sie hing aber ungeladen über meiner Schulter. Munition war teuer, so hatte ich den Biber mit einem kräftigen Schlag getötet.

Nie vorher hatte ich solch einen starken Wolf zu Gesicht bekommen. Ich will nicht übertreiben, aber er muß an die 150 Pfund gewogen haben. Völlig bewegungslos stand er da, nicht im geringsten scheu oder nervös. Deutlich spürte ich, daß mir Gefahr drohte. Langsam nahm ich die Büchse von der Schulter und schob eine Patrone in den Lauf, den Wolf nicht aus den Augen lassend. Als ich die Waffe hob, machte er einen riesigen Satz, und weg war er.

Angst hatte ich nicht, aber mir war unheimlich zumute. Bis zur Hütte war es noch eine gute Wegstunde, und dann würde es schon dämmern. Deshalb brach ich sofort auf, die zwei Biber, die ich gefangen hatte, über die Schultern hängend. Zwei weitere Patronen schob ich noch in die Kammer, dann marschierte ich auf meinen Schneeschuhen ab. Nach etwa 200 Schritten stellte ich fest, daß ich meine Provianttasche, in der ich auch mein Messer aufbewahrte, hatte liegen lassen, und ich lief zurück, um sie zu holen. Voll Unbehagen stellte ich dabei fest, daß der Wolf mir gefolgt war. Das gefiel mir gar nicht! Ich schritt nun kräftig aus, um die Hütte vor Dunkelheit zu erreichen.

Mein Instinkt sagte mir, daß der Wolf mich weiter begleitete. Manchesmal hörte ich ihn rechts von mir, dann wieder auf der linken Seite, doch ich sah ihn nicht. Als ich endlich die Hütte erreichte, war ich naß am ganzen Körper.

Gerade aß ich den Brei, den ich mir gekocht hatte, als nahe der Hütte ein Wolf anfing zu heulen. Nie zuvor hatte ich eine so tiefe Stimme gehört, und ich wußte, es war der Schwarze! Noch zweimal heulte er nicht weit entfernt in jener Nacht. Offenbar rief er nach seinen Artgenossen. Jedoch hörte ich nicht, daß er Antwort erhielt. Am nächsten Tage schneite es wieder, ich blieb in der Hütte und erledigte meine Arbeit dort.

Dann mußte ich wieder hinaus, um die zweite Route abzulaufen. Ich hatte die erste Falle, die ich für Nerz nicht weitab aufgestellt hatte, noch nicht erreicht, als der Wolf wieder neben mir war. Diesmal sah ich ihn. Doch bevor ich das Gewehr an die Backe brachte, war er verschwunden. Dann kam ich zur nächsten Falle, in der ich die Überreste eines Fuchses fand. Im Schnee stand die Spur des Wolfes. Ich wanderte weiter von Falle zu Falle, in denen sich ein Marder und ein Biber gefangen hatten. Auf dem Rückweg traf ich den Schwarzen wieder. Diesmal war ich vorbereitet und schoß auf ihn, hörte aber am Kugelschlag, daß ich einen Baum getroffen hatte.

Dann sah ich den Wolf eine ganze Woche lang nicht, aber er suchte meine beiden Routen ab und nahm mir das Wild aus den Fallen. Noch fängisch stehende Eisen umschlug er im weiten Bogen. Ich legte vergiftetes Luder aus, doch erfolglos. Er hielt sich weit davon ab. In meinen Fallen erbeutete ich nun nichts, der Schwarze räumte mir alles ab.

Starker Schwarzbär

Die Majestät der kanadischen Wälder

An einem trüben Tag verließ ich morgens die Hütte, um Feuerholz zu holen. Mein Gewehr nahm ich aber mit, denn ich traute dem Burschen nicht. Ich war dabei, einen gefallenen Stamm zu zersägen, als mich mein Instinkt wiederum warnte. Und siehe, der Wolf stand nicht weiter als 15 Schritte entfernt! Diesmal erkannte ich an seiner Haltung, daß er mich angreifen wollte. Dazu kam er nicht mehr. Meine schnell hingefeuerte Kugel drang ihm ins Gehirn. Er blieb der einzige Wolf, der mich jemals ernstlich angreifen wollte. Doch seitdem bin ich auf meiner Hut, wenn ich einen dieser Schwarzen aus dem hohen Norden spüre. Ein silbergrauer Timberwolf ist harmlos gegenüber diesen mächtigen Burschen, die mit jedem ausgewachsenen Elch fertig werden.

Ich hatte keine Waage, um den Schwarzen zu verwiegen, konnte also nur schätzen. Mindestens wog er aber seine 150 Pfund, dafür verbürge ich mich! Nun will ich euch noch den Schädel zeigen, den ich mir aufgehoben habe. An Hand des enormen Gebisses werdet ihr mir glauben!"

Der alte Trapper holte den Schädel aus einem Schrank und legte ihn vor uns auf den Tisch. Die Fangzähne waren 2 Zoll lang!

„Wenn solch starker Rüde der Leitwolf eines Rudels wird", schloß Eugène, „besteht Gefahr für alles, was ein Herz im Leibe hat. Es ist vorgekommen, daß Timberwölfe im Winter Menschen angegriffen haben, doch es geschah sehr selten. Öfter aber haben es Tundrawölfe getan, deren Gewicht wesentlich höher ist als das der Timberwölfe. Wie gesagt, diese nordischen Gäste sind selten hier, doch in sehr kalten Wintern könnt ihr ihnen häufiger begegnen, dann nehmt euch vor diesen Burschen in acht!"

Wir bedankten uns bei Mama für ihr Festmahl und wünschten eine gute Nacht. Die Erzählung des Trappers beschäftigte uns, bis wir einschliefen.

Ein neuer, warmer Indianersommertag war angebrochen. Millionen von Wanderspinnen schwebten in der Luft. Während die Freunde zum Fischen fortfuhren, machte ich es mir auf der Veranda des Wohnhauses gemütlich und wartete auf Eugène. Bald setzte er sich zu mir. Während er sich die ihm gereichte Zigarre anzündete, fiel mein Blick auf seine linke Hand, die schief verwachsen war. Daß es durch einen Unfall geschehen sein mußte, sah ich an der Vernarbung. Ich wollte mich schon oft nach der Ursache erkundigen, doch nie fand ich dazu eine passende Gelegenheit. Jetzt schien sie mir gekommen zu sein. Freundlich ging der alte Trapper auf meine Bitte ein:

"Ich hatte mich schon darüber gewundert, warum du nie danach fragtest. Doch, das war gut so, denn inzwischen hast du auch die Gegend kennengelernt, in die dich meine Erzählung nun wieder führen wird.

Es war im vierten Jahre, nachdem ich erstmalig meine Fallen am Iroquois Point aufgestellt hatte, in einem Winter mit arktischer Kälte. Viel Wild kam vom Norden in den Süden, wie es oft bei großem Frost der Fall ist. Zum ersten Male sah ich hier eine Spur, die ich nicht kannte. Zwar vermutete ich, wer sie hinterlassen hatte, doch ich war mir nicht sicher. Wohin meine eigene Spur auch verlief, folgte mir die andere beständig, und meine vorher sehr guten Fänge blieben aus, denn alles gefangene Haarwild war immer schon ausgeräumt worden, bevor ich zu den Fallen kam.

Zwei Wochen hindurch erbeutete ich nicht einen heilen Balg, so sehr ich mich auch anstrengte, die Fallen geschickt aufzustellen und zu tarnen. Stets war das in ihnen gefangene Wild verschwunden. Noch fängisch stehende Fallen umging der Dieb stets in weitem Bogen. Dadurch kam mir ein Gedanke, den ich sofort in die Tat umsetzte. Ich kannte einen Winterschlupf der Biber, nicht weit von der Hütte entfernt, und stellte dort zwei Fallen auf. Schon am anderen Morgen hatte sich ein Jährling gefangen. Mit ihm und einigen Tellereisen machte ich mich auf den Weg und beköderte alle Fallen mit Fischen, da ich nichts anderes mehr hatte. Nur an einem regelmäßig belaufenen Biberschlupf legte ich den gefangenen Jährling auf eine Falle und ließ diese zuschlagen. Um sie herum legte ich vier Tellereisen aus, verblendete sie gut mit Schnee und verwischte mit einer Rute alle Zeichen meiner Anwesenheit.

Im allgemeinen schlafe ich fest und traumlos. In der folgenden Nacht aber fand ich keine Ruhe, schon mit dem ersten Lichtschein war ich wieder unterwegs, um die mit dem Biber bestückte Falle zu kontrollieren. Dort empfing mich ein in Wut rasender Teufel! Ein starker Vielfraß saß mit dem linken Hinterlauf im Eisen, dessen Ankerdraht ich glücklicherweise sehr solide befestigt hatte.

Es war der erste Vielfraß, den ich zu sehen bekam. Zwar hatte ich mancherlei über seine Wildheit und Gefährlichkeit wie auch über seine große Kraft gehört, vermochte mir aber nicht vorzustellen, daß mir dieses Tier im Eisen noch gefährlich werden konnte. Sehr schnell sollte ich eines anderen belehrt werden!

Seine tolle Wut ging mir auf die Nerven, ich wollte es kurzmachen und lud mein Gewehr, um ihm einen Kopfschuß zu geben. Als ob das Untier gewußt hätte, daß es ihm an das Leben gehen sollte, machte es gerade jetzt einen gewaltigen Satz. Der Ankerdraht riß! Mit einem Sprung hatte es mich an meinem linken Handgelenk gepackt, ich hörte meine eigenen Knochen knacken, so fest hatte sich der Teufel verbissen und ließ nicht los.

Warum ich damals nicht sofort mit der gesunden Hand die Waffe bediente, weiß ich nicht. Mich muß der Schmerz übermannt haben. Jedenfalls ließ ich das Gewehr fallen und griff mit der gesunden Rechten dem ständig fauchenden Teufel an die Gurgel und würgte ihn mit aller mir verfügbaren Kraft. Wie er tobte und mich mit den Pranken bearbeitete, kannst du dir nicht vorstellen! Dann muß ihm wohl langsam die Luft ausgegangen sein, denn er ließ los. Das gab mir die Chance, mein Gewehr zu ergreifen. Während ich noch zur Seite sprang, konnte ich die Waffe spannen. Ich erschoß den Vielfraß auf kurze Entfernung. Dann wurde ich ohnmächtig und muß lange bewußtlos gelegen haben, denn ich war blau gefroren, als ich wieder zu mir kam.

Ich ließ die Bestie liegen, wo sie lag, und taumelte zur Hütte zurück. Die Schmerzen waren groß, doch zu ertragen. Sowie es Tag wurde, spannte ich die Hunde vor den Schlitten und fuhr zu meiner Hütte am Ghostriver. Die Bißwunden hatte ich schon am Iroquois Point ausgewaschen und desinfiziert. Sie entzündeten sich, Gott sei Dank, nicht. Es dauerte aber Wochen, bis die Knochen heilten, und ich mußte dann erst wieder lernen, meine Hand zu benutzen. Einen Arzt gab es ja damals in meilenweitem Umkreis nicht.

Als ich Ende des Winters wieder zum Iroquois Point kam, um die dort zurückgelassenen Fallen einzusammeln, lag der steif gefrorene Vielfraß noch genauso da, wie ich ihn verlassen hatte. Keine Kreatur hatte ihn berührt, so verhaßt und gefürchtet ist er. Auch sein scheußlicher Gestank ist allen Tieren zuwider!"

Eugène erhob sich und kam mit einem Unterkiefer zurück. „Sieh her", sagte er, „diesen Kieferknochen hob ich mir auf. Er half, mein Handgelenk zu zerschmettern!"

Was mir vor Jahren berichtet wurde, hatte sich also bewahrheitet, wenigstens insofern, als der Trapper den Vielfraß zwar nicht erwürgt, sondern nur gewürgt hatte. Darum fragte ich ihn: „Man erzählte mir auch, daß du einen starken Schwarzbären einmal mit der Axt erschlagen hättest. Stimmt das?"

„Ja, es stimmt!" kam prompt seine Antwort. „Willst du darüber auch etwas hören?"

Natürlich wollte ich.

„Komme mit mir", forderte mich Eugène auf, „ich möchte dir etwas zeigen!" Er führte mich zur Küchentür auf der Rückseite des Wohnhauses. „Sieh dir diese Krallenrisse an! Lege deine gespreizte Hand darüber, dann weißt du, wie stark der Bär war, der hier damals eingedrungen war!"

Für mich konnte es kein drastischeres Mittel geben, mich von der Größe dieses Raubtieres zu überzeugen, als die Spuren, die es hier im Holz hinterlassen hatte.

Wir nahmen wieder unsere Plätze auf der Veranda ein. Madame hatte uns einen Tee gekocht, den ich leicht mit Feuerwasser verbesserte. Die Sonne tauchte das Schilfmeer in leuchtendes Gold und ließ das Herbstlaub der Büsche und Birken in allen Farben lodern. „Wie schön ist es in deinem Reich", schwärmte ich und blickte Eugène an.

„Darum kommst du ja auch immer wieder!" stellte er befriedigt fest. Bedachtsam stopfte er den Rest der Zigarre in seine Pfeife, brannte sie an und nahm seine Erzählung wieder auf:

„Es war viele Jahre später, Mama und ich hatten unser Wohnhaus gebaut und lebten in ihm schon einige Zeit, als eines Abends ein ungewöhnlich großer Schwarzbär versuchte, in unseren Vorratsraum einzudringen. Dieser hat nur ein kleines Fenster, um etwas Licht zu geben. Ein Bär kann da nicht hindurch. Die Tür dieses Raumes hatte ich besonders stark gemacht und mit breiten schmiedeeisernen Bändern gesichert. So hat selbst ein starker Bär kaum eine Chance, sie zu zertrümmern. Das Dach über diesem Raum hatte ich dreifach gedeckt und dazwischen Stacheldraht eingelegt.

Als ich hinausging und laut brüllte, um den ungebetenen Besucher zu verscheuchen, ließ sich der Schwarze nicht stören. Er tat vielmehr, als sähe und hörte er mich gar nicht. Nun wußte ich, daß ich vor ihm auf meiner Hut sein mußte! Da er sich also nicht durch Lärm vertreiben ließ, griff ich nach meiner Flinte und brannte ihm feine Schrote auf den Pelz. Er schüttelte sich wie ein nasser Hund, brummte verärgert und trottete dann in den Busch.

Seinem ersten Besuch im Frühjahr folgte leider ein zweiter im Herbst, als ich gerade mit Mama Blaubeeren sammelte. Wir hörten die Huskys wild bellen, und ich rannte, um zu sehen, wer uns eine Visite machen wollte. Der Besucher war schon da. Er saß auf dem Dach des Wohnhauses und war damit beschäftigt, die Schindeln abzureißen. Das nahm ich sehr übel. Ich schoß ihm eine Kugel auf die Schulter, und er rollte wie tot vom Dach. Doch bevor ich noch bis drei zählen konnte, war er wieder auf den Sohlen und wollte mich angreifen. Ich wich zurück ins Haus, und als ich wieder herausschaute, sah ich ihn gerade noch im Busch verschwinden. Wie die Nachsuche ergab, hatte er keine ernste Verwundung erlitten.

Über Winter vergaß ich die Episode. Das Trappen ließ mir keine Zeit, über andere Dinge nachzudenken. Es kam der Frühling und mit ihm das Hochwasser. Viel Astwerk war vor dem Landesteg angetrieben worden und mußte entfernt werden. Ich schärfte erst eine Axt und machte mich dann an die Arbeit. Gerade war ich mit dem Forträumen fertig geworden, da alarmierte mich der Aufschrei meiner Frau: „Bär im Haus!"

Mit der Axt in der Hand öffnete ich die Tür, hinter der auf dem Flur meine Gewehre hingen. Ich sah den starken Bären sogleich, dieser erblickte mich ebenso schnell und kam sofort böse grollend auf mich zu. Gerade im Türrahmen wollte er sich aufrichten, um mir drohend seine Größe zu zeigen. Dabei schlug er mit seinem Haupt so gewaltig an den oberen Balken, daß es dröhnte. Benommen dadurch schüttelte er den mächtigen Kopf, und in diesem Augenblick spaltete ich ihm mit meiner Axt den Schädel. Der Bär war sofort mausetot! Nun stellte sich heraus, daß er durch die offenstehende Küchentür eingedrungen war. Er war ungewöhnlich groß und schwer!"

Um mir seinen Pelz zu zeigen, führte mich Eugène in das Gästehaus für seine Verwandtschaft. Ich betrat es zum erstenmal und verließ es still, denn in einem der Räume sah ich den Altar, an dem die Familie Gottesdienst hielt. Das erklärte mir, warum man uns nie aufgefordert hatte, auch diese Hütte zu besichtigen.

Während am anderen Tage die Freunde auf Stör fischten, wollte ich mit Eugène einen für Elche geeigneten Ansitzplatz ausmachen, damit er möglichst ein starkes Kalb für die „steaks" und „hamburgers" erbeuten konnte, ohne die eine Trapperfamilie einen sehr mageren Winter hätte. Ein „hamburger" hat übrigens nichts mit der Stadt an der Alster zu tun, denn „ham" ist kanadischer Schinken und „burger" Gehacktes. Wir fanden auch einen idealen Platz in einer tief einschneidenden Bucht seitlich des Ghostriver, in der ein Tier mit Kalb äste. Doch auch der Trapper mußte sich an die Schußzeit halten, die erst am nächsten Tage aufging.

Beim Morgengrauen hatten Eugène und ich den ausgewählten Stand bereits erreicht. Im ersten Büchsenlicht sahen wir einen jungen Hirsch im Schilf stehen. Der Trapper wartete geduldig, daß sich der Elch uns nähern würde, doch dieser zog in den Urwald zurück. Es war schon Nachmittag geworden, als sich Eugènes Hoffnung, ein starkes Kalb schießen zu können, erfüllte. Mit der Mutter wechselte es in das Wasser, um hier am wilden Reis zu äsen. Mit nur einer Kugel auf den Träger brach das junge Tier im Feuer zusammen. Der alte Trapper war trotz seiner 80 Lebensjahre über Kimme und Korn abgekommen. Ich beobachtete seine Hand und seinen Zeigefinger, als er sich langsam durchkrümmte, und war Zeuge, wie ein Meister schoß! Das nur mittelstarke Kaliber 30/30 war bei diesem sicheren Schützen ausreichend.

Wir nahmen den Elch hinter uns ins Schlepp und flößten ihn zur „village". Für den Winter war gesorgt, und für Mama gab es nun viel Arbeit, denn Hunderte von Dosen mußten eingekocht und Gläser gefüllt werden.

Abends in gemütlicher Runde um den alten Tisch und am knisternden Herdfeuer griff der alte Trapper noch einmal in die Schatztruhe seiner Erinnerungen: „Timberwölfe gehen nur sehr selten in eine Falle, und wenn, dann nur in ein Tellereisen, das schon längere Zeit liegt und jede menschliche Witterung verloren hat.

An einem sonnigen Wintertag kontrollierte ich meine Fallen und fand einen Jungwolf mit einer Pfote zwischen den Bügeln. Erst im Frühjahr war er geworfen worden. Als er mich kommen sah, versuchte er verzweifelt, sich zu befreien. Wahrscheinlich hatte er schon drei Tage in der Falle gesessen und war nun erschöpft. Der junge Bursche tat mir leid und es widerstrebte mir, sein junges Lebenslicht zu löschen. So setzte ich mich zu ihm und sprach ruhig auf ihn ein. Wie es auch Hunde tun, hielt der Wolf seinen Kopf schief, mal nach der einen, mal nach der anderen Seite. Ich ging dann zum Schlitten und holte einen großen Sack. Nach vielen Versuchen gelang es mir auch, diesen dem Wolf über den Kopf zu stülpen. Ich fesselte ihn nun und befreite ihn aus der Falle. Die Pfote war zwar geschwollen, doch der Knochen heil geblieben. Zu Hause sperrte ich ihn in die Werkstatt und begann sofort, für ihn eine Hütte zu bauen. Als ich ihn dort mit einer soliden Kette anpflockte, machten die Huskys solchen Spektakel, daß er sich schnell in der Hütte verkroch. Erst nach einer Woche nahm er das erste Futter an, eine Biberkeule.

Grey, wie ich ihn taufte, blieb 13½ Jahre bei uns, und er wurde so zahm, daß wir ihn frei laufen lassen konnten. Er freundete sich ebenso mit den Huskys an. Wenn ihn die Liebessehnsucht packte, verschwand er für einige Zeit im Busch, kam aber immer wieder zu uns zurück. Er war unter den gezähmten Tieren der beste Freund, den wir jemals hatten. Niemals benahm er sich schlecht, er war ein ‚gentleman'. Als es mit ihm zu Ende ging, starb er mit seinem schönen Kopf auf meinen Knien. Seitdem liebe ich die Timberwölfe, und nie wieder stellte ich ihnen nach!"

Eugène erzählte mir an diesem Tage auch, daß er einen Motorschlitten bestellt hätte. Er wäre nun für den Hundeschlitten zu alt geworden. Schon lange hätte er für diese Anschaffung gespart. Wenn der erste Schnee gefallen wäre, würde er nach Matheson gehen und das Fahrzeug abholen.

Da schoß mir sogleich ein Gedanke durch den Kopf, und ich fragte Eugène: „Wie wäre es, wenn ich dich zwischen Weihnachten und Neujahr besuchen würde, damit ich dich einmal auf den ‚trap lines' begleiten kann? Ich möchte gern etwas über die Kunst des Fallenstellens lernen!"

„Du bist mir jederzeit willkommen!" versicherte der alte Trapper.

Diese Aussicht auf ein baldiges Wiedersehen erleichterte mir den Abschied am folgenden Tage. Auch meine Freunde wünschten sich nichts mehr, als noch einmal am Ghostriver jagen und fischen zu können.

NEUNTES KAPITEL

DER ALTMEISTER DER TRAPPEREI

Wie dicke weiße Watte lag der Schnee auf Büschen und Bäumen, als Bucky und ich nach dem Weihnachtsfest durch eine kalte Winternacht nach Norden fuhren. Werner hatte sich leider nicht freimachen können. Nach landesüblichem Brauch leuchteten vor allen Häusern draußen in jedem Garten oder Gehöft Tannen im Festschmuck elektrischer Kerzen. So war es ein liebliches Bild, Tausende und Abertausende hell erleuchteter Weihnachtsbäume unter ihrer Schneelast zu sehen! Allmählich wurden die Anwesen beiderseits des „Trans Canada Highway" seltener. Schneepflüge arbeiteten und hielten die längste geteerte Autostraße der Welt schneefrei. Unsere Sorge war, ob auch der „high way 101" befahrbar sein würde. Nach telephonischer Erkundigung hörten wir jedoch unterwegs, daß trotz heftiger Schneefälle vor den Weihnachtstagen die nördlichste Autostraße, die von Westen nach Osten verläuft, befahrbar wäre. Je weiter wir nach Norden kamen, desto kälter wurde es.

In dem Ort Matheson stellten wir den Wagen in einer geheizten Garage unter, denn ihr Besitzer erklärte sich bereit, uns mit seinem schweren Geländewagen zum Ghostriver zu bringen und uns auch zu vereinbarter Zeit wieder abzuholen. Das Thermometer zeigte 23 Grad unter Null nach Fahrenheit an, was nach Celsius 31 Grad Kälte ergab. Blieb es so kalt, dann würde der Motor eines am Ghostriver geparkten Wagens mit Sicherheit einfrieren. Zwar hatten wir bestes Frostschutzmittel statt Wasser im Kühler, jedoch das Öl würde so dick werden, daß ein Starten des Motors unmöglich sein würde. Heizlampen, um ihn erwärmen zu können, führten wir nicht mit.

Schon am Vormittag erreichten wir die Ghostriver-Brücke. Hier legten wir erst ein wärmendes Feuer an, da der Trapper uns und unser Gepäck nur nacheinander mit seinem neuen Motorschlitten abholen konnte. Eingepackt hatten wir nur das unbedingt Notwendige, dennoch waren beide Säcke bis oben hin gefüllt. Sie enthielten Thermo-Unterwäsche und bestens isolierte Jagdanzüge sowie die im eisigen Norden unentbehrlichen kanadischen „parkas" mit anhaftenden Pelzkapuzen, um die uns jeder Weihnachtsmann beneiden könnte.

Nicht lange, und wir sahen den Motorschlitten von einer Schneewolke eingehüllt in einem erstaunlich schnellen Tempo heranjagen. Der alte Trapper fuhr seine neueste Errungenschaft wie auf einer Rennbahn! Dickes Eis hatte sich vor seinem Mund auf dem Biberpelz gebildet.

Um nicht den Eindruck zu erwecken, daß wir Alkoholiker sind, sei erwähnt, daß ein Schluck Rum bei solcher Kälte bestens einheizt und die Gesundheit erhält! An diese Erfahrung hielten wir uns auch bei der nun folgenden herzlichen Begrüßung. Während sich Bucky an seinem Feuer zu schaffen machte, brausten wir los. Eugène steuerte seinen Schlitten, als hätte er nichts anderes in seinem Leben getan. Als wir die Schilffelder erreichten, wo der Fluß breiter wurde, drehte er voll auf. Ich mußte die Kapuze der Parka tief über die Augen ziehen, um den eisigen Fahrtwind ertragen zu können. Es war meine erste Fahrt auf einem Motorschlitten, seine Sicherheit, Wendigkeit und Geschwindigkeit überraschten mich, noch mehr tat es mein Chauffeur! Er strahlte wie ein Junge, als wir nach nur 40 Minuten Fahrt schon sein Anwesen erreichten. Schnell nahm Eugène einen Imbiß und heißen Trunk, dann sahen wir ihn in einer Schneewolke davonbrausen.

„Seit der Alte dieses ‚vehicle' hat", erklärte Madame, „kann ich ihn nicht mehr zu Hause halten. Aber auch mir gefällt das Fahrzeug. Wir sind beweglicher geworden und nicht mehr allein von den Hunden abhängig. Eugène hat mich schon auf dem Schlitten nach Matheson gefahren, und ich muß sagen, es machte mir große Freude!"

Madame hatte Elchsteaks gebraten, die im Eishaus auf diese Verwendung gewartet hatten, butterzart, und sie hatte auch nicht vergessen, daß Bucky und ich reichlich gebräunte Zwiebeln dazu lieben. Noch war ich nicht mit meinem Schlemmermahl fertig geworden, als Eugène mit Bucky schon wieder da war und sich beide über ihre „steaks" hermachten. „Wo stecken denn Dennis und Mia?", fragte ich und erfuhr, daß sie den Winter über in einer Stadt wären, wo sie zur Schule gingen.

Nach dem Essen bescherten wir unsere Gastgeber zu Weihnachten. Mama wurden die Augen etwas feucht, und es schien uns, daß sich Eugène nicht weniger über sein Geschenk freute. Auf jeder von uns überreichten Flasche wehte die französische Trikolore, und dies gab dem Alten wieder

Anlaß dazu, laut die Nationalhymne zu singen. Ein echt französischer Korken knallte aus einer der Flaschen, und wir ließen Napoleon hochleben. Mama hatte einen kleinen Baum mit Wachskerzen geschmückt, die sie jetzt anzündete. Wir überraschten unsere lieben Gastgeber damit, daß wir durch ein batteriegespeistes Tonbandgerät deutsche und kanadische Weihnachtslieder erklingen ließen.

Mir schien, daß wir durch diese Klänge Mamas Liebe endgültig gewonnen hatten. So feierten wir nochmals Weihnachten in der tief verschneiten Wildnis am Ghostriver.

Bucky und ich schliefen diesmal in einem mollig warmen Raum des Haupthauses, so konnten wir die schweren Alaska-Schlafsäcke im Seesack lassen.

Am anderen Morgen nach dem Frühstück bereiteten Bucky und ich uns für den Fußmarsch auf einer „trap line" vor und kleideten uns dementsprechend leicht. Eugène ließ uns wortlos gewähren. Als wir schließlich nach den Schneeschuhen griffen, schüttelte er sich vor Lachen: „Na, dann habt viel Spaß zusammen, ich werde mit dem Motorschlitten nachkommen!"

Zur Freude des Alten legten wir das, was wir gerade angezogen hatten, wieder ab, um uns dicker einzupacken. Wir beeilten uns, damit wir endlich hinauskamen.

Wieder mußte der Alte gegen einen Lachkoller ankämpfen, als wir, wie Eskimos verpackt, wieder erschienen. „Was hast du nun vor?" fragte er Bucky. „Willst du draußen vor der Tür auf unsere Rückkehr warten? Ich kann doch nur einen Beifahrer mitnehmen! Besser, du setzt dich zu Mama neben den Ofen, damit du nicht frierst!"

Bevor sich Bucky wieder ausschält, laßt uns zum Werkhaus gehen, um Schlingendraht und Fallen zu holen. Zunächst möchte ich euch über ihre Verwendung etwas erklären, damit ihr draußen verstehen könnt, was ihr zu sehen bekommen werdet. Wir werden eine ‚trap line' abfahren und erst bei Dunkelwerden zurückkommen. Bucky nehme ich beim nächstenmal mit!"

Wieder im Hause, breitete Eugène zum Entsetzen von Mama Stahldrähte und Fallen auf dem großen Tisch aus und begann: „Ihr seht hier verschiedene Stärken von Stahldraht zum Stellen von Schlingen. Sie sind darum unterschiedlich, weil zum Beispiel für Bisamratten ein feiner Draht ausreichend ist, während die Schlinge für einen Timberwolf entsprechend stark und reißfest sein muß. Ich bin übrigens ein Gegner des Schlingenstellens geworden! Warum, das will ich euch später auseinandersetzen. Viele Gründe überzeugten mich davon, daß Schlingen nicht in den Busch gehören!

Merkt euch vorweg: Wer mit Trappen reich werden will, sollte erst gar nicht damit anfangen. Reich gewordene Trapper habe ich weder vor 50 Jahren noch später kennengelernt. Das Trappen ist ein hartes Brotverdienen, es ernährt zwar, bringt aber kein Vermögen. Deshalb verringerte sich die Zahl der Berufstrapper auch beständig, und die Folge davon ist, daß es wieder mehr Raubwild im kanadischen Busch gibt.

Ein echter Trapper wird schon als solcher geboren. Seine Neigung ist meistens ererbt. Schon als Junge zieht es ihn hinaus in Wildnis und Natur, und durch diese Passion lernt er leicht und schnell, was er über die Lebensweise der Tiere wissen muß. Je älter und erfahrener er wird, desto mehr lernt er, daß er das Wild in seinem Revier schonend behandeln muß, um später auch von dem Ertrag leben zu können. Diejenigen, die Raubbau in unserem Beruf trieben, gaben meist nach wenigen Jahren auf, weil sie ihre Reviere ausgeräubert hatten. Noch einmal zogen sie vielleicht in eine andere Gegend, wo sie denselben Fehler machten, und damit fand ihre Trapperei ein Ende.

Heute gibt es hier am Lake Abitibi, einem der wildreichsten Gebiete im Norden dieser Provinz, nur noch wenige Berufstrapper. Sie sterben langsam aus. Das soll aber nicht heißen, daß an gutem Rauchwerk kein Interesse mehr besteht, nur haben die vielen Pelztierzüchter, die vorwiegend Nerze und Silberfüchse vermehren, den Pelzmarkt so beeinflußt, daß wir gegen diese Konkurrenz nicht mehr aufkommen können. Obwohl Naturfelle viel schöner und dauerhafter als die von gezüchteten Tieren sind, bevorzugen die Damen die modernen Farben. Einigermaßen gute Geschäfte können wir nur noch mit Bisamratten und Bibern machen. Jedoch ist die Zahl der Biber, die wir fangen dürfen, begrenzt und vorgeschrieben. So bilden außer den Genannten nur noch Eichhörnchen unsere Haupteinnahmen. Nerze, Marder, einige Fischer und Fischotter und ab zu ein Luchs bringen zwar auch Einnahmen, doch sind die Preise dafür nicht mehr so gut, wie sie einmal waren. Hätte ich nicht ein zusätzliches Einkommen gefunden, so wäre es mir kaum möglich gewesen, hier am Ghostriver zu bleiben. Meine Haupteinnahme kommt aus den Taschen der Jäger und Sportfischer, die hier hinkommen. Dieser Verdienst trägt unsere Familie zufriedenstellend, so daß wir auch den Rest unseres Lebens hier verbringen können. So trappe ich nur noch aus Liebhaberei. Bringt sie in einer Saison noch 1000 Dollar ein, dann war es ein besonders ergiebiges Jahr. Meist müssen wir mit weniger zufrieden sein. An sich begrüße ich diese Entwicklung sehr, denn sie kommt den Pelztierbeständen zugute, die sich, wie schon gesagt, von Jahr zu Jahr bessern.

Die Indianer, die durch rücksichtslose Schlingenstellerei ganze Gebiete ausräumten, sind am Trappen nicht mehr interessiert, nachdem die Preise fielen. Ihr Arbeitsaufwand lohnte sich nicht mehr. So gibt es nur noch wenige Trapper, die in der warmen Jahreszeit anderen Berufen nachgehen, um ein ausreichendes Einkommen zu finden. Sie respektieren die Gesetze und trappen aus Liebe zur Sache. Es wird aber der Tag kommen, und er ist nicht sehr fern, an dem es keine Trapper mehr geben wird. In Farmen können heute alle Pelztiere gezüchtet werden, denn die Wissenschaft ebnete die Wege dazu!

Doch nun zurück zu den Schlingen. Vor vielen Jahren verwendete ich sie auch, um noch größere Fänge zu haben. Eine Schlinge gut zu stellen, ist eine Kunst. Sie zu erlernen, verlangt viel Mühe und Erfahrung. An sich ist eine richtig gestellte Schlinge, die sich leicht zuzieht und nicht wieder öffnet, weniger grausam als eine Falle, da sie meist schnell den Tod herbeiführt. Eine falsch gestellte Schlinge ist jedoch ein marterndes Instrument!

Vor vielen Jahren hatte man die technisch gut konstruierten Schlingenschlösser noch nicht, die heute zwar verboten, aber dennoch auf dem Markt käuflich sind. Auch die Qualität der Stahldrähte war bei weitem nicht die von heute. Darum war es auch vor vielen Jahren eine besondere Kunst, Schlingen gut und richtig zu stellen. Den Indianern dagegen war jeder Draht, der sich verwenden ließ, gut genug. Was ich damals im Busch zu sehen bekam, hat mein Herz oftmals bluten lassen! Auch meine Schlingen arbeiteten nicht immer gut. Es kam vor, daß das Wild noch lebte, als ich zu den Schlingen kam, und an solchen Tagen schmeckte mir das Essen nicht mehr! Schließlich gab ich die Schlingenstellerei völlig auf, weil ich es nicht mehr ertragen konnte, mißhandelte Tiere in den Drähten zu finden.

In jenen Jahren, in denen ich noch Schlingen stellte, mußte ich jeden Tag unterwegs sein, um sie zu kontrollieren. Das verlangte ein System und genaue Aufzeichnungen, da es sonst unmöglich gewesen wäre, sich zu erinnern, wo man die 150 oder 200 Schlingen gesetzt hatte. Nach Schneefall mußten sie angehoben, nach Tauwetter gesenkt werden, sonst blieb die Schlingenstellerei ohne Erfolg. Wurden sie in falscher Höhe gesetzt, dann fing ich anderes Wild, worauf ich keinen Wert legte. Vor allem gingen mir in manchen Wintern viele Schneehasen in die Schlinge, die in den Nächten unterwegs waren. Mir verblieb nicht viel Zeit, um zu schlafen, denn räumte ich die Schlingen nicht rechtzeitig genug aus, dann hatten es schon die Wölfe, Luchse, Füchse oder anderes Raubwild getan.

Auch die Bisamratten fing ich damals vorwiegend mit Schlingen, wofür ich einen feinen Draht verwendete, den ich sorgfältig in die Laufröhren unter dem Schnee einbaute!" Eugène zeigte uns die Drahtart und erklärte den Verschluß. Dann griff er zu einem starken Draht und sagte: „Diesen setze ich für die Timberwölfe. Ich will euch nun an einem Stück Holz zeigen, wie solche Schlinge arbeitet und wirkt!" Damit stülpte er die Schlinge über einen Kloben Feuerholz und zog scharf an. Fest zog sich die Schleife, ohne sich wieder zu öffnen, denn eine konische Klemmvorrichtung verhinderte es.

„Jeder in die Schlinge gegangene Wolf sucht sich zu befreien", fuhr er fort. „Da die Schlinge meist um den Hals liegt, erwürgt er sich in wenigen Minuten selbst. Darum ist die Schlinge nicht so unbarmherzig wie ein Eisen!

Jedoch vor vielen Jahren, als die Fellpreise gut standen, gingen die Indianer gruppenweise in den Busch und stellten Hunderte von Schlingen. Notizen, wo sie solche gesetzt hatten, machten sie sich natürlich nicht, so daß viele nicht wiedergefunden wurden und das in ihnen gefangene Wild verluderte. Oder das Wetter war so ungünstig, daß die Indianer nicht hinausgingen, um ihre Schlingen zu kontrollieren. Schließlich ließen sie sie auch stehen, nur weil ihr Interesse geschwunden war. Es war ein Jammer, was ich in jener Zeit, als eine große Indianersiedlung hier in der Nähe noch bewohnt war, erleben mußte. Die Auswirkungen wurden so schwer, daß meine Fänge zurückgingen, und ich fast gezwungen wurde, meine Ansiedlung aufzugeben. Diese schreckliche Zeit liegt nun lange hinter mir, und die Gebiete um den Lake Abitibi sind wieder wildreich wie zuvor. Den Schlingendraht, den ich noch hatte, verwendete ich für andere Zwecke und gab fast alles gesparte Geld aus, um mehr Fallen zu kaufen. Das, was ich an solchen damals hatte, würde nicht ausreichend gewesen sein, um mich zu ernähren.

Was ihr hier an Fallen seht, sind Eisen zum Abtreten und Abziehen.

Einige lassen sich auch für beide Zwecke verwenden. Größe und Art der zu verwendenden Falle richten sich natürlich danach, welches Tier man mit ihr fangen will. So seht ihr hier ein schweres Tritteisen zum Fang von Timberwölfen. Früher habe ich euch einmal gesagt, daß ich den Wölfen nicht mehr nachstellen würde. Jedoch mußte ich es jetzt tun, weil mir das ‚Department of Lands and Forests" es aufgetragen hat. Trotz meines Widerstrebens, seitdem ‚Grey' mir ins Eisen gegangen war, wurde ich also wieder gezwungen, Wolfsfallen zu legen. Doch ihr habt ja selber die nächtlichen Konzerte nun oft genug gehört und wißt, wie zahlreich die Wölfe hier zur Zeit sind. In diesem Winter habe ich schon elf Stück gefangen, darunter zwei kapitale Burschen. Ich werde euch die Bälge gelegentlich zeigen.

Laßt euch nun erklären, wofür ich die verschiedenen Fallen, die ihr hier seht, verwende. Nerzbälge halten einigermaßen die Preise. Deshalb entwickelte ich im Laufe meiner Jahre eine gute Methode, Nerze zu fangen. Aus Knüppelholz baue ich eine Art Haus, indem ich die Knüppel oben aneinanderstelle. Mit meinem Draht halte ich das ganze zusammen und flechte außen und innen Tannenzweige mit ein, um das Gestänge zu verblenden. So wirkt es wie der Wurzelstock eines gefallenen Baumes. Mitten in dieser Fanghütte verlege ich auf dem Boden ein Tritteisen, wie ich es in der Hand halte. Ich überdecke es mit Tannennadeln und Blättern, nicht etwa mit Erde. Genau über der Falle hänge ich den Köder an einem dünnen Draht so hoch auf, daß Nerz, Marder und Fischer ihn gerade erreichen können, indem sie sich aufrichten. Dabei treten sie meist auf den Teller, und die Bügel schnappen zu. Die Schockwirkung des derben Schlages tötet die Tiere gewöhnlich gleich.

Diese Methode mit der Fanghütte macht mich unabhängig von der wechselnden Schneehöhe. Sie ist auch besser, als die Falle direkt zu ködern. Dennoch tue ich auch dies bei bestimmten Verhältnissen. Finde ich beispielsweise eine Felsspalte, einen hohlen Baum oder geeigneten Schlupf unter einem Fallbaum, dann bevorzuge ich eine beköderte Falle. Dabei wird der Köder, sei es ein Stück Fisch oder der Kadaver von Bisamratte, Eichhörnchen oder Chipmunk, mit feinem Draht auf dem Teller befestigt. Für stärkeres Raubwild, wie Luchs, Fuchs und auch Fischer habe ich größere Fallen mit starken Federn an beiden Seiten. Auch diese verwende ich als Eisen zum Abtreten oder Abziehen."

Eugène zeigte uns vier Fallen unterschiedlicher Größe, die dem alten deutschen Schwanenhals ähnelten. Er unterrichtete uns auch, wie man diese Fallen spannt, ohne Hände und Füße in Gefahr zu bringen, denn die Schlagkraft dieser Fallen ist sehr hart.

„Dies ist eine Falle, die ich ausschließlich für den Fang der Otter verwende", fuhr er fort. „Doch sie gehen selten in ein Eisen, denn sie sind klug, und sie haben einen sechsten Sinn für Gefahr. Das Eisen für diese ungemein kräftigen Tiere zu spannen, verlangt große Kraft. Ohne Spannhebel ist es unmöglich, sie scharf zu machen. Schließlich seht ihr noch das eigenartige Geflecht einer Biberfalle. Ein kluger Kopf entwickelte sie. Ihre Fängigkeit ist hervorragend. Solche Falle an einen Schlupf gut zu stellen, ist nicht einfach und verlangt viel Erfahrung. Biber sind sehr intelligent. Dort, wo man zu oft Fallen stellte, wandern sie aus. Ich habe das oft feststellen müssen. Da Biber bis zu 60 Pfund schwer werden, müssen die Fallen für sie stark gebaut sein.

Nun seht euch noch das schwerste Eisen meiner Kollektion an. Es ist für den Schwarzbären gedacht. Man verwendet es nur im zeitigen Frühjahr, denn nach dem Winterschlaf sind die Bären hungrig und nehmen ein ausgelegtes Luder meist an. Die Falle wird aber einige Meter vom Luder entfernt aufgestellt, weil ein Bär es zunächst mißtrauisch umschlagen wird, bis er es annimmt. So gerät er in die Falle. Im Frühjahr ist sein Pelz wundervoll seidig und rein in der Farbe. Dann gibt es auch einen guten Preis für ihn. Wird es erst wärmer und Moskitos und Schwarzfliegen peinigen alle Kreaturen, dann verliert der Pelz schnell seine Qualität, weil sich die Bären häufig an Bäumen schaben, um die Quälgeister loszuwerden. Die schwere Kette dient dazu, das Eisen solide zu verankern. Damit habt ihr nun ein Bild bekommen, und ihr werdet alles besser verstehen, was ihr draußen zu sehen bekommen werdet!"

Schon bald nach unserer Abfahrt hielt der Alte sein Kettenfahrzeug an und ging einige Schritte voraus in den Busch. „Kannst du hier irgendwo eine Falle sehen", fragte er mich.

Ich sah mich um, doch ich konnte nirgends etwas erkennen, was auf eine Falle deutete.

„Du stehst unmittelbar vor ihr", sagte der Trapper.

Erst als ich einen schneebedeckten Hügel genau betrachtete, erkannte ich eine Öffnung in ihm. Mich bückend, sah ich eine aus Knüppeln zusammengestellte Pyramide, etwa 65 cm hoch und unten ebenso breit. Geschickt dazwischen gestecktes Astwerk tarnte die innere Konstruktion bestens.

Auf dem schneefreien Grund erkannte ich nur Blätter. Doch ich wußte nun, daß unter ihnen eine Falle verborgen lag. Meine Augen gewöhnten sich an das Dämmerlicht in der kleinen Hütte, und so konnte ich ein Stück Fisch, etwa 25 cm über der Falle schwebend, erkennen.

Eugène sagte: „Was du hier siehst, ist eine gut abgeschirmte Falle für Nerz, Marder und Fischer. Die beiden letzteren nehmen einen Fischköder weniger gern an, ich habe diese Falle also für Nerze gestellt. Die Hütten dieser Art baute ich, damit ich nicht ständig die Fallen neu verlegen muß, wenn es schneite oder taute. Hier brauche ich nur so viel Schnee wegzuräumen, daß der Eingang frei bleibt. Ihn wird ein hungriger Nerz immer finden! Auch haben diese Hütten den großen Vorteil, daß ich die Falle nicht zu berühren brauche, also keine frische Wittrung an sie bringe. Diese Fangmethode bewährt sich auch deshalb sehr gut, weil der Köder niemals einschneit.

Will ich Marder oder Fischer fangen, dann bevorzuge ich Kadaver der Bisamratten oder Eichhörnchen für die Köderung. Natürlich nimmt diese auch ein Nerz an. Selbst Füchse habe ich in diesen leichten Eisen gefangen. Marder und vor allem Fischer sind weit vorsichtiger als Nerze. Oft beobachtete ich, daß sie sich einige Meter vom Köder entfernt hielten, anstatt ihn anzunehmen. Dies war stets ein Beweis für mich, daß ich einen Fehler gemacht hatte. Gewöhnlich erkannte ich ihn und lernte daraus, wie man es nicht machen darf. Diese Nerzhütte steht hier bereits einige Jahre, ich fing schon viele Tiere in ihr, in diesem Winter bereits fünf Stück. Nun laß uns weiterfahren!"

Spielend leicht kletterte der Motorschlitten eine Anhöhe hinauf. Plötzlich nahm Eugène das Gas weg und deutete voraus. Zwischen zwei Tannen sah ich eine Bewegung. Ein Luchs saß in der Falle! Der Trapper lud seine kleinkalibrige Büchse und streckte die große Katze mit einem wohlgezielten Kopfschuß.

„Dies ist der erste Luchs, der mir in diesem Winter in eine Falle ging!" rief er. „Ich freue mich, daß du es miterlebt hast! Wenn es so kalt wird, wie gegenwärtig, dann halten sich die Schneeschuhhasen unter dem sie wärmenden Schnee, und damit ist der Tisch für das Raubwild mager gedeckt. Ich rechne damit, daß ich noch mehr Luchse fangen werde, wenn es weiter so kalt bleibt!"

Ich sah zu, wie Eugène das Eisen wieder fängisch stellte. Über ihm befestigte er einen Schneehasen mit einem feinen Draht auf drei hochgestellte Äste, so daß es aussah, als hinge er in der so entstandenen Gabel. Dann erklärte Eugène mir: „Nun sieh dir die Spur des Luchses an. Er hat die Stelle erst zweimal umschlagen, und dann ist er auf eine Entfernung von zwei Metern nach dem Hasen gesprungen. Beim Niederfallen ist er in das Eisen geraten. Um zu verhindern, daß der Köder zuschneit, entwickelte ich diese Taktik. Wie du sehen kannst, mit bestem Erfolg!"

Auf meine Frage, woher er den Schneehasen hätte, antwortete er: „Ich fing ihn dicht hinter unserem Anwesen in einer Schlinge. Es sind die einzigen Schlingen, die ich noch stellen muß, um Köder für meine Fallen zu haben."

„Gibt es zur Zeit viele Schneehasen?"

„Ja, sehr viele! Ebenso sind Füchse, Luchse und Timberwölfe sehr zahlreich. Immer, wenn es viele Schneehasen gibt, vermehrt sich auch die Zahl derer, die hauptsächlich von ihnen lebt. In einem Zeitkreislauf von etwa sieben Jahren vermehren oder vermindern sich alle diese Tiere. Es gibt Jahre, in denen man kaum einen Schneehasen zu Gesicht bekommt, und dementsprechend selten ist dann das Raubzeug. Seuchen spielen dabei eine große Rolle, natürlich auch günstige oder ungünstige Witterungsverhältnisse. Seit langer Zeit gingen mir nicht so viele Rotfüchse in die Eisen wie jetzt. Es gab Winter, in denen ich glücklich war, ein Dutzend zu fangen. Noch stehen die Bälge einigermaßen gut im Preis, und ich hoffe, eine reiche Ausbeute zu haben. Füchse darf ich fangen, so viel ich will. Die Zahl der Luchse ist mir jeweils vorgeschrieben.

„Kommen hier auch Blaufüchse vor?" fragte ich.

„Ja, vereinzelt. Soweit ich mich erinnern kann, fing ich in all den Jahren nicht mehr als sechs. Doch, laß uns nun weiterfahren, dorthin, wo ich Wolfseisen gestellt habe!"

Bald hielt Eugène wieder an und deutete auf zwei Felsengruppen: „Aus dem Tal kommt hier ein ständig belaufener Wechsel hoch. Wie du siehst, liegt dort ein Schneehase etwas erhöht auf einem Stein. Um ihn gegen zuviel Schnee zu schützen, baute ich aus Tannenzweigen den Überhang. Dies muß so geschickt gemacht werden, daß es nicht auffällt. Der Hase ist mit einem feinen Draht dort an der kleinen Tanne befestigt. Wölfe sind genauso futterneidisch wie Hunde und zanken sich um die Beute. Darauf ist meine Taktik abgestimmt, denn beiderseits des Hasen liegen zwei Tritteisen. Finden die Wölfe das Luder, dann umschlagen sie es erst mißtrauisch, wobei schon die Möglichkeit besteht, daß einer von ihnen in eine

Falle tritt. Sind es mehrere Wölfe, dann sind sie weniger vorsichtig, und die Gier verleitet den Dreistesten, das Luder zu ergreifen. Da es mit einem Draht festgehalten wird, wird der Wolf daran zerren, wobei er meist in die eine oder andere Falle gerät. Diese Methode bewährte sich ebenfalls sehr gut.

Einen hängenden Hasen nimmt ein Wolf sehr selten an. Ihm erscheint dies unnatürlich, merkwürdigerweise dem Luchs nicht. Bei solcher Kälte erfriert Wild häufig, und dann sind die Wölfe weniger mißtrauisch, wenn sie einen liegenden Hasen finden. Ging ein Wolf in ein Eisen, dann muß es verlegt werden. Niemals fing ich im selben Winter an gleicher Stelle einen zweiten. Je milder ein Winter ist, desto weniger Wölfe gehen in eine Falle. Sie haben genug Nahrung und laufen weniger.

Wir fuhren weiter, eine Höhe hinauf und wieder hinunter, und ich erkannte bald am Landschaftscharakter, daß Eugène mich zu einem Bisamrattenrevier fahren würde. So war es auch. In einer teilweise verschilften, stark mit Weidenbüschen bestandenen Niederung hielt er an: „Sieh dort den Laufgang der Ratten unter dem Schnee. Diese Öffnung hier im Gang ist ein Luftloch, das die Ratten freihielten, um Sauerstoff in die Laufröhre zu führen. In Abständen wirst du diese Luftlöcher immer finden. In ihnen stelle ich meine Fallen auf. Die Laufgänge sind oft eine halbe Meile lang!"

Aus den hier aufgestellten zwölf Fallen nahmen wir vier Ratten heraus, fast alle in der gleichen Größe mit wundervollem braunem Haarkleid. Der Trapper ließ mich dann unter seiner Anleitung selbst eine Falle neu stellen und war zufrieden mit meiner Arbeit.

„In jedem Winter", berichtete er, „fing ich einige hundert Bisamratten, dennoch wurden es nie weniger. Insgesamt habe ich stets 60 Fallen draußen, die ich – auf fünf verschiedene Gebiete verteilt – täglich kontrollieren muß. Nur bei schlechtestem Wetter wie Eisregen oder Schneesturm bleibe ich zu Hause. Nach Schneefällen müssen die Fallen neu verlegt werden. Um sie wieder auffinden zu können, stelle ich beiderseits jeder Falle einen hohen Stab auf. Ohne solche Markierung würde es unmöglich sein. Merke ich, daß in einem Revier die Fänge seltener werden, dann nehme ich alle Eisen fort und stelle sie woanders neu auf. Die Möglichkeiten, die hierzu gegeben sind, kann ich gar nicht ausschöpfen. Auch ohne neue Schneefälle graben die Ratten neue Laufröhren. Das verlangt dann ebenfalls ein Neuverlegen der Eisen. Muß ich wegen schlechten Wetters zu Hause bleiben, dann gibt es reichlich zu tun, um die Eisen in Ordnung zu halten oder die Bälge zu bearbeiten. Doch nun will ich dir noch eine gestellte Otterfalle zeigen!"

Wir kamen aber nicht mehr dazu. Als Eugène weiterfuhr, drehte sich der Schlitten scharf zur Seite, ich flog in hohem Bogen in den Schnee. Ein starker Ast hatte die linke Laufkette blockiert. Als wir endlich weiterfahren konnten, war es Zeit für die Rückkehr geworden, wenn wir vor Dunkelheit die „village" erreichen wollten. Auf dem Eis des Ghostrivers brachte der Alte seinen Motorschlitten wieder auf höchste Touren.

Daheim bewunderte ich Bucky. Trotz der kneifenden Kälte hatte er ein Loch in das dicke Eis des Flusses geschlagen und mit dem Dippen eines Blinkers einige Zander gefangen, die Mama bereits in der Pfanne hatte.

Nach dem köstlichen Mahl saßen wir in dem gemütlichen Wohnraum der Familie bei unserem Tee, und Eugène schlug vor: „Morgen vormittag will ich euch das Abbalgen zeigen. Die steifgefrorenen Tiere müssen sowieso erst wieder auftauen. Will man gute Bälge haben, dann muß man sie sehr sauber von Fett und Fleischresten befreien. Man schabt sie mit einem scharfen Messer. Wird es unterlassen, dann fällt das Haar aus, und für minderwertige Ware gibt es nicht viel oder gar nichts. Dann werden die Bälge auf Spanndrähte oder Hölzer gezogen, damit sie an der Luft trocknen können. So bleibt nicht viel Zeit für einen Trapper. Schlaf gibt es nicht viel. Darum laßt uns nun zu Bett gehen!"

In dieser Nacht wurde es noch kälter. Dicke Eisblumen zierten morgens die Fensterscheiben. Auf der Veranda stand das Thermometer auf minus 37 Grad Celsius. Nach dem Frühstück zeigte uns Eugène, wie versprochen, das Abbalgen. Es war für uns nichts Neues, denn er tat es genauso, wie wir es von unseren Vätern gelernt hatten. Der einzige Unterschied war, daß wir wohl die vierfache Zeit gebraucht hätten. Jeder Griff und Schnitt des Alten war erstaunlich geschickt und sicher. Das Spannen der Bälge war Mamas Job, den sie mit besonderer Sorgfalt ausführte. Dann brachten wir die Bälge an einer Stange aufgereiht in das Fellhaus zum Lüften.

Heute verschwanden Eugène und Bucky in einer Schneewolke, ich machte es mir bei Mama gemütlich und ließ mir aus ihrem Leben am Ghostriver erzählen. Nichts ist für diese tapfere und tüchtige Frau wohl bezeichnender als die Geschichte, die ich nun von ihr erfuhr:

„Bevor wir uns ein Boot mit Außenbordmotor leisten konnten, benutzte Eugène Kanus. Mit dem schwersten, einem Lastkanu, war er über den großen See zur Mündung eines Flüßchens gefahren, um Fische aus dem Stellnetz zu nehmen, denn wir brauchten viele für die Huskys. Als ein gewaltiger Gewittersturm aufkam, machte ich mir keine Sorgen, denn Eugène hatte den See stets rechtzeitig genug verlassen, wenn ein solches Wetter losbrach. Doch am Abend war er noch immer nicht zurückgekommen. Die ganze Nacht hindurch wachte und betete ich. Bei dem allerersten Licht war ich mit einem anderen Kanu unterwegs. Da Eugène mir immer sagte, wohin er gehen oder fahren würde, wußte ich meinen Weg.

Es war auch an diesem Vormittag noch sehr windig. Als ich den großen See erreichte, hatte ich viel Angst, mit dem leichten Kanu das unruhige Wasser zu befahren. Ich wagte es nur, weil ich in großer Sorge um meinen Mann war. Das leichte Fahrzeug tanzte derart, daß ich alle Kraft brauchte, um es im Gleichgewicht zu halten und vorwärts zu treiben. Endlich erreichte ich die Mündung des kleinen Flusses, doch sah ich weder Eugène noch sein Boot. Ich hob das Stellnetz an, überall war es leicht, also mußte Eugène es schon geleert haben. Im großen See liegen hier zwei Inseln. Wenn Eugènes Boot gekentert war, hatte er wahrscheinlich dort Zuflucht gesucht.

Auf der ersten Insel fand ich ihn nicht. Eine Stunde lang lief ich um ihr steiniges Ufer und holte mir wunde Füße. Der Wind blies dann stärker aus Nordwesten, und mein Kanu wurde so weit abgetrieben, daß ich an die zweite Insel nicht herankam. Erst vom Südufer aus konnte ich sie in einem großen Bogen erreichen. Ich sah mir die Augen aus dem Kopf, aber ich konnte nirgends eine Bewegung am Ufer erkennen. Ich war schier am Ende meiner Kräfte, während ich wieder auf dem steinigen und felsigen Strand entlanglief. Und endlich dann fand ich Eugène! Er schlief tief, anscheinend vollkommen erschöpft. Seine Kleider, die er nur noch zum Teil anhatte, waren durchnäßt. Von seinem Kanu war nichts zu sehen. Gott sei Dank fand ich in seiner Hosentasche ein Feuerzeug, mit dem ich ein Feuer machen konnte.

Dabei wurde mein Mann wach. Die Luft war warm, so daß ich keine Lungenentzündung bei ihm zu befürchten brauchte. Er ist immer sehr abgehärtet gewesen. Doch er sah elend aus. Darum stellte ich keine Fragen, sondern machte mich daran, das Feuer in Gang zu bringen, damit er trocken werden konnte. Wenn Eugène nicht sprechen will, muß man Geduld haben, bis er den Mund aufmacht. Ich hatte sie.

Erst später erzählte er mir, was passiert war: Ein schwerer Fisch hatte das Stellnetz zerrissen, und Eugène machte sich daran, es zu flicken. Alles, was er tut, tut er gut und gründlich, er ist nicht für halbe Sachen. Zwar hatte er erkannt, daß ein Wetter aufkam, doch er wollte erst noch das große Loch im Netz reparieren. Dadurch überraschte ihn der Sturm, als er zwischen den beiden Inseln war, die etwa 1½ Meilen auseinander liegen. Der See wurde wild, und ein großer Brecher ließ das Kanu umschlagen. Wahrscheinlich hatte sich das Gewicht der Fische verlagert, von denen er sehr viele im Netz gefangen hatte. Hätte er diese über Bord geworfen, so wäre dem erfahrenen Mann kaum etwas passiert. Aber jeder muß erst lernen, und das kann auch 'mal zu spät sein. Eugène mußte etwa eine Meile schwimmen, bis er die Insel erreichte. Das Schwimmen in dem wilden Wasser hatte ihm sehr zugesetzt, länger hätte er es kaum durchgehalten. Dann schlief er ein und wachte erst wieder auf, als ich neben ihm war.

Wir haben dann beide neben dem Feuer gesessen und gewartet, bis der See ruhiger wurde. Das war am späten Nachmittag. Daheim habe ich ihm seine Lieblingsmahlzeit gekocht, und es wurde der glücklichste Abend meines Lebens!"

Dann bat mich Mama, ihr nochmals die Weihnachtslieder vorzuspielen. Nur zu gern erfüllte ich ihre Bitte, schweigsam lauschten wir den lieblichen Melodien und Chören. Darunter war auch eine Komposition meines Vaters, Karl Hogrebe, die man an jedem Weihnachten auch hier in Kanada im Radio oder auf dem Plattenspieler hört. Es ist das Lied „Leise rieselt der Schnee". So ist mir an jedem Weihnachtsfest mein Vater ganz nahe!

Bei Dunkelwerden kamen der Alte und mein Freund mit reicher Beute heim. Auf der Veranda legten sie zwei Timberwölfe, zwei Nerze und elf Bisamratten zur Strecke, und Eugène meinte, dies müßte gefeiert werden. Mama aber sagte energisch: „Erst nach dem Essen!"

Es gab Biber zum Abendbrot, der gut abgehangen hatte, und sein Wildpret mundete uns köstlich. Dann spendeten Bucky und ich eine Flasche „Niagara Rot" zu der Feier, die Eugène angeregt hatte.

Bucky erzählte begeistert, was alles er erlebt hatte. Das Interessanteste hob er sich bis zuletzt auf: „Als wir uns den Wölfen näherten, zerrten sie heftig, um sich aus den Eisen zu befreien. Als wir aber dicht herantraten, überraschte es mich sehr, daß keiner der starken Purschen Neigung zeigte, sich zu wehren oder uns anzugreifen. Genau wie es Hunde tun, kniffen sie die Ruten ein und drückten sich. Eugène machte es dann kurz mit seiner Büchse!"

Ich bat Eugène, die Wölfe zu wiegen. Wir hingen sie an einer alten Zugwaage auf, die 84 und 92 Pfund anzeigte. Es waren ein Rüde und eine Fähe.

Bucky hatte nun die Passion gepackt, er wollte sich gar zu gerne auf Timberwölfe ansetzen. Mir schien es dazu zwar zu kalt zu sein, doch wie hätte ich ablehnen können! Wir fragten Eugène, welche Stelle er für günstig halten würde. Doch er vertröstete uns auf später: „Laßt uns das morgen besprechen, ich will darüber erst nachdenken!"

ZEHNTES KAPITEL

Wenn die Wölfe heulen

Ich saß noch bei Kerzenschein, um das Erlebte in meinem Tagebuch festzuhalten, als die Wölfe wieder zu heulen anfingen. Ihr Chor wurde so laut, daß ich die Parka anzog und hinaus vor die Hütte trat.
  Hinter der „village" im Westen rief eine Gruppe nicht weit entfernt. Eine andere antwortete im Osten auf der anderen Seite des Flusses. Verschwiegen sie, dann trug die windstille, sternenklare Winternacht den Klang der Stimmen auch aus weiter Ferne zu mir.
  Während das Heulen der Wölfe im Sommer selten ist und im Herbst zwar häufiger, doch gewöhnlich nur für wenige Minuten zu hören ist, dauerte es in dieser eiskalten Nacht wohl eine Stunde, plötzlich verebbend und dann wieder anschwellend. Wie zahlreich die Timberwölfe in dieser Gegend waren, wurde mir erst in dieser Nacht so recht bewußt. Ihre Rufe schienen mir eine andere Klangfarbe als im Herbst zu haben und mehr klagend und fordernd zu sein. Ich muß gestehen, es griff mir an die Nerven, und ein Frösteln lief über meinen Körper. Oder war es die schneidende Kälte der Winternacht, die mich erschauern ließ? Wieder verklangen die Rufe der Wildnis. Dann hörte ich in der Ferne eine einzelne Stimme, dunkelfarbig im Klang, akustisch stark, befehlend. Der Ruf bekam vereinzelte Antworten hier und dort. Auch diese Stimmen waren tief im Ton und gebietend. Die Leitwölfe riefen ihre Rudel zur nächtlichen Jagd!
  Bevor ich wieder in die Hütte trat, las ich das Thermometer ab: −37 Grad Celsius! Doch die Luftfeuchtigkeit des Nordens ist nicht so hoch wie im Süden zwischen den großen Binnenseen. Darum empfindet man die große Kälte weniger stark. Nur muß man sich langsam in ihr bewegen und ruhig und gleichmäßig atmen, um die Lungen nicht zu schädigen. Noch einmal sah ich hinauf zum Lichtermeer der Sterne. Ihr Strahlen ist derart intensiv in solcher nordischen Winternacht, daß man sich von ihm nur schwer lösen kann. Je länger der Blick im Universum verweilt, desto

mehr Lichter vermögen die Augen zu erkennen, ein unfaßbares Wunder! Ein lautes Donnern ließ mich erschrecken. Doch es war nur das Stöhnen des Flusses, der sich gegen den Panzer des Eises wehrte.

Am nächsten Morgen sagte Eugène: „Ich will mit einem von euch eine Schlittenfahrt machen, um entscheiden zu können, wo ein Ansitz auf Timberwölfe aussichtsreich ist." Eine halbe Stunde später verließen er und Bucky uns, wir sahen sie auf dem Eis des Flusses nach Norden verschwinden. Erst gegen Mittag kamen sie zurück.

Es hatte mich gewundert, warum sie so lange ferngeblieben waren. Doch bald erfuhr ich den Grund dafür. Auf einem im Nordwesten gelegenen kleinen See hatten sie die Spuren von zwei Rotten gefunden. Beide hatten den kleinen See des öfteren überquert, und Eugène nahm an, daß hier die Wechsel zu dem vor dem großen See gelegenen Urwaldstreifen waren. Einige Spuren waren bereits mehrere Tage alt, andere frisch. Eine der Rotten zählte fünf Tiere, die andere vier, also handelte es sich um zwei verschiedene Wolfsfamilien.

Der kleine See, von dem die Freunde sprachen, war mir wohl bekannt. Dort hatte ich einmal eine Elchmutter mit ihren Zwillingen photographiert, ein nicht oft gesehenes Bild. Am Südufer lag ein kleines Waldstück an der Spitze eines großen Schilffeldes. Die Freunde berichteten, daß die Wechsel unweit dieses Wäldchens vorbeiführten, und daß sie dort eine gute Blende gebaut hätten, vor der wir Luder auslegen sollten.

„Verwendet den Kadaver des Luchses und der zwei Timberwölfe!" riet Eugène. „Legt sie 50 Schritte vor der Blende auf das Eis, dicht beisammen. Bleibt es so windstill und klar, dann habt ihr gute Chancen, auch bei Nacht. Das Licht für einen guten Schuß reicht aus. Sorgt aber dafür, daß die Waffen gut entfettet sind, sonst gibt es bei der Kälte Hemmungen! Nehmt euch die dicken Alaska-Schlafsäcke mit, die ihr bis an die Brust hochziehen könnt. Auf den Stangen, die wir aufbauten, könnt ihr viele Stunden bequem sitzen. Wird es windig, dann werden euch die Parkas schützen. Ich werde euch zum kleinen See fahren und zu vereinbarter Zeit auch wieder abholen. Es ist viel zu weit, um zu laufen. Und ihr seid das Gehen auf den Schneeschuhen sowieso nicht gewöhnt. Macht, daß ihr fertig werdet, und nehmt etwas zum inneren Einheizen mit!"

Wir ließen uns noch Mamas Mittagessen gut schmecken, dann brachte Eugène erst Bucky und dann mich zum Ansitzplatz. Er wollte uns am nächsten Vormittag wieder abholen.

Um vier Uhr nachmittags war auch ich in der Blende. Ich hatte dieses Mal eine Büchse des Kalibers 30/06 mitgenommen, so daß Bucky und ich das gleiche Kaliber führten. In den schweren Schlafsäcken und wärmenden Parkas fühlten wir uns gut geborgen und konnten auch die Hände warmhalten. Langsam schwand das Tageslicht, und unsere Augen gewöhnten sich an die wachsende Dämmerung. Kaum war es dunkel geworden, als das unheimliche Wolfskonzert wieder einsetzte. Ich spürte, wie mir der Schauer einer Gänsehaut über den Körper lief. Nach einer guten Stunde wurde es wieder still in der Natur. Wenig später sahen wir vier Timberwölfe ruhig mitten über den kleinen See trollen, doch für einen Schuß bei dem Mondschein war es zu weit. Eine Ewigkeit schien verstrichen zu sein, bis endlich der neue Tag anbrach. Wir hatten keinen anderen Wolf mehr zu sehen bekommen. Mehr durch Müdigkeit als durch die Kälte fröstelte uns, und wir sehnten Eugène herbei, der um 10.30 Uhr erschien und mich als ersten heimfuhr.

Als er mit Bucky eintraf, glaubte ich, meinen Augen nicht zu trauen, denn quer über dem Sitz des Schlittens lag ein silbergrauer Timberwolf! Bucky strahlte über das ganze Gesicht, als ich ihm zu diesem Erfolg gratulierte. Er erzählte: „Ihr waret wohl erst zehn Minuten weg, als zwei Wölfe fast auf mich zutrollten. Als sie etwa 50 Meter vor mir waren, hob ich langsam die Büchse. Beide Wölfe aber hatten diese Bewegung sofort eräugt, denn sie wurden hochflüchtig. Mit dem ersten Schuß ließ ich den Spitzenwolf wie einen Hasen rollen. Der andere Wolf schlug einen Haken hinaus über den See, und meine beiden Kugeln lagen zu kurz. Ihr könnt euch nicht vorstellen, wie glücklich ich war, als ich an den Gestreckten heranging. Er war schon verendet. Es ist ein sehr starker Wolf, wie du sehen kannst!"

Eugène hob ihn an die Zugwaage auf der Veranda, sie zeigte 96 Pfund! Dies mußte natürlich gebührend gefeiert werden, und an diesem Tage lernte der alte Trapper auch etwas Deutsch, nämlich die Worte: „horrido – joho!"

Rechtschaffen müde legten wir uns hin, doch schon um drei Uhr weckte uns Eugène wieder. Nach einem kräftigen Mittagessen, Bohnen mit Speck, verkündete er uns: „Wo der Ghostriver in das Schilfland tritt, fand ich Spuren. Einige sind zwei Tage alt, andere von heute morgen. Darum habe ich euch dort eine Blende gebaut. Die Luder habe ich auf dem kleinen See liegen lassen. Werden sie angenommen und ihr hattet hier am neuen Ansitz keinen Erfolg, dann solltet ihr euch nochmals vor dem Luder ansetzen. Laßt uns dort aber erst einen Tag Ruhe geben!"

Wieder durchwachten Bucky und ich eine kalte, uns endlos erscheinende Winternacht. Beide glaubten wir, einige Schatten halbrechts von uns gesehen zu haben, sonst ereignete sich nichts. Als Eugène uns abholte, stellten wir fest, daß ein Rudel von vier Wölfen etwa 150 Schritte entfernt durchgewechselt war. Der Himmel hatte sich in dieser Nacht etwas bezogen, und das Licht war schlechter geworden.

Als ich auf der Veranda das Thermometer ablas, zeigte es nur noch —24 Grad Celsius an. Es schien Schnee zu geben. Da wir unseren Aufenthalt bald abbrechen mußten, standen nur noch zwei Tage zur Verfügung. So schliefen wir nur eine Stunde und ließen uns dann zum ersten Ansitz fahren, aber wir hatten keinen Anlauf, bis es dunkel wurde und der Trapper uns heimbrachte.

Schon mit dem ersten Licht saßen wir wieder in der Blende am kleinen See. Der Himmel bezog sich mehr und mehr, und ein leichter Wind hatte sich aus Südwesten aufgemacht. Mittags fing es an zu schneien, und eine Stunde später schüttete es, was nur vom Himmel herunter wollte. Wie erwartet, holte uns Eugène bald darauf ab, denn die Wölfe würden sich jetzt gewiß irgendwo einrollen, den Fang unter die Rute stecken und auf besseres Wetter warten.

Der Wind wurde stärker und stärker, und bald heulte ein Blizzard um die Hütte. Zwei Tage hielt er an. An eine Heimfahrt war nicht zu denken. Da wir den Urlaub sowieso überschritten hatten, beschlossen wir, unser Heil noch einmal zu versuchen, wenn es mit Schneien aufhörte. Die Wölfe würden hungrig geworden sein.

Die beiden Tage, die wir gezwungenermaßen in der Hütte verbringen mußten, waren urgemütlich. Wir erholten uns von den Anstrengungen der vorausgegangenen Nächte und fragten Eugène ein Loch in den Bauch über hundert Dinge.

„Ihr seid ja schlimmer als der Priester!", stöhnte er, doch er war gleich bereit, uns etwas über die Lebensweise der Bisamratten zu erzählen: „Der ‚muskrat' ist in Kanada überall zu finden, doch nicht in dem hohen Norden der Provinzen Newfoundland und Quebec. Das Gewicht schwankt zwischen 2,5 und 5 Pfund. Das dichte Unterhaar ist wasserabstoßend, die langen Grannenhaare sind grober und geben dem Balg einen besonderen Charakter. Nach meiner Ansicht ist ein Mantel aus Bisamratten mit das schönste Kleidungsstück für eine Frau! Typisch für die Bisamratte ist der nackte Schwanz, ähnlich dem einer gewöhnlichen Ratte, nur viel stärker.

Bisamratten leben nur in sumpfigem Gelände oder langsam fließendem Wasser. Im Frühling sieht man sie häufiger bei Tage, sonst sind sie Nachttiere. Sehr zänkisch untereinander, verraten sie sich häufig und werden eine leichte Beute für das Raubwild, hauptsächlich für die großen Eulen. Interessant ist, daß die Bisamratten rückwärts genausogut schwimmen können wie vorwärts. Sie sind vorzügliche Taucher und können bis zu 15 Minuten unter Wasser bleiben!

Da sie sich sehr schnell vermehren, wird ein Gebiet von ihnen oft übervölkert. Sie wandern dann aus, um neue geeignete Gelände zu finden. Versuche, die das ‚Department of Lands and Forests' anstellte, erwiesen, daß sie Entfernungen bis zu 25 Meilen überwinden, um für sie geeignete Lebensbedingungen zu finden. Die Trächtigkeit dauert 25 bis 30 Tage. Ich habe in Schilfburgen und Röhren an Land bis zehn Junge in einem Wurf gezählt. Gleich nach dem Wurf erfolgt eine neue Paarung, so vermehren sie sich pausenlos vom Frühjahr bis in den Herbst. Ihre Lebenszeit ist gegenüber anderen Pelzträgern kurz. Sie übersteigt selten das vierte Jahr. Im Durchschnitt leben sie nur zwei Jahre. Das Leben aller Tiere im Busch hatte mich immer interessiert. Darum habe ich Bisamratten markiert, um Kenntnisse zu sammeln. Nur zweimal fing ich schwere Ratten, die in das fünfte Jahr gingen. Diese waren beide fast 70 Zentimeter lang!

Die konisch geformten Häuser, Burgen genannt, sind aus Schilf, Binsen und anderen Wasserpflanzen erbaut und ragen einen Meter über die Wasseroberfläche. Trockene Behausungen mit gleichförmiger Temperatur sind wichtig für ein gesundes Aufl ringen der Jungen, die anfällig sind. Bisamratten bauen ebenso ihre Nester unter den Uferbänken oder an einer überhöhten trockenen Stelle im Sumpf. Jeder Bau hat Notröhren, um den Feinden ausweichen zu können. Weil die Bisamratten selten Nahrung für den Winter horten, müssend sie dauernd sehr aktiv bleiben, um zu überleben. In den offenen Jahreszeiten bevorzugen sie als Nahrung Frösche, Reptilien, Schnecken, Muscheln, Fische und Krebse. Ebenso leben sie von Wurzeln, Schößlingen und jungen Trieben der Wasserflora. Im Winter fressen sie alles, was die scharfen Nager bewältigen können. Wird das Futter knapp, dann kämpfen sie miteinander auf Leben und Tod und fressen sich manchmal auch gegenseitig auf. Raubvögel und Eulen, Wiesel, Nerz und Marder sorgen dafür, daß die Natur im Gleichgewicht bleibt.

Kneift der Hunger sehr, dann halten sich sogar Wolf, Luchs und Fuchs an die Bisamratten. Ihr ewiges Gezanke macht es ihnen leicht, sie zu finden und zu greifen.

Fängt man ein Sumpfgebiet stark aus, dann werden nicht mehr als zwei Jahre vergehen, bis es wieder voll von Bisamratten bevölkert ist. Ich trachte aber danach, meine Fanggebiete schonend zu behandeln, um mir das gleiche Farbspiel im Haar zu erhalten. Die vorherrschenden Haarfarben sind nämlich zwischen den einzelnen Fanggebieten unterschiedlich. Dies soll vor allem auf den Mineraliengehalt der Gegend zurückzuführen sein. Natürlich ist es für mich als Trapper wichtig, daß meine Bälge einen gleichartigen Farbton haben. Das wäre wohl alles, was ich euch über Bisamratten erzählen kann!"

„Eugène, ich hörte, daß es hier auch fliegende Eichhörnchen gibt", warf ich ein. „Nie habe ich eins gesehen!"

„Dann warst du zu faul, um tiefer in den Busch zu gehen, und du gabst dir nicht genug Mühe!" war seine Antwort. „Sie sind hier sogar häufig!"

Ich gab die vielen Schwarzfliegen und Moskitos als Entschuldigungsgrund an, doch der alte Trapper meinte schmunzelnd: „Bei Nacht geht man auch nicht gern in den Busch, und bei Tage sieht man die ‚Vogelhörnchen' sehr selten, denn sie sind Nachttiere!"

Wie schon öfters hatte mich der Alte wieder einmal hineingelegt. Wir wollten nun mehr über die Vogelhörnchen hören, aber er schwieg und grinste. Mir schwante, daß ihm der Tee zu dünn war, und ich änderte das mit der Rumflasche. Befriedigt fing er dann an zu sprechen:

„Sicher werdet ihr auf Abbildungen der hübschen Tiere schon gesehen haben, daß sie keine Flügel haben. Vom Widerrist bis zu den Enkeln verläuft bei ihnen ein lockerer Hautlappen, der beim Fall wie ein Schirm wirkt. Die Hörnchen fliegen also nicht, sondern sie gleiten, müßten also besser Gleithörnchen heißen! Selten lassen sie sich von der Höhe eines Baumes bis zum Erdboden gleiten, wo sie sich nur sehr ungeschickt fortbewegen können. Sie gleiten meistens von Ast zu Ast und klettern dann am Stamm wieder aufwärts, um erneut einige Astetagen hinabzuschweben.

Bei Tage muß man die Augen offen halten, um irgendwo ein Hörnchen hoch in den Bäumen zu erkennen. Wenn ihr bei Sonnenschein einmal etwas in der Höhe rötlich glitzern seht, dann schaut genauer hin. Gleithörnchen sind Nachttiere und haben große Augen, die schwarz wie Kohle sind. Was ihr gesehen habt, war das Auge eines Nachttiers, in dem das

Sonnenlicht reflektiert. Achtet auch auf das Zirpen und Keckern der Hörnchen. Dann mögt ihr bald ihren Kopf entdecken, der aus einem Spechtloch herausschaut, denn in solchen richten sie sich gerne ein. Wenn ihr ein Vogelhaus oder eine Nisthöhle mit ausreichend großem Schlupfloch hoch in einen Baum hängt, wird es bald von einem Hörnchen bewohnt sein. Ihr findet sie nur dort im Walde, wo Wasser ist. Sie sind aber schlechte Schwimmer und ertrinken leicht, wenn sie ins Wasser gleiten.

Das Haarkleid ist wundervoll seidig und weich und weist viele Farbspielarten von Schwarz bis Grau auf. Das Winterhaar ist heller als das des Sommers. Sowie die Sonne untergegangen ist, könnt ihr sie oft finden. Verwendet ein gutes Nachtglas und beobachtet einen Waldrand geduldig. Ganz bestimmt werdet ihr sie dann sehen. Je weiter man nach Süden kommt, um so seltener stößt man auf sie. Dies beweist, daß sie das kalte Klima lieben.

Wie alle Hörnchen horten sie Nahrung für den Winter. Zu diesem Zweck kommen sie zum Erdboden, wo sie sich Speisekammern anlegen, stets dicht bei ihrem Nestbaum. Wenn ihr durch den Busch geht, achtet darauf, wo die Reste von Tannenzapfen stark verstreut am Boden liegen. Mit Sicherheit lebt in der Nähe ein fliegendes Eichhörnchen. Ihr schlimmster Feind ist die große Ohreule."

Der Trapper verschwieg und stopfte sich seine Pfeife. Nun wollte Bucky noch etwas über das Leben und die Eigenarten der Luchse erfahren. Eugène war gern bereit, unsere Wißbegier weiter zu befriedigen und begann:

„Ja, ich kann euch viel über die große Katze erzählen. Wo es Schneehasen gibt, gibt es auch den Luchs, denn von diesen lebt er hauptsächlich. So kenne ich keine bessere Köderung als die mit einem solchen Hasen. Als Trapper weiß man immer, wann ein Luchs im Revier ist, denn er liebt es, die Fallen auszuräumen, und damit verrät er seine Anwesenheit. In diesem Winter fand ich viele Luchsspuren, fast zu viele. Sie stammen nicht immer von den gleichen Katzen, denn ich studiere die Spuren sorgfältig und vermesse sie. So weiß ich, daß innerhalb der 10 Quadratmeilen um unser Anwesen herum mindestens acht Katzen leben. Eine davon mag ich nun gefangen haben. Eine andere wird bald ihr Revier mit übernommen haben.

Ein Luchs hält sich nur in einem Raum auf, der ihm genug Nahrung bietet. Gibt es viele Schneehasen, dann ist sein Revier klein. Werden es ihrer weniger, dann vergrößert sich der von ihm bejagte Raum. Wird die Nahrung knapp und sind zu viele Luchse in einem Gebiet, breitet sich leicht eine Seuche aus. Schlimm wird es, wenn dann die Tollwut ausbricht. Das ist dann eine gefährliche Zeit, denn eine tollwütige Raubkatze nimmt alles an, was ihr in den Weg kommt, auch den Menschen, den sie sonst flieht, sobald sie seine Witterung bekommt. In meinem Trapperleben wurde ich mehrere Male von tollwütigen Tieren angegriffen, auch von Luchsen!"

Mich anblickend, fuhr er fort: „Du hast ja auch einige Erfahrung diesbezüglich sammeln können, als ein tollwütiger Fuchs einen deiner Freunde annahm und verletzte. Du wolltest mir schon immer erzählen, was da passiert ist. Nun hast du Gelegenheit dazu!"

Ich fing den Ball sogleich auf: „Es liegt zwölf Jahre zurück, als ich mit einem Freunde, Hans-Marten Zollenkopf, oftmals nördlich von Parry Sound in Ontario jagte. In ihm hatte ich einen der besten Jäger kennengelernt, mit dem ich im kanadischen Busch waidwerkte. Jagdlich sehr erfahren und ein hervorragender Kugelschütze, ließ er sich niemals aus der Ruhe bringen. An einem Herbsttage jagten wir auf Haselhühner. Dabei wurde Hans-Marten ganz überraschend von einem Rotfuchs angegriffen. Er versetzte dem wütenden Tier einen Fußtritt, der es beiseite schleuderte. Der Fuchs griff aber erneut an und verletzte Hans-Marten leicht an einer Hand, bevor dieser ihn mit einem Schuß erledigen konnte. Mein Freund machte nun einen zweiten Fehler, indem er mit den bloßen Händen den Fuchs aufnahm, dessen Aussehen nicht erkennen ließ, daß er krank war. Nur der heftige Angriff ließ darauf schließen, daß er tollwütig sein könnte. Hans-Marten brachte den Fuchs natürlich zum ‚Department of Lands and Forests' in Parry Sound zur Untersuchung.

Es waren zwei Wochen vergangen, als mein Freund während eines Gottesdienstes von der Polizei aus der Kirche geholt wurde, um ihm mitzuteilen, daß das Ergebnis der Untersuchung positiv war. Er mußte sich sofort in die Behandlung eines Arztes begeben und bekam im Laufe von Wochen 14 Injektionen in den Leib. Doch war es sehr fraglich, ob diese den Freund noch retten konnten, da bereits 14 Tage seit dem Vorfall verstrichen waren. Gottlob wirkten die Spritzen aber, und er behielt seine Gesundheit!"

Eugène bestätigte: „Ja, es kommt auch hier in der Wildnis viel öfter, als allgemein bekannt wird, vor, daß Menschen von tollwütigen Tieren angegriffen werden. Solche Epidemien treten immer wieder auf und dezimieren die Wildbestände. Doch nun weiter über den Luchs! Er hat seine bestimmten Wechsel, auf denen man ihn bei Schnee immer wieder spüren kann. Ebenso hat er Plätze, die er bevorzugt, um sich zu sonnen. Kennt man beide, dann weiß man auch, wo man zweckmäßig die Eisen für ihn stellt. Um seine Krallen scharf zu halten, wetzt er sie an einem Baum, wie es auch die Hauskatze tut. Eigenartig aber ist, daß der Luchs stets denselben Baum dazu aufsucht. Ob er mehrere solcher Bäume im Revier benutzt, konnte ich nie ermitteln. Wenn es nicht verboten wäre, einen Luchs zu schießen, brauchte man sich nur den Baum zu suchen, an dem er seine Krallen schärfte, und sich dort mit Geduld anzusetzen.

Wie es auch die Wildkatze tut, legt sich der Luchs auf einem Baum auf die Lauer und springt von oben die erkorene Beute an. Er tut dies jedoch nicht grundsätzlich. Oft ist es mir passiert, daß ein Luchs mir folgte und mich neugierig beobachtete. Es sind dann solche Tiere, die nie vorher mit einem Menschen in Berührung gekommen waren. Niemals habe ich irgendwelche Zeichen erkennen können, daß mich ein Luchs angreifen wollte. Sein Folgen war reine Neugier!"

Hier unterbrach ich Eugène, um ein eigenes lustiges Erlebnis zu erzählen: „Einst fischte ich mit einem Kanadier, Micky McPherson, auf einem See in den Gowganda-Bergen, auf den wir uns mit einem Boot hatten einfliegen lassen. Micky bat mich, zum Ufer zu fahren, weil er zur ‚stillen Andacht' in den Busch gehen mußte. Nach wenigen Minuten kam Micky aber rückwärts wieder aus dem Busch, mit seinem Hosenbund unter den Kniescheiben, für mich ein ergötzlicher Anblick. Ich dachte natürlich, daß ihm ein Schwarzbär folgen würde, nahm schnell die neben mir liegende Waffe zur Hand und schob hastig eine Patrone in den Lauf. ‚Was ist los?' rief ich. Blitzschnell warf sich Micky herum und wollte, seine Hose hochziehend, in das Boot hineinspringen. Doch er sprang vorbei und verschwand in der Flut! Dort aber, wo er den Busch verlassen hatte, erschien ein starker Luchs und setzte sich hin, wie es auch eine Hauskatze tut. Da setzte ich meine Waffe ab und sicherte sie. Der Luchs schaute interessiert zu, was nun vor ihm ablief. Ich konnte nicht ernst bleiben, während Micky durchweicht in das Boot kletterte. Als ich mich anschickte, ihn zum Zelt zurückzufahren, erhob sich der Luchs, stolzierte frech bis an das Ufer und äugte erstaunt hinter uns her." In Erinnerung dieser Situation mußte ich laut lachen, und die Freunde fielen herzhaft in das Gelächter ein.

„Das ist typisch", sagte Eugène. Die Burschen können sehr neugierig sein. Böses hatte er nicht im Sinn, das ist sicher. Ende Mai fand ich einmal eine Fähe mit vier Jungen, alle schon mit geflecktem Fell. Es war ein liebliches Bild. Eines der Jungen nahm ich mit und übergab es Mama zur Pflege. Es nahm auch nach einiger Mühe die Flasche an und gedieh gut. Doch zahm und vertraut wurde das Tier nie. Eines Tages war es verschwunden und kam nie wieder. Später versuchten wir es nochmal, und es bestätigte sich, daß Luchse sich nicht zum Haustier wandeln lassen, wie es bei Grey, dem Timberwolf, möglich war.

Fest steht aber, daß sich Luchse mit Hauskatzen einlassen, soweit diese stark genug sind. Ich sah mit eigenen Augen, daß eine große Hauskatze, die wir viele Jahre hatten, Besuch von einem Luchskater bekam. Zwei der Jungen waren wie junge Luchse gezeichnet. Halbwüchsig verschwanden sie schon im Busch und kamen nicht wieder.

Das Geschrei eines Luchses kann einem auf die Nerven gehen. Von Januar bis April kann man es öfter im Busch hören, es klingt, als ob ein böses Weib keift. Ich fing in meinen Eisen hier auch einige Wildkatzen, die kleiner sind als Luchse. Auch ist ihre Zeichnung anders, fleckig und gestreift, während der Luchs ein ebenmäßiges graumeliertes Haarkleid trägt. Der auffallendste Unterschied sind die schwarzen Pinsel an den Gehören des Luchses, die der Wildkatze fehlen! Wie alt Luchse werden können, vermag ich nicht zu sagen. Ich nehme aber an, daß sie 15 Jahre alt und auch älter werden. In den Fallen habe ich jedenfalls sehr alte Luchse gefangen, deren Fangzähne stark abgenutzt waren. Ihr Bart war fast weißgrau!"

Madame, die auf der Veranda zu tun hatte, rief, daß es aufgehört hätte zu schneien. Das Thermometer zeigte nur —14 Grad Celsius an. Noch war der Himmel dick bezogen, doch hier und da brach die Wolkendecke auf. Das Wetter schien aufklären zu wollen. Die Schneedecke war um etwa 50 Zentimeter gewachsen. Eugène wollte hinausfahren, um die Bisamfallen aufzunehmen und neu zu verlegen. Bucky begleitete ihn, während ich mich über mein Tagebuch hermachte.

Beide Freunde kamen müde und abgespannt zurück, als es schon dunkel geworden war. Sie brachten vier Bisamratten mit. Eugène wollte im ersten Morgenlicht wieder hinausfahren, um sich nach frischen Wolfsspuren umzusehen. Wegen des hohen Schnees bat er, allein zu fahren, um schneller und beweglicher zu sein. Das verstanden wir, und es war ja auch in unserem eigenen Interesse. So gingen wir bald zu Bett. Viel Hoffnung hatte ich allerdings nicht mehr, noch einen Wolf strecken zu können.

Als Bucky und ich uns am nächsten Morgen den Schlaf aus den Augen rieben, war Eugène schon vom Abspüren zurückgekehrt. Während des Frühstücks brachte uns sein Bericht in freudige Stimmung: „Ich habe gute Nachrichten für euch! Drei Wölfe haben den kleinen Fluß letzte Nacht 200 Yards ostwärts des Seeausflusses überquert. Zwei andere haben auf dem kleinen See das Luder angenommen, obwohl es tief verschneit war. Ich vermute, daß es dieselben Wölfe sind, deren Spuren wir vor Tagen auf dem kleinen See gesehen haben. Und nun legt gut vor, damit euch der volle Magen wärmt. Ich glaube, ihr habt gute Chancen!"

Um 10 Uhr traf ich in der Blende am kleinen See ein, wo Bucky es sich schon gemütlich gemacht hatte. Fast wurde es uns in den dicken Schlafsäcken zu warm. Ein leichter Wind wehte uns in die Gesichter, er stand aus Westen, also sehr günstig für unser Vorhaben. Äußerst träge schlichen die Stunden dahin. Gegen 3 Uhr nachmittags sahen wir weit entfernt Bewegung am Westende des Sees vor dem dahinterliegenden Schilf. Bis ich mein Glas an den Augen hatte, waren die Schatten bereits verschwunden. Plötzlich aber, als die Dämmerung schon wieder über die Landschaft einfiel, kamen im flotten Troll zwei Timberwölfe von Süden her direkt auf das Luder zu! Nicht ein einziges Mal verhofften sie! Gierig scharrten sie den Schnee zur Seite, um an den Fraß zu kommen. Längst hatten wir uns verständigt, daß Bucky den rechten Wolf und ich den linken aufs Korn nehmen wollten. Es klang wie ein einziger Schuß, als unsere Büchsen knallten. Den von mir beschossenen Wolf riß es sogleich um, während der rechte meterhoch in die Luft sprang und sich dann mehrfach im Schnee überrollte. Bucky schoß ein zweites Mal, dann rührte sich sein Wolf nicht mehr! Wir umarmten einander in unserem Glück.

Inzwischen war es dunkel geworden. Wir schleiften die Wölfe zum Wäldchen, wo wir ein Feuer anlegten und ihnen an Ort und Stelle die Totenwacht hielten. Unsere Herzen waren voller Freude über dies unverhoffte Waidmannsheil in letzter Stunde. Als Eugène uns abholte und unsere Strecke erblickte, stimmte er in unsere Freude ein mit dem schallenden Ruf: Horrido — joho!

Zu Hause verwog ich meinen Grauen. Die Waage zeigte 71 Pfund an. Buckys Wolf hatte fast das gleiche Gewicht. Also waren es Jungwölfe aus diesem Jahr, wie ich es erwartet hatte, da sie schnurstracks das Luder angelaufen hatten. Aus Erfahrung wußte ich, daß dies Altwölfe niemals tun. Sofort machten wir uns daran, die Tiere abzubalgen, wobei Eugène uns kritisch auf die Hände sah. Sein Kommentar: „Nicht zu schlecht, aber viel zu langweilig!"

Mama hatte köstliche Buchweizenpfannekuchen gebacken, die wir mit Heidelbeeren aßen. Als Dank ließen wir sie noch einmal die Weihnachtslieder hören, denn wir wußten, daß wir ihr damit eine besondere Freude machen würden. Fröhlich saßen wir bis spät in die Nacht hinein beisammen.

Schon früh standen wir des Morgens auf und packten. Eugène wollte mich erst zur Brücke fahren, wo ich hoffte, dort ein Auto anhalten zu können, das mich mit nach Matheson nehmen würde. Als ich mich von Mama verabschiedete, sagte sie: „Es war eines der schönsten Weihnachten für mich!" Dann schob sie mir ein Päckchen unter den Arm, eine Dose mit Elchfilet und eine zweite mit Pilzen aus dem Busch am Ghostriver. „Das ist für deine Frau!", sagte sie.

Bald verschwand die „village" in einer Schneewolke hinter uns, aber ich wußte, daß die Erinnerung an köstliche Tage und an zwei prächtige Menschen mich lebenslang begleiten würde!

Ich hatte Glück auf meinem Warteposten an der Autostraße, denn schon 15 Minuten später kam ein Lastwagen, der mich mit nach Matheson nahm. Mit meinem eigenen Wagen fuhr ich dann zurück zum Ghostriver, um Bucky abzuholen. Eugène hatte ihm solange Gesellschaft geleistet. Das letzte, was wir von ihm hörten, war ein schallendes HORRIDOOOO!

ELFTES KAPITEL

Mit den Wildgänsen kam der Frühling

Auf meinem Schreibtisch unter der Post lag ein Brief aus Timagami. Von *Akaskagou?*, fuhr es mir durch den Sinn. Hastig öffnete ich den mit Maschine geschriebenen Umschlag und las:

Mein Freund!

Dies ist der erste Brief, den ich in meinem Leben diktiere, und Tom, der Kaufmann, schreibt ihn für mich. Ich bin wieder gesund geworden, wie ich es früher war. Jeden Tag bin ich gelaufen, erst wenig, dann viele Stunden, bis mein Bein wieder stark wurde. Ich bekam einen Schuh mit dickerer Sohle und hinke nicht mehr. Mein Freund, wann wirst Du wieder kommen, damit wir auf den Bären jagen? Darauf warte ich!

Akaskagou

Aka hätte keine bessere Stunde wählen können, um seinen ersten Brief zu diktieren. Seit ich die ersten ziehenden Wildgänse gesehen hatte, war es vorbei mit meiner inneren Ruhe. In dieser Nacht konnte ich keinen Schlaf finden und grübelte immerzu darüber nach, wie und wann ich mich aus meiner Berufsarbeit lösen könnte. Kurz entschlossen machte ich mich wenige Tage später auf die Reise, begleitet von „Seppel", meinem erfahrenen Springer-Spaniel, der etwas Blut vom englischen Setter hat. Er war schon sehr alt geworden, und ich mußte befürchten, daß es seine letzte Jagdfahrt werden würde.

Mit den Stunden blieben auch die Meilen hinter uns, und es war wieder Tag geworden, als wir den lieblichen Ort Timagami erreichten. Da stand auch schon Akaskagou, hoch aufgerichtet, die Jagdtasche, die ich ihm einst geschenkt hatte, umgehängt. Vorsichtshalber reichte ich ihm meine Linke, um meine Rechte mit dem Ehering vor den Schmerzen durch den „Schraubstock" seiner Pranke zu bewahren. „Willkommen, mein Freund", sagte der Indianer feierlich. Mir wurde es warm ums Herz.

Durch die lange Fahrt übermüdet, suchte ich Schlaf in dem Motel des Ortes. Den Abend verbrachte ich mit Aka und seiner Familie.

Ich hatte gehört, daß Eugène während des Winters drei Wochen im Krankenhaus zugebracht hatte. Darum beschloß ich, sogleich zum Ghostriver zu fahren, um den alten Trapper wiederzusehen. Dies schien Aka erwartet zu haben. Er nickte zufrieden und erfreut.

Der alte Seppel rollte sich zwischen uns auf dem Sitz zusammen. Noch einmal wollte ich ihm die Freude machen, mit seinem Herrn zu jagen, wenn er auch vielleicht dabei sein Leben verlieren sollte, da er beträchtlich langsamer geworden war. Jedoch er hatte in zwölf Jagdjahren so manchen Schwarzbären aus der Dickung herausgebracht und hatte gelernt, daß lautes Verbellen klüger ist, als sich auf einen Zweikampf einzulassen. So riskierte ich es.

Seine buschige Rute zuckte unentwegt, als er nach vielstündiger Fahrt Aka und mich beim Wassern unseres Bootes beobachtete. Sowie das letzte Gepäck verladen war, nahm er seinen Platz auf dem Deckbrett im Bug ein, wie er es auf den vielen Jagdfahrten stets getan hatte. Von hier aus konnte er Ausschau halten auf alles, was Haare oder Federn trug.

Seppel war der einzige Hund, den ich jemals mit Passion Fische apportieren sah, so daß ich den Kescher zu Hause lassen konnte. Zwar war ihm der Fischschleim zuwider, doch dies war für ihn nur eine unangenehme Beigabe. Er war auch in anderer Hinsicht eine Ausnahme. Da meine Liebe zur englischen Sprache erst mit der Fähigkeit wuchs, sie flüssig verwenden zu können, hatte ich mit Seppel immer nur deutsch gesprochen. Deshalb änderte mancher Bewunderer seiner jagdlichen Künste zunächst seine Meinung über den Hund, wenn er ihm Befehle auf Englisch zu geben suchte, die Seppel ignorierte.

Ich hatte diesmal unser Kommen der Familie Tremblay nicht angemeldet. So wurde das überraschende Wiedersehen zu einer doppelt großen Freude! Eugène war noch Rekonvaleszent, und seine Augen hatten einen matten Blick. Eine hartnäckige Influenza hatte dem alten Trapper zugesetzt. Mit Aka bewohnte ich die alte Blockhütte, die fast schon zu meinem Leben gehörte.

Als ein kühler und leuchtender Vorfrühlingstag anbrach, erledigten wir unsere Morgenwäsche auf dem Bootssteg. Für ein Bad war es noch zu kalt. Noch lagen entlang der Ufer Streifen von Eis und etwas Schnee im Schatten der Hänge und Schluchten, doch das junge Gras brachte schon etwas Farbe in die Landschaft. Wir sahen Elche im Schilf vertraut äsen, nur wenige hundert Meter von der „village" entfernt. Dann „honkte" es aus dem Himmel: Ein Flug Kanadagänse zog über uns mit ruhigem Schwingenschlag weiter nach Norden. Ich winkte hinauf zu ihnen, denn sie waren es gewesen, die lange vor dem Eintreffen von Akas Brief meine Sehnsucht nach dem Ghostriver und dem Leben in der Wildnis geweckt hatten.

Nach dem Frühstück trat der Trapper in die Hütte und gesellte sich zu uns. Er streichelte meinen alten Hund und geriet diesmal unaufgefordert ins Plaudern. „Meine Huskys sind aus ganz anderem Holz geschnitzt. Sie sind angekettete Haustiere mit mehr oder weniger viel Wolfsblut in den Adern. Zahm? Nein, das sind sie nicht. Wir zähmten sie nur so weit, daß sie bereit sind, Dienste zu tun. Ich möchte einmal sehen, wie viele von ihnen morgen früh noch hier wären, wenn ich sie von ihren Sklavenketten befreien würde. Wahrscheinlich nicht einer! Zwar käme der eine oder andere Husky wohl wieder zurück, doch sein Wesen würde sich verändert haben. Ob er dann jemals die altgewohnte Arbeit wieder aufnehmen würde, ist sehr fraglich. Je nach seiner Anhänglichkeit an seinen Herrn täte er es vielleicht freiwillig, aber nie mehr durch Zwang. Wer wie ich auf seine Huskys ein Leben lang angewiesen war, studierte sie, um jedes einzelne Tier richtig behandeln und anfassen zu können. So kenne ich das Wesen meiner Huskys genau und vermag am Ton oder Klang ihrer Stimmen zu erkennen, wie sie einem Fremden gegenüber eingestellt sind. Ich höre es sogleich, ob sie ihn ablehnen oder bereit sind, ihn zu akzeptieren. Die gleichen für uns unerklärlichen Unterschiede machen sie auch im Verkehr untereinander. Wie oft erlebte ich es, daß die Huskys einen Neuen unter ihnen ablehnten und schließlich totbissen, während sie einen anderen Neuling ohne weiteres annahmen."

Eugène schwieg eine Weile, dann forderte er uns auf, eine Fischmahlzeit zu beschaffen. Hechte und Zander würden nun wohl abgelaicht haben. Gleichzeitig sollten wir uns nach Fährten von Schwarzbären umsehen, in dieser Jahreszeit würden sie gern die Ufer nach Fraß absuchen.

So waren wir nicht überrascht, mehrere ältere und frische Fährten auszumachen, die Aka eingehend prüfte. „Viel junge Burschen sind im Revier, aber keiner ist schwerer als 150 Pfund!" stellte er fest.

Die Fische bissen gut, bald hatte ich einige Zander gefangen. Dann bereitete ich meine längste Fliegenrute vor, um Aka zu lehren, wie man sie für Hechte und Zander handhabt. Ich legte den aus Federn gefertigten Kunstköder „mit einer Rolle" auf das Wasser und ließ ihn sinken, um ihn über Hand einzuholen. Aka versuchte es, und nach manchen ungeschickten Würfen bekam er das rechte Gefühl in die Hand. Plötzlich bog sich die schlanke Rute tief durch, er verlor den Hecht und sah mich betrübt an.

„Versuche es noch einmal!" riet ich. „Du mußt einen Fisch mit hoher Rutenspitze ausspielen, da du nur wenig Schnur auf der Rolle hast. Große lange Fluchten darfst du ihm nicht erlauben, solche mußt du weich abbremsen mit deinem Daumen!"

Nur wenige Würfe waren notwendig, um einen anderen Fisch an den Haken zu bringen. Diesen Fünfpfünder brachte Aka überraschend gut vor das Boot. Ich nickte mit dem Kopf, und Seppel verstand dies als Aufforderung. Er sprang über Bord, und bald hing ihm der Fisch quer im Fang, ein drolliger Anblick! Niemals hörte ich Aka so laut lachen, es schüttelte ihn förmlich. Ich half meinem Hund samt dem Hecht ins Boot zurück und lobte und streichelte ihn. Dann schüttelte er sich das Wasser aus dem Fell, aus Höflichkeit mir gegenüber tat er es unmittelbar vor Aka.

Am nächsten Tag war es wärmer geworden, ein lauer weicher Wind stand aus Süden, als wir uns im Boot wieder auf den Weg machten. Eugène hatte uns geraten, den Fluß hinter seinem Anwesen hinaufzufahren und in einem hügeligen Gelände etwa eine halbe Meile westlich der „Zwillinge" nach Bärenfährten zu suchen. Es wäre eine Gegend, die die Schwarzen vorzögen.

Tatsächlich fanden wir dort im Ufersand einer Bachmündung die Sohlenabdrücke eines Schwarzbären. Aka prüfte sie und sagte: „Nur zwei oder drei Stunden ist die Fährte alt! Der Bär ist dem Bachlauf aufwärts gefolgt, er wird sich im flachen Wasser nach Hechten oder Zandern umschauen. Der Fährte nach ist er etwa 200 Pfund schwer!" Als mein Blick auf Seppel fiel, zitterte der Hund wie Espenlaub. Seine braunen Augen hingen bettelnd an meinem Mund. Da gab ich ihm den Befehl: „Such', mein Hund!" Alter und steife Glieder schienen vergessen, mit tiefer Nase verschwand er wendig, wie in seinen besten Jahren, im dichten Busch.

Aka sagte: Laß uns dort auf der Anhöhe warten. Ich vermute, daß der Bär hier kommen wird, da ihm Talsenke und Bachbett den besten und bequemsten Fluchtweg bieten. Weit wird er nicht sein, höchstwahrscheinlich noch beim Fischen!"

Ich bat den Indianer, mir sein Gewehr zu geben. Es war eine ältere Waffe Kaliber 30/30. Ich reichte ihm die meine und sagte: „Heute soll dein Jagdtag sein, Aka! Schieße mit meiner Büchse und sage mir dann, wie sie dir lag!" Seine Gesichtshaut lief dunkelrot an, ich wußte, daß ich ihm durch nichts eine größere Freude bereiten konnte.

Nach etwa 20 Minuten richtete sich Aka auf, lauschte nach Norden und flüsterte: „Dein Hund verbellt den Bären!" So sehr ich mich auch anstrengte, ich konnte nichts hören. Als ich sprechen wollte, hob Aka eine Hand und sagte: „Nun kann ich den Hund auch nicht mehr vernehmen. Bellt er auch, wenn er das Wild hetzt?"

„Niemals tat er das", antwortete ich. „Erst, wenn er den Bären erneut stellen oder zum Aufbaumen bringen konnte, wird er wieder Laut geben!"

Aka nickte und sagte leise: „Dann werden wir den Schwarzen bald zu sehen bekommen! Bewege dich jetzt nicht mehr!"

Wenige Minuten später hörten wir den Bären heranbrechen, und bald sahen wir ihn in voller Fahrt am Bachbett entlang auf uns zukommen. Erst als er nahe heran war, entsicherte Aka die Büchse, brachte sie ohne ein Zeichen von Hast in Anschlag und folgte mitschwingend den Fluchten des Bären. Im Knall überrollte sich der Schwarze zweimal und stürzte dann hinunter in das Wasser des Baches, in dem er bewegungslos liegen blieb. Erst als mein Hund herangekommen war, gingen wir an den Gestreckten heran.

Seppel vergrub den Fang in seinem schwarzen Pelz, als wollte er sich den Riesen um die Behänge schütteln. Dann legte er eine seiner breiten Pfoten auf den Gefällten, wie er es bei allem Wild getan hatte, hob den schönen Kopf und ließ seine dunkle Stimme ertönen, wie er mir in zwölf gemeinsamen Jagdjahren so manches Stück Wild verbellt hatte. Ich betrachtete meinen alt gewordenen Waidgesellen lange und fühlte, daß mir das Herz schwer wurde.

Erst als Aka und ich den Bären zum Boot geschleift hatten, kam Seppel mit langsamen steifen Bewegungen den Hügel herunter, und ich mußte ihm in das Boot helfen. Der Indianer steckte sich stolz den Bruch an die Mütze, den ich ihm gereicht hatte. Er verstand diese Ehrung, deren Sitte und Bedeutung ich ihm einstmals erklärt hatte.

Viele Jahre hatte Aka mich hervorragend im Busch geführt und mich durch seinen sicheren Instinkt zu manchem erfolgreichen Schuß gebracht. Doch ich hatte ihm noch sehr viel mehr zu verdanken. Einmal kam ein von mir beschossener Schwarzbär zu unser beider Überraschung wieder auf die Läufe, als ich gerade im Begriff war, ihn zu photographieren. In einem anderen Fall hatte Aka im Herbst einen Elchhirsch mit dem Ruf gereizt. Der Recke stand uns auf sehr geringe Entfernung zu und nahm uns in übelster Brunftlaune so schnell an, daß ich nicht mehr zu einem Schuß gekommen wäre. Aka fällte auch diesen auf sehr kurze Distanz! So hatte ich lange darüber nachgegrübelt, wie ich ihm meinen Dank abstatten könnte, und heute war mir dies offensichtlich gelungen.

Noch war die Sonne hoch am Himmel, als wir bereits wieder an Eugènes Bootssteg anlegten. Hier wurde die Bärin verwogen, sie hatte ein Gewicht von 211 Pfund. Seppel war am Abend so steif, daß er sich nicht erheben konnte. Ich schlug ihm zwei rohe Eier in ein Glas, gab einen kleinen Schuß Branntwein hinzu und quirlte sie. Er nahm sie zu sich, und bald bellte er leise im Traum. Ich fragte mich, ob er wohl gefühlt hatte, daß es sein letzter Jagdtag gewesen war.

Im kommenden Sommer sollte sich Seppel dann auch wirklich zum Sterben hinlegen. Ein Schlaganfall hatte ihn gelähmt. Nur seinen Kopf vermochte er noch ein wenig zu heben, und die Spitze seiner Rute zuckte, wenn meine Hand ihn liebevoll streichelte. Noch einmal sahen mich seine guten Augen an, dann hörte das treue Hundeherz auf zu schlagen. Dreizehneinhalb Jahre hatte er mir geschenkt, was ein Hund überhaupt zu geben vermag. Ich fuhr zu einem kleinen verträumten Waldsee und grub sein Grab dort, wo er mir den ersten Fuchs vor das Rohr gebracht hatte. Ein schlichter Felsbrocken beschützt sein Grab.

Der Winter war für mich durch berufliche Inanspruchnahme sehr anstrengend gewesen, darum wollte ich soviel wie möglich ruhen. Auch war Eugène nach seiner Erkrankung noch schonungsbedürftig, und Aka, dessen Bein erst kürzlich geheilt war, durfte ich keine Strapazen zumuten. So verbrachten wir unsere Tage, indem wir auf dem Strom fischten und still und friedvoll den nordischen Frühling genossen. Hält er mit dem Gurgeln der schwellenden Wasser, mit dem starken Duft nach Erde, knospendem Holz und ersten Waldblumen, mit den Konzerten jubelnder Singvögel und dem lustigen, so menschlichen Lachen der „loon" seinen Einzug, dann wird ein Verweilen hier im Busch zu einem unbeschreiblich schönen Erlebnis. Mit dem ersten „Honken" der zurückkehrenden Wildgänse wird es mich immer wieder magnetisch in diese stille Einsamkeit ziehen, um aus solcher Quelle neue Kraft zu schöpfen. Doch auch zu jeder anderen Jahreszeit werde ich den lockenden Ruf der Wildnis gleich stark vernehmen und ihm folgen, solange meine Kraft dazu ausreicht.

EIN IRDISCHES PARADIES

Gewiß war es auch eine innere schicksalshafte Stimme, die mich so lange und hartnäckig nach dem alten Trapper vom Ghostriver suchen ließ. Erst durch ihn fand ich Eingang in dies irdische Paradies, und erst durch seine Freundschaft, auf die ich sehr stolz bin, wurde für mich der Ghostriver, der Geisterfluß, zum Strom der guten Geister!

Von Johannes K. Hogrebe erschienen ferner:

Abenteuer der Wildnis
Waidwerk und Fischwaid im kanadischen Busch. 2. Auflage. 1972. 182 Seiten mit zwei Kartenskizzen und 15 Bildtafeln mit 23 Abbildungen. Leinen 24,— DM

Im Paradies der Jäger und Fischer
Erfahrungen und Erlebnisse in den Weiten Kanadas. 2. Auflage. 1973. 184 Seiten, 7 Karten, 15 Bildtafeln mit 26 Abbildungen. Leinen 24,— DM

Jagen unterm Nordlicht
Als Berufsjäger unter Eskimos und Indianern in Kanada. Von PAUL KWATEROWSY. 1975. Ca. 180 Seiten mit 2 Karten und 15 Bildtafeln mit 27 Abbildungen. Leinen ca. 32,— DM

Kanadisches Scherzo
Mit lachenden Jägeraugen durch Prärie und Busch. Von CURT MEHRHARDT-ILOW. 77.—86. Tausend. 1970. 383 Seiten mit 56 Zeichnungen von Karl Wagner. Leinen 19,80 DM

Jagen, mein Leben
In den Wildbahnen der Heimat und den Wildnissen Kanadas. Von RÜDIGER SCHWARZ. 2. Auflage. 1961. 204 Seiten und 15 Bildtafeln mit 26 Abbildungen. Leinen 19,80 DM

Die Erinnerung lebt
Von Jagden in Deutschland, Afrika und Kanada. Von RÜDIGER SCHWARZ. 1965. 188 Seiten und 8 Bildtafeln mit 17 Abbildungen. Leinen 19,80 DM

Wanderjäger aus Herzenslust
Vom Jagen in Spessartwäldern, östlichen Weiten und alaskanischer Wildnis. Von ARNO W. HOFMANN. 1974. 179 Seiten und 8 Bildtafeln mit 17 Abbildungen. Leinen 30,— DM

Nordisches Waidwerk
Auf Federwild, Elche, Hirsche und Böcke in Skandinaviens Jagdparadiesen. Von OTTO FREIHERR RAMEL. 1958. 134 Seiten und 8 Bildtafeln mit 14 Abbildungen. Leinen 16,— DM

Tupu-Tupu
Das seltenste Raubwild Nordeuropas, der Vielfraß. Erlebnisse und Beobachtungen. Von PETER KROTT. 1960. 203 Seiten mit 2 Karten und 15 Bildtafeln mit 19 Abbildungen. Leinen 18,— DM

In nordischer Wildnis
Jagdfahrten auf Elch, Bär, Robbe und Ren. Von BERTIL HAGLUND. Aus dem Schwedischen übersetzt von Peter Krott. 1956. 174 Seiten und 19 Bildtafeln. Leinen 15,— DM

Schüsse und Schicksale
Waidwerk im Wechsel von Raum und Zeit. Von ARVID VON NOTTBECK. 1969. 217 Seiten. Leinen 22,— DM

Das Grenzerbuch
Von Pfadfindern, Häuptlingen und Lederstrumpfen. Von FRIEDRICH VON GAGERN. 81.—84. Tausend. 1970. 485 Seiten. Leinen 28,— DM

Preisstand Frühjahr 1975. Spätere Änderungen vorbehalten.

VERLAG PAUL PAREY · HAMBURG UND BERLIN

In allen fünf Erdteilen

Jagdfahrten in die Stille. Von Georg von Opel. 1966. 193 Seiten und 19 Bildtafeln mit 27 Abbildungen. Leinen 22,— DM

Auf einsamen Wechseln und Wegen

Jagd und Forschung in drei Erdteilen. Von Ernst Schäfer. 2. Auflage. 1962. 262 Seiten mit 3 Karten, 24 Bildtafeln mit 40 Abbildungen. Leinen 19,80 DM

Mein indisches Jagdabenteuer

Spannende Jagden auf Elefant, Tiger und Leopard und von der Sauhatz zu Pferde mit der Lanze. Von Harald N. Nestroy. 1973. 206 Seiten mit 2 Karten und 16 Bildtafeln mit 27 Abbildungen. Leinen 28,— DM

Spuren im Dschungel

Auf Panther, Schlangen, Tiger und Gaur in Südindien. Von Kenneth Anderson. Aus dem Englischen übersetzt von Robert von Benda. 1959. 205 Seiten mit 2 Karten und 8 Bildtafeln mit 11 Abbildungen. Leinen 19,80 DM

Insel der goldenen Löwen

Die dramatische Begründung eines stammeseigenen Wildschutzgebietes in Botswana. Von June Kay. Aus dem Englischen übersetzt von Robert von Benda. 1972. 197 Seiten mit 1 Karte und 8 Bildtafeln mit 17 Abbildungen. Leinen 28,— DM

Seltene Trophäen

Kostbarkeiten aus zwanzig afrikanischen Wanderjahren. Von Ernst A. Zwilling. 1958. 206 Seiten mit 1 Karte und 23 Bildtafeln mit 39 Abbildungen. Leinen 19,80 DM

An den Lagerfeuern dreier Kontinente

Jagdjahre in Deutschland, Südamerika und Afrika. Von Franz Graf von Magnis. 1966. 146 Seiten und 11 Bildtafeln mit 15 Abbildungen. Leinen 22,— DM

Ein Traum geht in Erfüllung

Auf Hochwild in Persien und Pakistan. Von Stanislaus Graf Krasicki. Übersetzt und bearbeitet von Robert von Benda. 2. Auflage. 1960. 213 Seiten mit 5 Karten, 15 Bildtafeln mit 24 Abbildungen. Leinen 19,80 DM

Tiger im Dschungel

Auf Leoparden und Tiger in Mittelindien. Von Hugh Allen. Aus dem Englischen von Robert von Benda. 1962. 172 Seiten mit 1 Karte und 8 Bildtafeln mit 13 Abbildungen. Leinen 19,80 DM

Die Inseln der tausend Wunder

Jagd auf Sumatra, Java und den Kleinen Sundainseln. Von Ton Schilling. Aus dem Holländischen von Ruth Kruse-Lohausen. 1955. 242 Seiten und 23 Bildtafeln. Leinen 18,— DM

Am Fuße des Meru

Das Leben von Margarete Trappe, Afrikas großer Jägerin. Von Gerd von Lettow-Vorbeck. 3. Auflage. 1959. 288 Seiten mit 1 Karte und 19 Bildtafeln mit 35 Abbildungen. Leinen 19,80 DM

Tukani

Unter Tieren und Indianern Zentralbrasiliens bei der ersten Durchquerung von SO nach NW. Von Helmut Sick. 2. Auflage. 1958. 241 Seiten mit 2 Karten, 31 Bildtafeln mit 43 Abbildungen. Leinen 19,80 DM

VERLAG PAUL PAREY · HAMBURG UND BERLIN